U0130136

一本书看透
A 股

我是腾腾爸·著

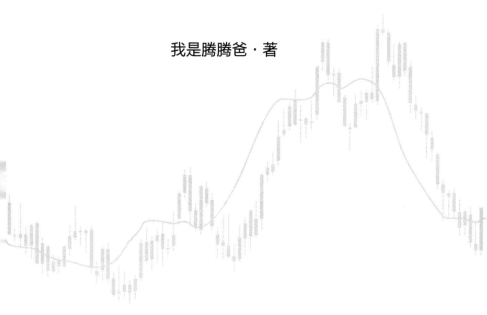

机械工业出版社
CHINA MACHINE PRESS

《一本书看透A股》是一本定位于价值投资的工具书。

当下市场风云诡谲，处处体现出市场先生不确定性的特质。如何在众多噪声中抓住少数关键，实现投资盈利，甚至获取超额收益？坚守投资的基本常识，才能让股票投资回归做生意的本质。本书共分五章三十节：第一章，重点阐述普通投资者的投资理念与方法；第二章，重点阐述择股的方法与标准，从定性与定量两个方向一一展开；第三章，重点阐述逆向投资的精要与心得；第四章，重点阐述交易体系构建与投资心理建设；第五章，重点阐述市场上最重要、最常见、最热门的行业与板块的投资思考。坚守价值投资之路即为稳健获利的有效途径。

图书在版编目（CIP）数据

一本书看透A股/我是腾腾爸著 . —北京：机械工业出版社，2023. 6
（2023. 8 重印）
ISBN 978-7-111-73203-7

Ⅰ.①—… Ⅱ.①我… Ⅲ.①股票投资–基本知识 Ⅳ.①F830. 91

中国国家版本馆 CIP 数据核字（2023）第 090101 号

机械工业出版社（北京市百万庄大街22号　邮政编码100037）
策划编辑：李　浩　　　　　责任编辑：李　浩　刘林澍
责任校对：王荣庆　李宣敏　责任印制：单爱军
北京联兴盛业印刷股份有限公司印刷
2023 年 8 月第 1 版第 2 次印刷
145mm×210mm · 10. 75 印张 · 3 插页 · 219 千字
标准书号：ISBN 978-7-111-73203-7
定价：88. 00 元

电话服务　　　　　　　　　网络服务
客服电话：010-88361066　机 工 官 网：www. cmpbook. com
　　　　　010-88379833　机 工 官 博：weibo. com/cmp1952
　　　　　010-68326294　金 书 网：www. golden-book. com
封底无防伪标均为盗版　机工教育服务网：www. cmpedu. com

我的剑，只给能舞得动它的人舞

在我决定写作这本书的时候，新冠病毒感染带来的焦虑感，全球大通胀带来的危机感，还有这无休无止的股市下跌、市值缩水带来的疼痛感……种种负面情绪叠加到一起，使无数局中人心神沮丧，看不清看不透这茫茫的前路。

在不知不觉间，A股已经走熊两年。曾经风光一时的龙头白马、核心资产、赛道股，全都失去了往日的荣光，逐一折戟沉沙。估值与股价齐跌，哭声与骂声齐鸣。胸斩、腰斩、脚踝斩比比皆是。

与此同时，欧美股市也因冲突、通胀、瘟疫等因素上下起伏，左右横跳，搅动尘埃。连十几年来牛得不可一世的纳斯达克综合指数也在2022这一年低下了高傲的头颅，跌逾30%。

在这艰难的两年中，我坚持价值投资理念，坚持"价值区内越跌越买"，把一切可以搜集到的后续现金流，马不停蹄地、毫无保留地、坚决果断地，全部打入到自己的股票组合中去。

下跌市中，越跌越买的策略只会加大账面上的亏损，所以我的坚持与操作备受市场质疑、嘲讽，外界甚至不乏谩骂。我经历了平生以来最不堪的一段屈辱和压力。我知道我是对的，因为我坚守了投资的基本常识，让股票投资回归到了做生意的本质。

我充分发挥了自己作为一名个人投资者天生具有的独特优势，竭尽所能、最大限度地收集到了低位处的优质股权。

我生活在理性的、清醒的世界里。在该播种的时候，我播种了。现在还没有收获，只是因为收获的季节还没到。我把眼光放之长远，而不是泯然众生，只盯着眼前的三尺之地！

在与网友的质疑与反质疑、抱怨与反抱怨中，我逐渐萌生了写作这本书的想法。我想全方位地阐述一下我的投资理念、逻辑基础、择股标准，想讲一讲我推崇的价值投资、长线投资、逆向投资，想系统地介绍我为什么这样做，以及我为什么这样自信满满，哪怕在漫天的批评和谩骂声中也依然阵脚不乱、立场不变，虽历经坎坷，依然痴心不改。

在过去的 10 年中，我经历股市起伏无数，虽有两次市值腰斩的经历，但依然取得了年化 30% 上下的投资收益率。我只是一名普通的个人投资者，但通过股市投资很好地改变了自己和家人的生活境遇。

早在几年前，我就写作出版了两本还算畅销的投资类书籍。我想我的经历，我的投资实践，足以支撑得起一本新书的厚度。

天不负有情人。正在我规划着如何写作这本书时，机械工业出版社的李浩老师突然联系上我，递给我一份写作提纲——他阅读我公众号多年，遂将这两年他认为的重磅文章做了一番编排。就着这份写作提纲，我稍微整理了一下，发现居然有洋洋 300 余万字。显然，这个文字量太大了。

妙处是，这份提纲给了我灵感，给了我力量，让我可以根据自己的想法，制订出一份新的属于我自己的写作计划。并且，不是一本书，而是两本书的雏形，跃然于我的心中。

今天您看到的这本书，只是写作计划中的其中一本，共分五章三十节。

第一章，重点阐述普通个人投资者的投资理念与方法。

第二章，重点阐述择股的方法与标准，从定性与定量两个方向一一展开。

第三章，重点阐述逆向投资的精要与心得。

第四章，重点阐述交易体系构建与投资心理建设。

第五章，重点阐述市场上最重要、最常见、最热门的行业与板块的投资思考。

我为人旷达，坦率不羁，行文亦自由奔放，不拘一格。生活中，我不是那种温软如玉的谦谦君子，写作时我也不是那种一板一眼、循规蹈矩的老学究。

我用我的方式，写我想写的东西。天马行空，乃成此书。

古语云：宝剑赠英雄。

芒格曰：我的剑，只给能舞得动它的人舞。

书我写好了，一腔赤诚。剩下的，敬请批评指正。

2023 年 1 月

目录

03

04

05

第一章

天生为王：
最好的舞台，最好的模式

第一节　被冤枉的 A 股

一、不赚钱的谬论

市场上总是有一些看起来很明白的人，在不停地告诉我们：经过多少年了，A 股市场还在原地踏步。有一些专业机构，也通过严密的统计数据告诉我们：A 股市场上，的确存在一个"一赢二平七负"的现象。于是，那些"平"和"负"的同志，就得出了一个结论：我们之所以不赚钱，不是因为自己没有本事，而是 A 股市场本身就很坑。

为什么 A 股市场上的投资者，普遍不赚钱呢？秘密就藏在下边这张图里。图 1-1 是中证全指的滚动 PE 估值走势图。

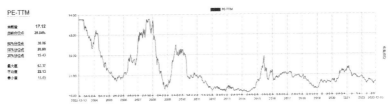

图 1-1　中证全指滚动 PE 估值曲线

我从 2022 年 12 月 12 日收盘，回切了过去 20 年的中证全指估值走势图。

20 年前，A 股市场的估值整体处在 60～80 倍，回落到 30 倍、40 倍，那就叫便宜了。经过 20 年的发展，现在市场的估值长期徘徊在 15~20 倍。2015 年的大牛市，A 股市场的整体估值也只是回到了 30 倍上下。不知不觉间，市场的整体估值已经完全从绝对的高估状态，回落到了目前的正常或者低估状态了。**关键性的信息就是：以前 30 倍、40 倍估值就叫便宜了，而现在 30 倍就叫贵了。**

过去的 20 年，A 股市场的投资者为什么普遍不赚钱呢？原因就是 20 年前的 A 股市场整体高估。你买得贵，当然不赚钱！这几年我为什么一直坚定看多、做多，并倡导朋友们积极配置股票作为家庭主要资产呢？就是因为现在的 A 股市场回归正常了，股票很多时候会变得很便宜。所以这几年我经常强调的两件事。

（1）现在是 A 股历史性的建仓加仓时机。

（2）未来的 20 年投资 A 股，收益一定远远超过过去的 20 年。

贱取如珠玉，贵出如粪土。重读《史记·货殖列传》，每每为司马迁的精辟论述击节叹赏。前人在 2000 年前就能搞明白的事情，怎么现在还有那么多人看不明白呢？市场火热的时候，往往是股票价格昂贵的时候；市场冷清的时候，往往是股票价格便宜的时候。这就是市场的常识、投资的常识。

资本市场最奇怪的地方就是：股票价格便宜的时候，没人买，股票价格昂贵的时候，反而都争着抢着往市场里涌。你买贵了，怎么会赚钱呢？并且即便如此，在过去的 20 年，A 股市场作为一个整体，也没有愧对任何人。

图 1-2 是中证全指过去 20 年的走势图——从 2002 年 12 月 13 日到 2022 年 12 月 12 日。20 年前的 12 月 13 日，中证全指收盘于 1111.93 点；2022 年的 12 月 12 日，中证全指收盘于 4936.63 点。20 年涨幅为 343.97%。年化复合增长率为 8.16%。这个数据看起来不高，但恰好符合股市投资的基本规律。

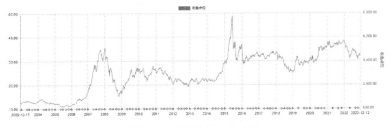

图 1-2　中证全指走势曲线

西格尔教授在《股市长线法宝》一书中，研究了美股百年发展历史，发现股票能给大家带来的长期投资收益，即年化复合收益率在 7% 上下。

不仅美股如此，西格尔教授通过研究世界其他国家和地区的股市发现，其股市投资的长期收益率基本相同。我国 A 股在过去 20 年的整体回报率，对西格尔教授的这个研究成果，可以说是又提供了一个生动的注脚。A 股没有明显好于美股，美股也没有优于 A 股。这和大家的感受是不是又不一样？

为什么 A 股市场中确实存在一个"一赢二平七负"的现象呢？为什么又有那么多人对"A 股不赚钱"的谬论深信不疑呢？我们要从以下两个思考点着手。

(1) 想想 A 股中有多少人坚持长线投资 20 年了？

2000 年，A 股市场上的投资者总数就一两千万，而目前 A
股的注册用户逾 2 亿。已经有 20 年投资经历的投资者不会超
过 15%。加上中途退出的那部分人，我估测不会超过 5%。今
天市场中的绝大多数人，压根就没享受到 20 年长线投资的妙
处！包括今天口若悬河、夸夸其谈的我自己，满打满算，股市
投资经历也不过十七八年。距离 20 年几乎还差着一个牛熊转
换周期。

**（2）想想 A 股中有多少人是坚持价值投资，不是在搞"高
抛低吸"这类短线投机交易的？**

别说散户，就是在机构投资者中，纯正的价值投资者、基本
面投资者，又有几个？数线划浪、猜顶测底、听消息面、看市场
面、测情绪面、内幕勾连、抱团坐庄……到现在还大行其道，玩
得不亦乐乎。说是高抛低吸，有几个玩着玩着，不是玩成了"高
吸低抛"？买在最高处，进进出出地瞎玩，还没有一点耐性——
你不亏钱，谁亏钱呢？

通过上边的分析和论述，我就想表达两个观点。

**观点一：A 股从来就没有亏待过你，不赚钱是你自己的
原因。**

如果我今天给你讲得这样明白，你还去抱怨 A 股愧对于你，
那就是真傻了。不论在股市上，还是在生活中，抱怨不起任何作
用。如果说抱怨有什么影响，也只会让你的投资和生活变得
更糟。

观点二：从长周期的角度看，当下的 A 股的确比以前的 A

股更有投资价值。

还是以前讲的那句话：现在投资 A 股，赚钱的概率一定远远大于 20 年前，赚的钱也一定远远高于过去的 20 年。道理很简单：你买得不是那么贵，当然更容易赚钱！

市场中总有一些似是而非的观点。我们通过冷静的思考、理性的分析、逻辑的推理，看透它，拆穿它，不让这些错误的观点扰乱我们的心智，破坏我们的操作，让我们的思想和行为更符合投资的基本规律。只要做到这一点，我们就能长期存活于这个市场，就能源源不断地赚钱。做正确的事，得到好的结果。这就是我们的追求。

二、用中美两国股市的数据说话

一聊到 A 股，大多数人势必想到美股。舆论场上吹捧美股的人比比皆是。A 股投资者中，看美股炒 A 股的更是不乏其人。"美股就是牛""A 股就是衰""美股就是比 A 股好赚钱"……如此言论，遍布 A 股舆论场。事实果真如此吗？下面，我们从两个维度来思考和探讨这个问题。

1. 看长期指数，美股的确很牛

道琼斯指数是历史最悠久的股票指数，1896 年开始公布，初始点位为 40.94 点。2022 年最高达到 36952.65 点，上涨 900余倍（见图 1-3）。

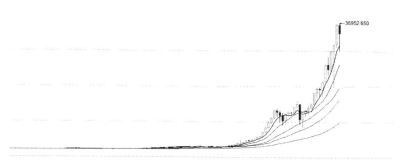

图 1-3 道琼斯指数年线走势图

再看看我国 A 股，自开埠以来表现也不差。上证综指以 1990 年 12 月 19 日为基准日，起点为 100 点。至今不过 30 多年，于 2007 年 10 月创下迄今最高点位 6124.04 点。哪怕经过其后漫长的回调、整固，现在也徘徊在 3100 点上下（见图 1-4），涨幅为 30 余倍。

图 1-4 上证综指季线走势图

细究起来，道琼斯从 1896 年的 40 余点，涨到 2022 年的最高 36952 点，历时 126 年，年化涨幅为 5.60%。上证综指从 1990 年底的 100 点，涨到 2022 年底的 3100 余点，历时 32 年，年化涨幅却高达 11.71%。你看，至少到 2022 年底为止，我国 A 股的长期投资回报率实际上是远高于美股的。

真相往往非常"毁三观"。大家之所以认为美股比 A 股强，主要缘于近因效应。

2008 年金融海啸之后，美股逐渐走强，迭创新高，中间虽有回撤，但每每被救起，迄今已经十四五年。这样的长牛行情就发生在我们眼前，令人羡慕是正常的。反观我国 A 股这些年，则一直走得磕磕绊绊。上证指数在金融海啸前创下的 6124 点，至今没有被突破。2015 年的"水牛"行情，上证指数曾上探 5100点，但很快被打断，至今徘徊在 3000 多点。以彼之强，比己之弱，所以得出了"美强中弱"这一似是而非的观点。

2. 投资投的不是过去，而是现在和未来

这就是我们今天要思考的第二个维度：现在的 A 股和美股，谁更有投资价值。美股这些年为什么很牛？很大的一个原因是放水。尤其是 2020 年新冠疫情发生之后，美联储"坐着直升机撒钱"，短短的两三年时间内，发债近 10 万亿美元。这样史无前例的宽松政策，造成的直接后果之一，就是社会无风险利率的降低。在绝大多数时间内，美国国债利率徘徊在低位（见图 1-5）。

10 年期国债利率通常被视为社会无风险利率。2020—2021年美国的 10 年期国债利率长期徘徊在 1%上下。在这种低利率环境下，无风险资产理论上可以估值到 100 倍以上，风险资产给到50 倍的估值也是有吸引力的。所以我们看到，在美国股市，哪

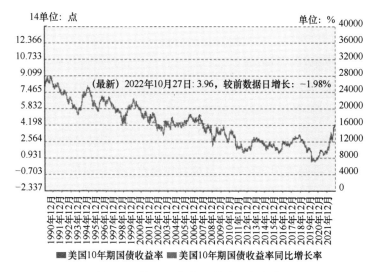

图 1-5　美国 10 年期国债收益率曲线

怕一些缺乏增长性的企业，也给到了 20 倍、30 倍，甚至更高的估值。

　　为了更形象具体地展现这个问题，我随手选择了三家众所周知的美国大公司，统计了它们最近几年的营业收入和归母净利润数据（见表 1-1 和表 1-2）。

表 1-1　美国三家代表性公司历年营业收入

单位：亿美元

年　　份	2015 年	2016 年	2017 年	2018 年	2019 年	2020 年	2021 年
可口可乐	442.94	418.63	362.12	343.00	372.66	330.14	386.55
苹果	2337.15	2156.39	2292.34	2655.95	2601.74	2745.15	3658.17
辉瑞	488.51	528.24	525.46	408.25	409.05	416.51	812.88

表 1-2　美国三家代表性公司历年归母净利润

单位：亿美元

年　份	2015 年	2016 年	2017 年	2018 年	2019 年	2020 年	2021 年
可口可乐	73.51	65.27	12.48	64.34	89.20	77.47	97.71
苹果	533.94	456.87	483.51	595.31	552.56	574.11	946.80
辉瑞	69.60	72.15	213.08	111.52	160.27	91.59	219.80

三家都是美国大公司，且极具代表性。可口可乐可以作为消费股的代表，苹果可以作为科技股的代表，辉瑞可以作为医药股的代表。

我们先看下可口可乐公司：2015 年公司实现营收 442.94 亿美元，归母净利润为 73.51 亿美元，6 年之后的 2021 年，营收为 386.55 亿美元，不升反降，归母净利润为 97.71 亿美元，增长 32.92%，年化复合增长率为 4.86%。注意，这种增长还不是连续和稳定的增长，6 年间发生了较为剧烈的变化。

2015 年之后，可口可乐公司的业绩开始明显下滑，2017 年的归母净利润同比剧烈下滑 80% 以上。这一超低的基数，才带来此后四年所谓的高速增长。可口可乐的估值在 2017—2018 年曾高达 160 倍上下，我们对比一下业绩增长可以明白，这种估值的提升，是因为业绩剧烈下滑被动提升的，并非情绪催化带来的主动提升。

2015 年可口可乐的净利润率约为 16.63%，2021 年净利润率约为 25.36%，营收降而利润升，靠的就是净利润率的提升。再进一步，可口可乐靠的是内部管理带来的效率提升，可能还有一点国家减税带来的政策性红利。政策性红利是一次性的，内部管理带来的效率提升是有天花板的。就像一个优等生，考试成绩从95分往100分提升的空间实际上已经很小了。一个几乎不再明显增长的企业，长期维持在20余倍的估值上，是高还是低呢？

我们再来对标一下中国的消费公司：贵州茅台、伊利股份和海天味业，同期增长都远远超过可口可乐。这些企业不仅归母净利润长期维持在10%至30%的年化复合增速上，而且实现的是营收和归母净利润的双增长，即所谓的"量价齐升"（见表1-3和表1-4）。这是企业经营中最健康的一种增长状态。

表1-3　三家中国消费公司历年营业收入

单位：亿元

年　份	2015 年	2016 年	2017 年	2018 年	2019 年	2020 年	2021 年
茅台	334.47	401.55	610.63	771.99	888.54	979.93	1094.64
伊利	603.60	606.09	680.58	795.53	902.23	968.86	1105.95
海天	112.94	124.59	145.84	170.34	197.97	227.92	250.04

表1-4　三家中国消费公司历年归母净利润

单位：亿元

年　份	2015 年	2016 年	2017 年	2018 年	2019 年	2020 年	2021 年
茅台	155.03	167.18	270.79	352.04	412.06	466.97	524.60
伊利	46.32	56.62	60.01	64.40	69.34	70.78	87.05
海天	25.10	28.43	35.31	43.67	53.53	64.03	66.71

按照格雷厄姆的成长股公式，一家不增长的企业，给8.5倍左右的估值就行了。按照彼得·林奇的估值成长相匹配原则，多

高的成长率支撑多高的估值，可口可乐公司也应该是 10 倍以下的估值才算合理。但可口可乐长期保持 20 余倍的估值。所以可口可乐除非未来能够实现更好的增长，否则它目前的估值是不低的。

同样的情况，也发生在苹果和辉瑞公司身上。看数据，苹果和辉瑞两家公司在 2021 年的营收和归母净利润较 2015 年都有增长。但此前的几年，这两家公司无论营收还是归母净利润，都几无增长。

想一想 2021 年发生了什么？苹果是因为从这一年开始享受到"科技战"带来的"好处"，而辉瑞则更是因为享受到了疫情的"厚利"。如果刨除这些因素，这两家公司的增长实在乏善可陈。即便如此，苹果在 2021 年的营收仅比 2015 年增长 56.52%，归母净利润仅比 2015 年增长 77.32%；辉瑞好一点，2021 年营收比 2015 年增长 66.40%，利润比 2015 年增长 215.80%。实际上，它在 2017 年就实现了 213.08 亿美元的归母净利润，到 2021 年，4 年时间仅增长 3.15%。苹果和辉瑞两家公司的营收年化复合增长率都没有超过 10%。这还是在尽享各种红利的基础上实现的经营业绩。

这里顺便聊两句巴菲特对苹果公司的投资。巴菲特是在 2018 年通过连续增持成为苹果公司第二大股东的。他增持时，苹果公司的 PE 估值大约为 15 倍，买入后最高近 40 倍，现在也还有 25 倍上下。但期间苹果公司的经营业绩增长甚少。也就是说，巴菲特在苹果身上赚的钱，主要靠的不是业绩的增长，而是靠估值的提升。

最近两年，市场上老有人吹捧巴菲特投资苹果公司，主要是吹他与时俱进，能够自我革命，也开始投资科技股了。实际上呢？巴菲特就是把苹果当成消费股进行投资的。而且选择的时机，就是在它业务模式高度成熟，并且可以稳定赚取经营现金流之后。

美国的苹果公司目前有着 25 倍上下的估值，你可以说它不贵，但绝对不能说它很便宜。仅仅三四年前，它的估值还是 15 倍。而这几年，它的经营业绩并没有多么惊艳，甚至依靠非市场化因素，在最近一年才实现了较好的增长。当然，说苹果估值不低，并不是说它不是好公司。估值高不高和公司好不好，不是一个话题。

苹果是一家好公司，我也期待它未来能再出爆款，但它需要持续不断努力，以及全世界人民都能过上更好的生活，而且还能生更多的人口。只有这样，它的营收和归母净利润才能获得更好的增长，才能长期维持目前的估值水平。

写作本书时，正值 2022 年底，美国 CPI 高企，美联储多次加息，美股已经经历了一轮比较明显的下跌。但整体上，美股相比我国 A 股还是要贵得多。与之相反，因为新冠疫情期间中国的货币政策相对比较稳定和谨慎，反而在美联储收紧货币水龙头的时候，进行了逆向的宽松操作，连续二次降准。理论上，A 股应该有更好的表现。

在上边论述的基础上，我们可以提炼出以下几点基本结论。

（1）最近几年，包括现在，美股的估值与其成长性并不匹配。

（2）美股最近几年的高估值，与新冠疫情发生之后的超大

剂量放水有关。

（3）美股的未来，取决于通货膨胀和经济复苏水平。

（4）美股整体不及我国 A 股更有确定性。

三、投资投的是国运

我们看好 A 股最根本的原因，是因为 A 股的运行基础是中国经济。中国经济发展的好坏，对 A 股未来的发展有着最终的决定权。

过去三四十年，中国经济获得了高速增长，GDP 年化增长率达到甚至超过 10%（见表 1-5）。现在我国的经济体量越来越大，增长速度会自然放缓，但相比美国，依然还处在中高速增长空间里。未来 10 年，年化增长率在 5%～7%，是学界普遍的预测。哪怕根据最悲观的看法，也可以达到 4% 以上。而这个最悲观的增长速度，在欧美发达国家看来，依然臻于幻境。

表 1-5　1994—2021 年世界主要经济体 GDP 增幅

经 济 体	GDP 增幅	经 济 体	GDP 增幅
中国	3041.3%	加拿大	244.4%
越南	2148.2%	美国	215.6%
印度	841.1%	巴西	206.2%
土耳其	514.2%	英国	179.6%
菲律宾	437.8%	墨西哥	144.9%
澳大利亚	406.2%	法国	110.7%
俄罗斯	349.4%	意大利	91.7%
韩国	287.8%	德国	91.5%
泰国	244.7%	日本	-1.4%

中国人还不富，中国人喜欢赚钱，中国人依然勤奋。最重要的是，中国人心态包容，热情拥抱一切新鲜事物。新业态、新航道、新局面，在中国的过去、现在和未来层出不穷。这一切都决定了中国与中国经济的未来，都还有无穷的发展潜力。

扎根在中国经济基础上的 A 股市场，一定会充分体现出中国和中国经济进步的风貌。偏见会慢慢得到纠正，甚至在将来某个时点会走得更好。这些都会刺激 A 股逐渐走强。

巴菲特出生和成长在美国，美国长期的国运升腾造就了巴菲特特别的成功，这就是巴氏口中的"子宫彩票"。今天生在中国的投资者，可能更为幸运，因为中国人口更多，市场更大，发展前景更为广阔。

第二节　普通人的机会

我看好中国，看好 A 股，认为中国这方沃土给 A 股提供了最好的发挥舞台，而 A 股又给我们这些当代中国人提供了最好的发挥舞台。

我是这样认为的，也是这样做的。我目前在银行里几乎没有一分存款，我和我的家人挣来的每一分钱，都投放到了股市里。只要股票不是特别贵，我就不停地买。我是一名正宗的"股票净买入者"。股票市场成就了我，很好地改善了我和我家庭的经济生活，我也完全依附于股票市场，像一个勤劳的农民，深耕其中。

40 年前卖茶叶蛋赚钱，30 年前开乡镇企业赚钱，20 年前买房子赚钱，10 年前做码农赚钱。现在及未来，是投资 A 股赚钱。中国的舞台这么大，只要学有所长，干什么都会赚钱的。但总体上，我更看好股票市场。因为什么样的"学有所长"，最终都会体现在股票市场上，就像过去 20 年、30 年中国最优秀的那一批企业，几乎都上市了一样。

中国如此优秀，它供养了无数你我一样的普通人。A 股如此优秀，它同样可以给你我一样的普通人提供无数的实现梦想的机会。经常有人问我："腾腾爸，股票和 A 股真的像你说得那么好，真的可以让我们这样的普通人、工薪阶层发家致富？"答案是肯定的。下边，我们可以试举一例，以普通人的身份定位，来推演一下股市投资的基础逻辑。

一、工资如何高效配置

首先声明，我们在股市买卖股票是在搞投资，而不是民间常说的翻来覆去地炒股。我们讲的是投资，不是投机。如果是炒的话，我认为 99% 的人是赚不到钱的，甚至还有可能破产。不要问我这个结论从哪里来，有没有严密的逻辑支撑，我看到的市场上的人、身边的人，结局基本上都是如此。在纠正完这个根本性的错误之后，我们才可以举例推演，一名普通的工薪阶层如何在股市中进化成"大富翁"。

假如在进入股市前，你只是一名只拿工资生活的年轻人，除了工作，其他的资产都没有。这个时候，工作就是你唯一的资产。

第一年，你到股市中去投资，投入的资本只有工资——假如月薪5000元，每月除去正常支出，能往股市投入2000元，那么相当于一年可以投入2.4万元。第一年结束的时候，你的资产就发生了变化：除了工作，你还有2.4万元的股票。而股票是有股息的——有的企业会一年发放一次，有的企业会半年发放一次，甚至有的企业还会一季度发放一次——我们国家绝大多数上市企业是一年发放一次股息的，为了叙述方便，这里就假设你买的股票都是一年发放一次股息。

假如你的股票每年的股息率是5%，则第一年过后，你手中的2.4万元股票，至少可以收到1200元的股息——我们把得到的这份股息再投入到股市。

这样第二年，你投入到股市的资金，除了每年的2.4万元工资之外，还有分红得来的1200元股息。在第二年底、第三年初，你就有了2.4+2.4+0.12＝4.92万元股票。第三年你可以得到的股息就是2460元。

继续这样推算下去，第三年你可以投入的资金是2.4万元工资，外加2460元股息，第三年底，你的资产就变成了：工作加7.566万元股票。不停地这样重复下去，工作还是那个工作，但你的资产越来越多，早晚有一天你会发现，光股票带来的股息，就能超过你的工资收入。

如果有一年，你的股票得到的股息达到或超过了 6 万元的水平，则意味着你可以不用工作，只靠股息收入就能像其他拿工资的人一样生活了。这种状态，可能还称不上大富，但已经称得上"财务自由"了。财务自由的概念就是：被动收入（股息）超过主动收入（工资），人们仅靠被动收入就可以自由生活的财务状态。

真实的生活可能比上边讲的那个例子更加复杂，我们可以从好坏两个极端上去假设。

第一种，好的一面：你工作很努力，工作经验越来越丰富，对单位的贡献越来越大，老板越来越赏识你，所以你的工资在不停地水涨船高。也就是说，你每年能投入股市的资金都在增加。

比如第一年只能投 2.4 万元，第二年就能投 2.5 万元，第三年就能投 2.8 万元，以此类推，越往后可投入资金越多。然后，你买的股票都是一些好企业，这些企业也像人一样，不断地成长、强大，它每年赚的钱越来越多，每年能分给你的股息也越来越多。

第一年它只能分给你 1000 元，第二年新老股票相加分红变成了 3000 元，第三年变成了 5000 元，第四年就变成了 7000 元。和你的可投工资越来越多一样，股票的分红能力越来越强，你得到的股息也越来越多。所以这种状况就是一种良性循环的状态，会让你达到财务自由状态的时间大大地缩短！

第二种，坏的一面：你工作不努力，对单位的贡献总是原地踏步，老板越来越讨厌你，虽然没有降工资，但生活的成本越来越高，你可投入到股市中的资金越来越少；而你买的股票，都来自一些垃圾企业，投资业绩越来越差，分红越来越少。

你会发现，这样的状况非常糟糕：你能买的股票会越来越少，而你买的股票会越来越不值钱，这就进入一个恶性循环中去了。这样的状况下，你如何实现"大富翁"的梦想呢？

二、普通人做好投资的三大关键

从上边的叙述和分析中可以看到，普通人进行股市投资，有三个关键的要素一定得把握好。这三点有一点做不好，股市投资就不会成功。

1. 你得有一份稳定的工作

用行话说，就是得有充沛的后续现金流，这就要求你得好好工作。只有好好工作了，你的工资收入才有保证，你的可投入资金才能不断增加。

很多人会说：我的工资都是定死的，再怎么努力也不会涨工资。那我就告诉你：再动动脑子。巴菲特在很小的时候就学会打工、做小本生意来赚钱了。难道你找不到自己赚钱的办法？这个世界，最缺乏的就是努力和勤奋，你只要多动动脑子，多观察生活，肯吃苦，能坚持，一定可以找到很多赚钱的办法。总之一句话，投入的初始资金越多、越丰沛，将来的投资成就就会越大。

2. 你得找到优质的企业

买股票就是买企业，好的企业才能保证你的投资不打水漂。但是很多人常常犯愁：怎样才能买到好的企业呢？在我看来，要抓住最关键的"点"，**好企业的标准其实只有两个：一是能活得非常久，二是能不停地盈利和赚钱。**

市场上能符合这两个标准的企业其实是有很多的：比如国内的那些优秀的银行，比如几大酒企，比如伊利、蒙牛，等等。它们可能不是你想象的那种"高成长、高质量"的好企业，但承载普通人的长期定投（定期投资）事业已经绰绰有余。

对普通人来说，在选择企业时，我非常赞同邱国鹭先生的观点——宁选月亮，不选星星。好的企业就像天上的月亮，它像脸盆那样大，挂在天空，悬在你的头顶，很容易分辨。**关键是你不要急功近利，不要总想着碰到一个将来能成长为月亮的小星星，这样才能赚得更多。**事实证明，判断现在已经确定的事，比判断未来可能发生的事要容易得多。

3. 你得长期坚持投资

你的投资时间得足够长。**因为时间越长，你投入的资金越多，股息也就越多，靠企业成长带来的回报也会越多。**这样你才能以小博大，从一个原本并不大的小数字开始，滚动出将来可能让你很是吃惊的大数字。

三、理性看待财务自由

我自己就是一名普通投资者。一二十年前跟大家一样，只是一名普通得不能再普通的工薪阶层，生活在北方一座小城。但我就依靠上述方法，逐渐发展壮大。我现在还没有成为你想象的那种大富大贵，但在北方小城，已经可以通过股息收入过上无忧无虑、有滋有味的生活，我比身边跟我一样拿工资的人过得都要舒服得多。我和他们唯一的区别就是，我比他们更早一点进入股市，用的方法更科学一点。

看到这里，肯定还有朋友半信半疑。以我的人生经验，每逢股市行情不佳、股票价格下跌的时候，有此疑问的朋友肯定更多：光靠工资炒股，什么时候才能实现财务自由呢？这个疑问的背后，有三个方面的问题需要厘清。

1. 你理解的"财务自由"是什么

很早以前我就发现，在搞投资的朋友们中间，有一种言必称自由的风气流传，这是对投资的一个重大误解。

（1）"财务自由"的标准并未确定。

不同的书籍会给出不同的解读，不同的人也会有不同的标准。比如，不少人公认的一种解读是：一个人或一个家庭，当被动式收入能覆盖掉这个人或这个家庭的基本生活成本时，这个人或这个家庭就可以称为财务自由了。

我们在前边的举例中，也是作此理解的，问题是：这个人或这个家庭的"基本生活成本"又作何理解呢？我翻了翻书籍，答案是没有统一的标准。每个人、每个家庭的基本生活标准是没法统一的。甚至同一个人、同一个家庭在不同时期的生活标准也不可能是完全一样的。有的人一天花 50 元钱就能满足"基本生活"需要，有的人一天花 500 元、5000 元钱可能也无法满足"基本生活"需要。至于那些坐拥金山银山的富豪，他们的生活状态可能是普通人想都不敢想的。

这些思考给我们的启示是："财务自由"永远只是一个相对的概念，对任何人都不会是绝对的。说白了，言必称自由的风气流传，本身就潜藏着投资者的暴富思想。很多人认为，我投资就是为了挣很多很多的钱，想干什么就干什么，再也不用受工作、职位等"劳役之苦"。但股市投资的基本规律告诉我们：这是错的！

本质上，在股市投资和在任何其他领域投资没有根本意义上的区别：**财富的增长都有赖于时间的浸润。**能够在瞬间点石成金的金手指，永远都是只会在神话故事中出现的。

(2) 对绝大多数投资者而言，财务"健康"比"自由"似乎更靠谱。

杨天南先生就曾说过：财务自由很难实现，但财务健康就相对容易实现；对世上的绝大多数人而言，要求实现财务健康比要求实现财务自由要理性、现实得多。我现在越来越赞成杨先生的这个观点。

对普通股市投资者而言，你通过股市投资，让自己活得比与你同样收入水平的人更好一些、更宽裕一些就很好了。住有所居、行有所依、养得起小孩、不怕老了后生病，能保证人生的四季轮转有序展开和进行，能感受到生活适度的惬意，而不是一定的紧张，这样的状态就是健康。

健康和自由一样，无法给出具体的标准进行量化。但通过描述，我们还是能发现，健康的标准显然远远低于自由的标准。如果一个人不是总是运气不好，总是碰到天灾人祸，我们会发现，上述健康的财务状况是绝大多数人都能实现的。

大致来说，富人有两类：一类是资产型富人，一类是收入型富人。其区分标准有一个简单的公式：一个人的预期净资产等于这个人的年龄除以 10 再乘以这个人的年收入。当这个人的实际净资产远远大于预期净资产时，这个人就是资产型富人；反之，就是收入型富人。

举个例子：A 今年 40 岁，年收入 100 万元，那么 A 的预期净资产应该是 400 万元。计算方法是，用 A 的年龄 40 岁除以 10 等于 4，然后再用 4 乘以他的年收入 100 万元，等于 400 万元。年收入 100 万元，怎么都应该算是一个富人吧。但富人与富人是不一样的。

如果 A 现在有车又有房，目前实际净资产超过 400 万元，那么他靠年入 100 万元就会过得相当舒服，我们就称之为资产型富人。如果他的房子和车子都是贷款买的，目前实际净资产小于 400 万元，年入 100 万元，还要还房贷和车贷，还要承担一家老小的生活费用，显然就会过得相对拮据一些，这样我们就只能称之为收入型富人。

这个"富人公式"可以作为划分富人类型的标准，也可以作为衡量个人财务健康程度的标准：**如果你的实际积蓄总是远远小于你的预期积蓄，那就意味着你处在一种入不敷出的危险边缘。**

就像我们后边要讲的，在分析一家企业现金流状况时所遵循的基本原则一样：**当经营性现金流净额总是远远小于投资性现金流净额，而不得不依靠筹资活动来维持现金平衡的时候，通常而言，这家企业的经营就处于风险之中。**

作为普通人，强调财务健康比强调财务自由更靠谱，也更容易实现，同时又有一定的衡量标准可以自我鉴别且善加利用。我建议大家努力做一个资产型富人。

2. 你对投资的预期时限究竟是多久

不得不说，这番疑问的潜台词之一就是疑问者对尽快实现"财务自由"的渴望和焦虑。这就牵涉到了一个投资时限的问题，尤其是投资者心理上的预期时限。有的人，一次"股市投资"可能只有三五天，有的人三五年，有的人七八年，更久些，大家就会嘲笑他：二十年太久，只争朝夕！

事实上，我们上边也谈到了股市投资需要时间的浸润。股市可以让我们致富，但致富的时间可能会很长：如果一个人的年化收益率是15%，那么就意味着他的资本会5年翻一番，即投资资本在 5 年时间内由 1 变 2；10 年，由 2 变 4；15 年，由 4 变 8；20 年，由 8 变 16；25 年，由 16 变 32；30 年，由 32 变 64。

看到这里，可能会有人追加一种疑问：我身边没见到几个因为股市投资而致富的人啊？我们在前边的章节里已经分析过，这中间大概有两个原因：中国股市存在的时间还短，总共才 30 多年时间；价值投资在中国的流行时间更短。

总结为一句话就是：时间还短，再过 10 年、20 年你再看，身边因股市而富的人，一定会大量增加。当然，这里的"富"字，既包含着"财务自由"者，又包含着"财务健康"者。为了谨慎起见，我更倾向于"财务健康"的含义。

3. 用工资炒股，到底可靠不可靠

这个问题是疑问和争论的核心，在回答问题之前，我们先来谈一谈普通投资者的基础投资原则问题。

李大霄先生认为，普通人投资要坚持三项基本原则，即：余钱投资、长线投资和理性投资。我自己在拙著《投资大白话》中也提出了一个"三要三不要"原则，并在《生活中的投资学》中重新做了强调，并且列为普通投资者"三套仓位解决方案"中的第一套方案。**所谓"三要三不要"原则是指：不要借钱炒股，不要卖房炒股，不要辞职炒股；一定要留下孩子的奶粉钱，一定要留下老人的医药费，一定要留下老婆的化妆费。**

不是余钱，你就很难坚持长线；不是长线，你就很难保持理性；所以李大霄先生的三原则中，余钱投资是基础。回过头来再

分析一下我自己的"三要三不要"原则，完全就是在强调"余钱投资"这个基础。

无论在网络上还是在生活中，我见多了有些人因为借钱、卖房和辞职炒股而身陷财务困境的例子。在我眼里，这些人要么是傻子，要么是疯子。悲催的是，傻子常常劝不动，疯子常常拉不住。当然，这并非事实的全部。

我的意思是：也有成功的案例。我身边因为我的劝导而悬崖勒马的人，也大有人在。这些人通常在我劝止他们的时候大大地不服，但经历过和见识到股灾的血腥屠戮之后，他们通常又会跑过来感恩戴德。

曾经有网友在公众号后台反复问我：我一个月才挣 2000 来元，吃喝拉撒都不够，怎么炒股？看到这个问题，我又好气又好笑，原打算置之不理，无奈这位朋友反复发送消息，没办法，我只好三个字作答：不炒呗！收到我的三字妙答，这位网友再未到我公众号里出现过：估计是赌气把我取关了。

其实，我还真没有敷衍他。股市投资的确是需要一些基础条件的，这跟你计划开一家小店，或者做点小生意也需要一些事前的准备是一样的。对普通投资者而言，你的收入尚不足以维持生计，这显然意味着你对股市投资的风险承受能力是非常之差。也就是说，从收入端上看，你是无法维持自己的股市投资的。

这种情况下，你就应该把投资放一边，先从源头上弥补不足。投资需要现金流，尤其是后续的现金流越充沛，你抵抗股市波动的能力就越强。如果不达标，不用怕，请慢慢积攒。这个积攒，包含着两方面的含意：一是绝对的资金量，二是你在股市之外赚钱的能力。

分析到这里，我们直面"用工资炒股，可靠不可靠"这个问题，答案自然而然就应该这样表述了：用工资不是不可以炒股，也不是不可以致富，但前提条件是，你的工资足够多。

如果你的工资尚不足以保障自己眼前的基本生计，你就不太适合用工资炒股。否则你就很容易陷入一种类似于"短债长配"的尴尬境地。比如有些网友自述，自己拿三个月之后用来结婚的钱投资股市，结果在两个月之后被深深地、牢牢地套在了股市高点上。

写到这里，本节的话题就要讲完了，但在我看来，还只是一个开始，因为更重要的话题还需要进一步展开来讲。尤其是对第三个问题。人生致富，有一些基本规律还是需要遵循的。比如以下这三条。

（1）通常而言，收入渠道的多寡直接决定着投资者财富积累的速度和厚度。

（2）研究数据表明，天下可以称为富人的群体，平均有三种的收入渠道。

（3）所谓富人，一定是脑力劳动远远超过了体力劳动、被动性收入远远超过了主动性收入的人。

这三点是富人们的统一特征。如果你想成为跟他们一样的富人，这些人的统一特征，就是我们奋斗的目标，或者说是我们在奋斗过程中需要统一遵循的标准和路线。也就是说，你一定得多多培养自己赚钱的能力，多多开拓自己赚钱的渠道，尽快让自己赚钱的方式丰富起来。"要想富，先修路。"这个"路"是指你赚钱的方式，或者说赚钱的渠道。

第三节　普通投资者的路径

一、战略问题：解决道路和方向的问题

很多朋友到股市里来，初衷是投资，但是搞着搞着，发现自己做成了投机。高抛低吸，频繁操作，劳力费神，还不讨好。大家到股市里来，目的是为赚钱，搞着搞着，却发现在股市里赚钱真难，甚至不仅没有赚到钱，还以套牢、亏损、割肉收场。怎么回事呢？我不笨，又不傻，怎么别人都赚到钱了，我却赔钱了呢？出现这种状况，极有可能是你从一开始就走错了方向。

股市是干什么的？股票是什么东西？我们应该怎样通过股票赚钱？这些问题你可能从一开始就没搞清楚，看到亲戚和朋友赚钱了，你也慌慌张张地跑过来，结果进入了一个完全陌生的领域。做自己能力圈之外的事情，这是投资的大忌。

或者还有一种可能，投资的基础常识你早就知道，甚至烂熟于心，但是"走着走着，忘记了来时的路"，你在追求财富的道路上，不知不觉地忘记了投资的本质。虽然你曾经知道，但现在你已经把它忘记了。这可能是很多投资老手最后也遭遇滑铁卢的

根本原因。

道路和方向错了，越努力越失败。**所以股市投资，我们要做的第一件最重要的事，就是要搞清、搞透道路和方向的问题。**这就是我要讲的第一个大问题：战略问题。

股市的战略问题，就是要解决道路和方向的问题。最基本、最基础的，就是要解决"股市三观"的问题。什么是股市三观呢？我总结为三句话。

我们如何正确地看待股市？

我们如何正确地看待投资？

我们如何正确地看待自己？

1. 我们如何正确地看待股市

很多朋友可能会说，这算个什么问题，也太简单了吧，股市不就是买卖股票的地方吗？这个答案也对，但是太浮浅了，你若这样认为，就说明已经忘记了股市的本质。股市的本质，应该到股市的起源处去寻找。

当年有一帮西方人，想到东方来做生意。他们有航海的本领，有冒险的精神，有经营的技能，有发财的欲望，但是他们没有本钱。恰好有另一帮达官贵人，他们很有钱，却没有技能、方法，更不愿意去冒险。最后，双方一拍即合：你出本钱，我去做这些事，发了财，大家一块分钱。

后来又有聪明人发现，我可以成立公司，把公司分成若干小份，然后一份一份地卖出去，通过这种方式，可以向更多的普通大众筹资。在此基础上，股票产生了。参加这种游戏的人多了，股票在不同人手中可以自由流通了，此时大家发现，我们需要一个固定的市场来进行股票的交易，所以股市又产生了。

通过叙述和回忆，我们发现，原来股市发明的初衷，是为了方便投资：我会经营，但是没有本钱；你有本钱，但是不会经营；现在联起手来，我们就既有了本钱又有了经营。

大家看看，股市的本质是什么？**股市的本质就是给资本方和经营方提供一个互通有无的平台。**股市产生的初衷，是为方便大家投资的，不是为方便大家投机的。投资是股市的本质，投机是股市后来延伸出来的功能。

我们知道了股市的本质，那么又该如何正确地看待股市呢？

（1）股市不是赌场，或者说股市是不是赌场，完全取决于你自己。

当你把股市当成投资之地时，这里就是投资的乐园。当你把股市当成投机之地时，恭喜，这里就是世界上规模最大、参与人数最多、影响最广、工具最丰富、交易最自由的赌场。

（2）我们要认识到，股市本身是没有好坏之分的。

它就是一个工具、一个平台。它对任何人都是公平的。哪怕是一个机制不健全的股市，它也是对所有人都不健全的。在一个不健全的市场，为什么有的人还能赚钱，有的人就是赚不到钱呢？赚钱的人一定是在操作时，充分体会到了这种不健全的现状，并把这种现状考虑进了自己的交易系统。

也就是说，当你的交易系统顺应了股市的规律时，你大概率就会赚钱；当你的交易系统违背了股市的规律时，你大概率就会亏钱。我在此强调这一点，是想告诉大家，自买入股票的那一刻起，你就要充分认识到，你的这笔交易可能赚钱，也可能赔钱，无论赚还是赔，你都要为自己的决策承担全部责任。

（3）股市是一个动态的和无限循环的机会流程。

股市只要没有关闭，无论是开盘，还是停盘，股价就会一直在那里波动。不动是偶然的，波动是必然的。好的股票，会随着它背后那家企业的发展壮大，呈现出一种整体向上的波动，也就是在波动中向上；而坏的股票，会随着企业的衰落呈现出一种整体向下的波动。

前者是价值成长的过程，后者是价值毁灭的过程。投资者的任务就是找到那些好的企业，避开那些坏的企业。这也就是我们常说的"买股票就是买企业"。**同时这一点对我们还有一个重要的启示，那就是股市的投资机会是永远存在的。**因为波动，股价有时高有时低，每一次低谷都有可能是我们投资的机会。

大家不要为失去一次投资机会而烦恼，耐心点，机会多的是，而且永远存在。买下好企业，长线投资，不要天天盯着大盘，千万不要自己把自己累死了。

2. 我们如何正确地看待投资

股市产生的本意是为了方便大家投资做生意，我们来股市的目的，本意也是为了赚钱，所以在股市中，要投资不要投机，似乎是一个非常简单的道理。但是人的天性之中，总是存在对暴富的渴望，所以在股市里投机行为往往非常普遍。华尔街的名言"投机如山岳一般古老"可能大家都已经耳熟能详了。

我以前对投机存在着很大的偏见，认为投资者一定要杜绝投机行为，只专注于投资。现在我明白了，投资和投机是密不可分的一体两面，投机最大的用处是为市场提供流动性，为投资者提供低估时介入的机会，或在高估时给投资者提供退出的通道。没有投机者的存在，投资者的投资行为就很难顺畅地进行。

正确地认识投机，是否就意味着否定了过去对于投资立场的坚持呢？也不是。我们这个世界，绝大多数人都是通过诚实劳动来养活自己的，我们可以把这些人比喻成投资者。但同时，再文明、再发达的社会，也总有小偷、骗子，甚至强盗这类妄图不劳而获的投机分子存在。所以不仅股市，各个领域都是存在投资和投机两类人群的。静下心来想想，推动整个世界往前发展的主导力量是哪一方呢？肯定是那些广大诚实劳动的人。

股市也是一个小社会，大社会的基本规则也完全适用于这个小社会。因此我们依然强调要投资，不要投机。正视投机的作用，和提倡投资不提倡投机，这二者是不矛盾的。正因为有了上述认识，所以我把人在股市里的行为做了一个"三段性划分"。也就是说，在我眼里，一个完整的股市投资流程，包含着三个阶段。

第一个阶段：完全的投资阶段。也可以称为明显的低估阶段。这个阶段，股票的价格明显低于股票内在的价值。此时买入，就是一种最典型的投资行为。

第二个阶段：合理的投机阶段。也可以称为估值合理的阶段。这个阶段，股票的价格相比于股票内的价值，并没有明显低估或高估，还算合理。因为趋势的力量，我们可以选择继续持有。

第三个阶段：完全的投机阶段。也可以称为明显的泡沫阶段。这个阶段，股票的价格已经明显高于内在价值了，市场情绪很亢奋，股票的整体估值已经非常高了。这个时候，我们应该果断地选择防守。高估的程度有多大，离开的决心就应该有多大。

对于投资和投机，我主张一定要坚定投资的主体思想，并且要学会正确地认识和利用投机。好像格雷厄姆也说过，投资的过程是无法完全排除掉投机的行为的。就像再文明的社会，也无法完全清除掉不劳而获的人一样。

3. 我们如何正确地看待自己

如果把全中国 2 亿股民全集中到一间屋子，向他们提问：请目前还在亏损状态的朋友举起手来！估计至少会有一半的股民举起手来。如果我再向他们提问：请认为自己是大笨蛋的朋友举起手来！估计就很少有人能有勇气举起手来。这种情形，不难想象吧？连亏损的人，都不会认为自己是笨蛋。科学研究表明，人类的智商，从总体上讲是呈正态分布的。最聪明的和最笨的都是少数人，而绝大多数人，都是智商正常、差距不大的普通人。

比如，今天捧着这本书阅读的各位，你有可能是非常聪明的那一小部分人，但更大的概率只是一个普通人。也就是说，你有小概率的可能性成为巴菲特，或者即使成为不了巴菲特，至少也能进阶成专业的投资者，但你更可能只是一名普通的投资者。

我反复强调大家有可能都是普通投资者，是不是就意味着我要赶着大家离开股市呢？对不起，我没这个意思。我提醒你有可能只是普通投资者，只是希望你能正确地进行自我定位，然后在股市投资的过程中，只做或多做符合自己身份定位的事，不做或少做超越自己身份定位的事。

当你做的决策和判断非常符合你自己的身份和能力水平的时候，这不就是理性投资了吗？事实上，作为普通投资者，我们并不需要悲观。因为普通投资者和专业投资者是各有优势和劣势的。普通投资者和专业投资者的优劣势，我在自己以前的书中做了很多的总结和叙述。在网络上，我也经常和朋友探讨这方面的内容。强调和承认我们绝大多数人是普通投资者的身份定位，实际上就是在提醒大家必须认清自身优劣势，努力做到扬长避短。

大多数普通投资者之所以在股市中亏损，根本原因有可能就是没有认清自己是普通投资者的基本事实，没有看到自己厮混的是股市的二级市场。 因为有些人对自身和市场认识不清，所以做了很多不合时宜的事，这就是其亏损之源。讲到这里，股市战略的问题就基本解决了。

二、择时问题：解决投资交易体系的问题

我们知道了，股市不是赌场，股市的本质是投资，股市是公

平的，股市里有无限的投资机会；我们一定要坚持投资的主体思想，然后正确认识投机并对其加以利用；我们还认清了自己是普通投资者的身份定位，知道了自己的优势和劣势，更知道了在股市里一定要做符合自己身份定位的事。那么，下一步，我们还有两个迫切的问题需要解决。

（1）买什么样股票的问题。理论上讲，当股价低于内在价值的时候，应该买入；当股价高于内在价值的时候，应该卖出。股价在盘面上随时看得到，所以关键的问题，是如何给股票估值。

（2）什么时候买卖股票的问题。理论上讲，当熊市的时候，股价普遍较低，股市里遍地是黄金，这个时候就应该是投资者积极入市的时候。反之，当牛市的时候，行情高涨，群情激奋，股价普遍高估，这个时候就是投资者考虑有序退出的时候。

但是，现在究竟是牛市还是熊市？究竟是低估还是高估呢？这个问题，其实就是个择时的问题。最核心的内容就是"怎样为股市进行定位"，这解决的是"投资交易体系"的问题。

进行股市投资，投资者必须首先建立起适合自己的投资交易体系，而交易体系的两个核心就是要解决买什么股和什么时候买这两个问题。这两个问题，我们会在本书第二章做更详尽的定性、定量的分析和讲解。这里先做一个大致的叙述和分析。

1. 如何估值

我们先讲第一个问题：买什么股票，或者说，如何给具体的股票进行估值？从宏观上讲，为股票、为企业进行估值，有两种方法。

第一种方法，我们可以称为"西医法"。这家企业值多少钱，把它的资产或不同的业务分拆开来，这块值多少钱，那块值多少钱，条分缕析，算清算透，加一块，总价就出来了。就像到西医院看病，医生为你抽血验尿，各种指标一对比，结论就出来了一样。

比如，雪球上很多的财报派，采用的估值方法，大多就是这种。这类方法需要一定的专业知识，结论好像能非常精确，但想用好用精，实话实说，也非常难。因为企业的各部件在组合的过程中，有可能出现 1+1>2 的情况，也有可能出现 1+1<2 的情况，所以这种方法也是有偏差的。

第二种方法，我们可以称之为"中医法"。中医的治病方法和西医有明显不同。中医虽然不知道这个人血和尿的每一项指标，但通过这个人的行动、气色，就可以大致看出其是否健康。

类比到股市中来，就是我无法看懂和掌握企业每一项资产的价值，但是我能抓住投资的本质。投资的本质是什么，不就是你投出的资本能为你带来多少流动性收入或多少增值吗？所以通过企业创造价值的能力，可以反推企业的内在价值。比如巴菲特提出的未来自由现金流折现，就是这样一种反推的方法。

从总体上讲，用西医法对企业进行估值更精确、更专业，对投资者的专业要求当然更高。中医法相对粗略，但对专业性的要求，比如对理解财报和企业商业模式的要求可能不是那么严格。

考虑到大家多为普通投资者的现实，我先为大家推荐了一个相对容易、可靠的思路，提供了一把衡量的标尺，还有一个简单的公式。**这个思路、这把标尺，就是分红，或者说是股息。我推崇的分红，有三个前置性条件，分别是：长期、稳定和可持续。**

长期是指：自上市以来，它已经连续多年一直在坚持分红。至少应该有五年。分红是排除造假企业的一个很重要的方式，因为企业可以为了某种目的美化财报，但长期的分红需要拿出真金白银来反馈投资者，这个造假的代价是企业不能承受的。

稳定是指：它的分红率一直是相对比较稳定的，不能忽高忽低。这一指标能检验企业的稳定程度。

可持续是指：通过对企业的经营分析，我们认为它未来至少还能维持现在的经营水平，并且至少还能维持当前的盈利能力。

一个能长期、稳定、可持续分红的企业，至少不会是一个不好的企业。在此基础上，分红与股价相除得出的股息率越高，说明企业具有的投资价值越大。因此，在普通投资者这里，分红率和股息率就是了解和检验企业质地的一把简单而又实用的标尺。

在分红率大致确定的情况下，股息率的高低，体现了每股净资产盈利能力的高低。按照这个思路，我为企业的估值提供了一个简单的公式，即：

$$股息率÷社会无风险利率×现股价＝每股估值$$

对具体的企业来说，每股分多少红是一个确定的量，股票现在的价格，也是一个确定的量。所以公式中，股息率和现股价这两个量，可以看成是常数项。唯一的玄机，是社会无风险利率的选择。

现在通常的做法，是把 10 年期国债利率看成是社会无风险利率。根据个人的风险喜好程度不同，你也可以选择法定一年期定存利率，或三年期定存利率，甚至是贷款利率，然后就可以求出不同的"社会无风险利率"条件下的企业估值。取一个相对小的值，然后再取一个相对大的值，形成一个估值的区间。

当股价低于这个估值区间的下沿时，我们就可以逐步地买入股票，偏离下沿越远，表明投资价值越大，仓位可以越高；当股价高于这个估值区间的上沿时，我们就可以逐步地卖出股票，偏离上沿越远表明投资风险越大，卖出的力度也应随之加大。

这个公式的好处是，既考虑了股息率对企业价值的影响，因为股息的多少是由企业的盈利能力来决定的，所以也可以说成是企业盈利能力对企业价值的影响；又考虑了利率的影响，也就是货币政策对企业估值的影响。**一般而言，股息率越高，企业的估值越高；利率越低，企业的估值越高。当利率下降的时候，意味着市场上的钱多了，资产的价值在理论上就有抬升的必要。**

有朋友看过我以前的书，研究了一番这个公式，跑过来说：不对啊，你这个公式好像对成长股没有用处，因为企业在成长的过程中，对资本的需求是非常大的，很多企业是不分红的。

我答：你说得很对，我这个公式就是为已经处于成熟期，且尚能实现稳定增长的企业准备的。

还有人说：这也不对啊，有些优秀的公司，比如巴菲特的伯克希尔，也是不分红的，用你这个公式寻找企业，是有可能漏掉这样的好公司的。

我答：漏掉伯克希尔就漏掉伯克希尔吧，我只要能用这个公式找到能让我赚钱，且能让我安心持股的好公司就行。

事实上，任何一种估值方法和模型，都是有其适用范围的。大家不能妄想通过一个公式寻找到一个放之四海而皆准的估值工具，然后找到天下所有的好公司。这是不可能的，也是违背规律的。重要的问题是，我们知道它怎么用，你自己赚什么样的钱就行了。

世上没有能包治百病的良药。能赚钱就行了，为什么非得要找到所有的好公司呢？这里剧透一下，后文我会专门探讨怎样为企业估值的问题。

2. 如何择时

我们再来谈谈投资交易体系中的第二个大问题：如何为股市定位？这里牵涉到择时的问题。市场上有一种观点，认为价值投资者只择股不择时。其理论依据是：股市是不可预测的。现在低估，还有可能更低估；现在高估，还有可能更高估。所以你永远都不能准确预测股市明天的走向。

对于这个问题我是这样理解的，我们的确没有必要对股市明天的涨跌进行预测，但股市现在究竟处在明显的低估状态，还是处在明显的高估状态，这是一个事实，我们是可以通过建立一套合理的投资体系来进行判断的。

当我们判断股市处于低估状态时，就意味着它提供了整体入市的良机，哪怕以后变得更低估，也只能说明股市的投资价值更高了；当股市处于高估状态时，就意味着它提供了整体退出的机会，哪怕以后变得更高估了，也只能说明投资风险更高了，离开的节奏应该要进一步加快了。所以低估之后的更低估与高估之后的更高估，并没有改变我们对股市投资价值的判断。

那么，如何为股市进行定位呢？我列举了如下五项指标。

(1) 证券化率。

(2) 整体市盈率。

(3) 历史前值。

(4) 国家政策方向。

(5) 股民心理（情绪）。

这几项指标从字面上就很好理解，这里不再一一进行概念介绍。重要的问题是：如何使用这五项指标呢？

分开来看，以证券化率为例。历史数据表明，中国的证券化率就在 30%～150% 振荡。最疯的时候曾接近 200%。巴菲特认为，一国证券化率达到 70%～80% 的区间时，就应该是投资股市的良机。**考虑到我们国家股市的成熟度，常常发生暴涨暴跌，我认为这个标准可以稍微下降一点，在 60%～70% 间就可以大胆入市，在达到 100% 时就应当考虑逐步退出。**在这个标准下，越低越买，越高越卖。

再比如整体市盈率，沪市整体市盈率在 10～60 倍的区间里活动。15 倍以下，就是明显的低估状态，靠近和跌进这个区间，就应该越跌越买；15～30 倍就是正常区间，可以对低估的优质股票安心持有；30 倍以上就是明显的高估区间，接近或超过这个标准线，就应该逐级卖出，超过越多，卖出的决心和力度就应该越大。

总体上看，这五项指标是一个统一的整体，我们用任何一个单项指标来为股市进行定位都有偏颇和缺陷，但如果把它们看成是一个系统，综合地进行分析和研判，则得出的结论会更加科学和客观。

任何一个投资者都应该努力地建立和寻找到一套适合自己的投资交易体系。**投资交易体系不仅包含股票估值和股市定位这两个功能，还包括分散、组合、仓位、计划、纪律等多方面内容。**这一套整体的构成，才是一个完整的投资交易体系。

这些都属于操作技巧的范畴，不在本书探讨之列，这里不再一一多讲。有了投资交易体系之后，我们还需要探索和掌握哪方面知识呢？

三、"顺势而为"的投资策略

交易体系只是让你掌握了一些交易的工具，比如估值的工具、定位的工具，让你知道如何建立起好的股票组合，如何制订好的操作计划，如何执行好的操作纪律。

投资策略，是股市投资的第三个大问题。在投资策略方面，我提出了"顺势而为"的策略，并将顺势而为策略定义为"策略之母"。**简单地说，"顺势而为"并不是要你去跟着股市的短**

期趋势做高抛低吸，而是告诉你一定要认清和接受股市呈现给你的事实——事实是怎么样的，你就应该怎么样操作，尽量不要受到个人厌恶、喜好等情绪的影响。

2016 年，通过上面提到的估值方法，我们可以很清楚地看到，格力电器具有了很高的投资价值。当时的价位、股息、估值，就呈现给了我们这样的现实。这种低估的现实告诉我们，我们应该投资格力电器。但是我因为对它管理层的偏见，对格力电器形成了偏见，又因为对格力电器的偏见，形成了对所有家电股的偏见。最终这些偏见，让我错失了之后那一波家电股的大行情。

在这个案例中，我就漠视了市场呈现出的事实，以道德的判断代替了价值的判断。这是非常错误的。之后，格力电器和其他家电企业用它们的股价表现狠狠地教训了我一通。

在顺势而为策略之后，我又提出了失衡理论。人性之中总难克服偏见的存在，而这种整体性的偏见会经常性地共振，给我们提供极为罕见的投资机会。2015 年股灾之后，我用失衡理论分析，认为当时市场呈现给我们的最大的现实是"两个失衡"：一方面是大烂臭与中小创的失衡，另一方面是 A 股与 H 股的失衡。根据处理失衡问题的原则，"子弹永远向最低估处打"，所以此后数年大胆投资低估值高股息蓝筹股和 H 股的朋友，都收益颇丰。

结合上边的整体叙述，尤其是在顺势而为策略和失衡理论的指导下，我总结和提炼了普通投资者应该坚持的十条股市投资基本策略。

策略一：坚持投资不投机。

策略二：坚持长线投资，放弃暴富思想。

策略三：坚持基本面，忽略消息面。

策略四：坚持"低估是王道"。

策略五：坚持分散投资。

策略六：坚持组合模式，反对重仓单只股票。

策略七：坚持乘九法则下的仓位控制。

策略八：坚持低点兴奋，高点冷静。

策略九：坚持终胜思想，不为短期情绪控制的理性。

策略十：坚持定期体检，保持动态平衡。

四、投资心理和心态

解决了股市的基本战略问题，有了自己的投资交易体系，又有了自己的投资交易策略，我们是不是就可以在股市里赚大钱了呢？未必！有一句话说得好：我们懂得了很多做人的道理，却依然过不好这一生。原因就在于，在知和行之间，还有一道最后的障碍，就是投资交易心理和心态的问题。所以股市投资需要解决的第四个大问题就是心理和心态。

事实上，心理和心态是投资知识的一部分。漠视心理和心态的管理，实际上就是使你自己的投资体系少了重要的一环。这方面，道格拉斯写过一本书，名叫《交易者心理分析》，通篇讲的全是交易者心理和心态的问题。

我在这里强调一下，道格拉斯写的是交易者心理分析，对投资者来说可以借鉴，但一定不能全部照搬。因为投资和交易是两个有关联又不完全相同的概念。理想的投资者心理状态，应该满足以下五个条件。

(1) 建立起了终胜思想。

(2) 永远不被短期情绪控制。

(3) 低点兴奋，高点冷静。

(4) 寻找到最舒服的姿势面对市场。

(5) 放弃暴富思想，静水流深、不疾而速。

这五点，是不是有很多已经体现在了前边提到的十点交易策略上了呢？很多东西，前后是相通的。综合以上种种，我们可以总结一下，作为普通投资者最好的投资理财模式，应该是这样的。

(1) 干好你的本职工作。

(2) 努力让你的本职工作能为你带来更多的合法收入。

(3) 将你的工作收入，扣除必要的生活支出后，节余下一切可以节余的闲钱。

(4) 按照我们上边讲的方法进行操作，选择并购买那些低估值、高股息、稳定经营、适当成长企业的股票，建立一个进可攻退可守的股票组合。

(5) 把每年的分红（股息）再投入，买入更多的股票。

(6) 长期坚持下去。

终有一天，你会发现，同样是拿工资的人，你比周围的大多数人都要生活得好。

第四节　两套投资体系

一、防御型投资者

格雷厄姆在《聪明的投资者》一书的"防御型投资者与普通股"章节中，曾列举了三个有代表性的投资人物，并对他们的投资优劣势进行了分析。

这段举例和分析非常有意思，很值得我们借鉴和深思：第一个人物是一个拥有 20 万美元，并需要用这 20 万美元来养活自己和子女的寡妇；第二个人物是一个正处于职业生涯中期的、拥有 10 万美元存款、每年还会新增 1 万美元存款的成功医生；第三个人物是一个周薪只有 200 美元，而且每年只能储蓄 1000 美元的年轻人。

格氏说，这个寡妇不适合搞股市投资，要搞也只能用最保守的方式搞，因为她承受亏损的能力太低。一旦投资失败，就会让她进入万劫不复之境地。因此，她尤其不能进行股市投机！

医生呢？医生看起来很有钱，承受挫折的能力确实比寡妇强很多，但他有自己的职业，而且非常成功，他的职业本身就能给他带来源源不断的现金流。他最大的缺点，就是没有足够的时间去接受专职的投资教育，一旦走上专职投资之路，就有可能荒废本业。因此，他也不适合做积极进取型的投资。

医生最好的归宿，就是像腾腾爸那样，做防御型投资：一边工作，一边在股市稳稳地赚钱，绝不高抛低吸，瞎炒一通。至于那位年轻人，收入低，本金少，一年赚个两三倍的，也解决不了任何根本性问题。除非他是想拿少许的钱练练手，积累一些投资的经验，不然还是奉劝他，不要把精力和金钱浪费在试图战胜市场上。

最后，格氏得出的结论是：这三位不同身份、不同阶层、不同财富积累的人，都不适合在股市里做积极型投资。他们真要想在股市里玩的话，最好选择做"防御型投资者"。格氏的这段分析，可以给我们什么启示呢？一个人能不能在股市里做投资，主要取决于三个方面。

（1）现金流状况。

（2）风险承受能力。

（3）真实的股市投资水平。

有些人手里看起来有点钱，但那是死钱。万一亏损了，就没有翻身之本了。这样的人最好不要到股市里来投资，想投资也一定要谨慎，再谨慎。

有些人资金性质不行，只能短期投机，不能长期持有，同时后续的现金流又太差，一旦被套牢，就会非常被动。短债长投是死结，关键时刻现金流枯竭也能要命。这样的人，最好不要到股市里来投资，想投资，也一定要谨慎，再谨慎。

有些人完全是个新手，对股市是什么、股票是什么、投资是什么，统统无知或一知半解。这样的人，拿点小钱跑过来学习积累点经验还可以。但千万不要拿着身家性命跑过来不问三七二十一地赌一把。那就是找死的节奏！

当然，还有些人看起来已经在股市赚到钱了，其实只是撞在一个恰到好处的风口上了，并不是他真有赚钱的本事。所以我一再强调，衡量一个人能不能赚钱、有没有赚钱的本事，不要看他一年两年的投资成绩，一定要看他十年八年的成绩。最好是看他经过至少两轮牛熊转换的投资成绩。

想一想，你是不是上述那些人？若是，我劝你还是退出吧，别在这里玩了！那么，股市适合哪些人做呢？和上边讲的那些情况反过来的人，就可以做。比如，我手里有些钱，养老的，我抱着吃股息的态度来股市进行一点资产配置，这样可以；我手里有些钱，三五年不用，纯粹的闲钱，我抱着全亏掉也要到股市里来闯一闯的心，也可以；我手里有些钱，就想趁着年轻，多学习一点投资理财知识，以备将来时机成熟时可以投入更多的钱，也可以；我有一大笔钱，后续现金流也不错，在股市里已经数度穿越牛熊，而且总体盈利丰厚，事实证明我可以在股市里投资，当然更可以！你看，股市投资看起来很简单，投资者需要做的准备工作，实际上是非常非常多的。

写到这里，可以总结一下了：股市投资大致地说，需要建立起两套投资体系。

二、建立两套投资体系

一套叫场内投资体系：怎样择股，怎样择时，怎样估值，怎样建立组合，怎样面对波动，怎样进行逆向投资，怎样调节心理……这些都是场内投资体系的内容，它解决的是如何在市场内进行投资交易的问题。

一套叫场外投资体系：用来投资的钱都是从哪来的，怎样赚钱，如何补仓，股市之外如何解决生存需要……这些都是需要在场外解决的问题。

一套完整的投资体系，必须同时包含这两套体系内容，缺一不可，且场外体系服务于场内体系。有一句话，"场外的赚钱能力，决定了场内持仓的态度"，场内体系又反哺场外体系。股票越来越多，每年分到的股息越来越多。若如此，则能极大减轻场外赚钱的压力。场内场外有机结合，互为支撑、互为补充。这样才能共同壮大投资，把雪球越滚越大。

大多数投资者只意识到了场内投资体系的重要性，认为股市投资只有场内做得好，这才叫真本事。所以我们在市面上读到的书，在公众号里看到的文章，在舆论场上听到的议论，绝大多数都围绕场内投资体系。甚至有些人把场内投资进行了进一步的狭隘化理解，认为只有通过买与卖赚取股票的差价，那才叫投资。错得离谱！

有朋友就曾义正词严地质问我：腾腾爸，你靠打新赚钱，算什么本事？确实也有大 V 在公布投资收益时说：扣除打新收益，今年浮盈浮亏多少云云。每遇到这样的情形，我就又好气又好笑。打新赚的钱，难道就不叫钱？打新赚的钱，为什么就不能计算进投资收益呢？有这些想法的人，都是对投资进行狭隘化理解了。

我在股票价格跌得便宜时开始拿场外资金支援场内投资，经常会有朋友对我说：腾腾爸，如果不补仓，你可能早就亏死了。我就奇了怪了，在股票便宜时，有钱就买，这不是天经地义的事吗？有钱能买，这是多么幸福的一件事啊。**所以，我经常对朋友们讲，场外赚钱的能力，也是一种投资能力。关键时刻的补仓能力，就是一种投资能力。**

真正的投资能力，它的内涵是非常丰富的。一个优秀的、成熟的投资者，只要条件允许，一定会既看重场内的投资能力建设，又看重场外的投资能力建设。所以，腾腾爸在每周日公布的投资周记中，经常念叨的两句话，**一句话是"继续坚持场外"，一句话是"继续坚持场内"**。不客气地说，我是少有的清醒之人。

市场上，既看重场内投资能力建设，又看重场外投资能力建设的大佬，也多得很，只是因为他们没有明说，所以很多人就漠视了他们有关这方面内容的论述。比如巴菲特就不止一次地、反复地向大众声明：不要叫我股神，因为我压根就不是炒股的——我是经营企业的。众所周知，巴氏掌控的伯克希尔是一家保险公司。他喜欢平时攒下保险公司的浮存金，等到股市下跌时，再大举买入自己心仪的股票——世人称之为股票，在巴氏眼里，那是优秀企业的部分股权。

看明白了吗？巴菲特的盈利模式，就是一边经营企业（赚场外的钱）、一边投资股票（赚场内的钱）。巴菲特每年在跟股东见面时，可从来没告诉那些小股东们，在股市上赚的钱叫钱，而经营保险公司赚的钱就不叫钱。

三、场外收入的魅力

我经常说，普通投资者有自己的工作，在股市之外可以有很好的收入，这一点注定了我们绝大多数人都可以像巴菲特那样去赚钱。我们的工作，就相当于巴氏手下的保险公司。努力地做好自己的工作，努力地培养和建立起自己强大的场外赚钱能力。这样我们才能更好地支援和搞好场内的投资。

我有个同学是做实业的。2015 年前后到我这来玩，听我张口雅戈尔闭口雅戈尔，回去就冲着雅戈尔投资了 1000 万元，不到 10 元钱买的，不到 18 元钱卖的。几个月时间，赚了 800 多万元。这个同学告诉我：股市上赚钱也太容易了吧？

我告诉他：第一，你是因为投了 1000 万元，所以才赚了 800 万元，你知道你那 1000 万元是从哪里来的吗？显然是你开公司、干实业赚来的。第二，你是听了我的话买的雅戈尔，恰好又赶上了一轮牛市，所以才赚了这么多，而我等这轮行情，已经苦苦等了六七年时间，你认为下一波行情，你还能这样走运吗？实话实说，你这是投机，而且靠的是运气，千万不要把投机和运气当本事！

所以我给他的建议是：还是回去好好经营自己的企业吧，你最擅长的还是经营企业，如果真舍不得股市，那就把余钱、闲钱投入进来，就买那些低估值、高股息、稳定经营、适当成长的"大白马"。

你说我这个同学是不是投资者？我认为现在，他就是。只是他场外赚钱的能力远远高于场内赚钱的能力——对这样的人，他做好场外，基本上就行了，投资就算成功了。当然，他也有场内，而且非常幸运，这些年，低估值、高股息的大白马股又结结实实地走了一波大牛市。

我这个同学的例子算是一个比较极端的。生活中，企业家还是少数人。但是，像腾腾爸这样有份稳定的工作，或有一技之长的人，应该不算少吧？干好本职工作，学习一点股市投资知识，将场内场外两个投资体系建立起来，场外支持场内，场内反哺场外，场内场外都搞好，哪怕不能像我同学那样大富大贵，像腾腾爸这样有滋有味地过好自己的小日子，还是绰绰有余的。

四、场外反哺场内

我一直在倡导的"普通投资者就得有普通投资者的玩法"是：找一份稳定的工作，努力地工作，尽可能多地攒钱，把赚到的和攒到的钱投资于股市，然后长期坚持，享受资本市场可以带给我们的、扣除通货膨胀的、年化约为7%的长期复合收益率。

找一份稳定的工作然后长期投资于股市，这是普通的大多数人都可以做得到的事，只要坚持做，这就是大概率致富的方式。但是理论上是一回事，事实上又是另一回事。

我们发现，盼望自己成为小概率事件主角的总是大有人在，而追求自己大概率致富的人却少之又少。人生一世，草木一秋。几十年追梦之后，我们发现大多数人既没有通过小概率的方式致富，大概率致富的名单里也找不到他。也就是说，大多数人终其一生两手空空，一事无成。为什么会这样呢？是什么原因阻碍大家去选择最有可能的致富方式呢？我通过分析和思考，认为主要是有以下三个方面的原因。

1. 很多人没有认识到工作的重要性

对绝大多数人而言，有工作才有立身之本。工作赚来的钱是我们人生的第一桶金。努力工作的意义还不仅仅是赚钱、攒钱那么简单——干好了，行行出状元，然后我们就可以从大概率模式切换到小概率模式里去了。比如干好了，跑龙套的可以成长为小明星、大明星；干好了，小医生、小律师可以成长为大医生、大律师；干好了，小老板可以成为大老板；干好了，小聪明可以成长为大智慧，小发明可以发展成大发明，小创造可以演化成大创造。从大概率上升到小概率，人生就发达了。人生发达了，就没有什么致富不致富的问题了。

大家不要认为草鸡变凤凰是完全不可能的事。桃李面包、谭木匠、祖名股份，这些企业创始人的故事，大家都可以拿来好好学习、认真参考一下。老干妈的故事更是耳熟能详，对我们也应该有启发。所以，无论你干什么，只要不偷不抢，一定要好好工作，把工作干到极致，你就成功了。

退一万步讲，我们再怎么努力工作也成为不了老干妈呢？做不了老干妈也不要紧，至少我们还可以赚普通人能赚到的钱，攒普通人可以攒的钱，然后继续走我们推崇的第二条可以大概率致富的路。

这些年，投资界有一种很不好的观点和风气，就是言必称财务自由。很多人认为财务自由了，就可以自由自在不用工作了。这种观点错得离谱。你看巴菲特有钱吗？查理·芒格有钱吗？他俩都九十好几了，不一样每天"跳着踢踏舞去上班"吗？

2. 很多人没有认识到储蓄的重要性

若不懂储蓄，赚再多的钱，也都是指间的流水。储蓄最大的意义就是它可以把过去的努力积攒下来，以备未来的不足。在这方面，我们中国人有天生的好习惯。

但是有一段时间，我们受到国外一些偏颇思想的影响，把储蓄和消费简单地对立起来了。认为储蓄会降低消费，而消费才能刺激经济。其实储蓄是为了更多地消费，储蓄同样可以刺激经济，甚至可以更好地刺激经济。中国人的储蓄率长期高于20%。这让中国的银行可以以相对便宜的价格吸收到尽可能多的社会资本，然后再以相对便宜的价格给社会上各个大大小小的经济体提供融资。千千万万普通老百姓的储蓄，极大地助力了中国经济的发展。储蓄和消费是相辅相成的一体两面，利国利民又利己。这样的思想，大家一定要建立起来。

3. 很多人没有认识到模式和道路的重要性

自己是什么样的人，面对什么样的环境，可以走、应该走哪条路，这是我们投资理财之初就应该想好的事情。模式和道路的问题，可以说直接决定了未来的命运。我当然希望我们每个人都能成为伟大的人，或者在某个领域具有举足轻重的地位。但理性告诉我们，这只是一种美好的却不可能人人都能实现的奢望。

有一句俗话，叫"我们注定平凡"，这可能才更符合世界的真相。所以如果通过努力我们不能成为小概率事件的主角，那么至少还有机会成为大概率事件的获益者。

不要觉得"普通投资者"这个角色定位就是普通的、平庸的代名词，普通投资者相比机构投资者实际上还有很多得天独厚的优势。

只要我们发挥好这些优势，我们就有可能取得不普通的投资收益。比如我们是在用自己的钱投资，无论行情好坏，都没有被迫赎回的压力。比如我们有着自己本职的工作，源源不断的后续现金流意味着我们的"满仓"状态永远都是暂时的。对于越跌越买式的逆向投资，普通投资者比机构投资者拥有更大的发挥空间。但是，很多人没有意识到这些。他们喜欢放弃自己的优势，跟在机构投资者的屁股后边苦苦地追赶。看起来很努力，实际上徒劳无功。

第五节　复利的奇点

一、初识复利

做投资的人都知道复利很牛。随便翻一本讲投资的书，八成都会在开头给你讲述一段复利的力量。久而久之，大家都知道复利很厉害，做价值投资的，就得依靠复利的力量才能滚好财富的大雪球。但是众人不知，复利有两大天生的"不足"，使它的力量很难完美地展示。

为了把复杂的事情简单化，我给大家举个形象易懂的小例子：假如我们拿 10 万元投资，有两个选择，一个是买国债，每年有 10% 的固定利率，一个是进行股票投资，每年 10% 的复合收益率。很显然，我们买国债得到的是单利，每年只能得到固定的10% 的利息，而买股票，我们得到的是复利，去年赚到的 10%，又作为本金，今年在此基础上再赚 10%。我们看看随着时间的延长，结果怎样？

这是我根据单利和复利计算出的数据，统计并制作出的对比表格。第 5 年，单利条件下的投资，10 万元变成了 15 万元；复利条件下的投资，10 万元变成了 16 万元多一点（见表 1-6）。是不是感觉单利和复利差别不大。别急，好戏在后头。

表 1-6 单利与复利本金收益对比

单位：万元

时　间	单　利	复　利
第 5 年	15	16.11
第 10 年	20	25.94
第 20 年	30	67.27
第 30 年	40	174.49
第 40 年	50	452.59
第 50 年	60	1173.91
第 60 年	70	3044.82

第 10 年，单利条件下的投资，10 万元变成了 20 万元；复利条件下的投资，10 万元变成了接近 26 万元。差距是不是开始拉开了？还是别急，这只是一个开始。

第 20 年，单利条件下的投资，10 万元变成了 30 万元；复利条件下的投资，10 万元变成了 67 万元多一点。二者的差距，已经相差了一倍余。这还不算完，随着时间的延长，两者的差距会越来越大。

到了第 60 年的时候，单利条件下的投资，10 万元变成了 70 万元；复利条件下的投资，10 万元则变成了 3000 多万元！二者的差距，已经迅速拉大到了 40 余倍！

二、临界的奇点

有网友根据上述条件计算出的年度数据，制作出了下面这张趋势变化图（见图1-6）。单利和复利的趋势变化，就非常直观、非常一目了然了。在最初的一段相当长的时间里，单利和复利的曲线几乎是重叠着前行的。直到某一刻（我们称之为临界的"奇点"），复利曲线一飞冲天，而单利的曲线，还匍匐在地上。

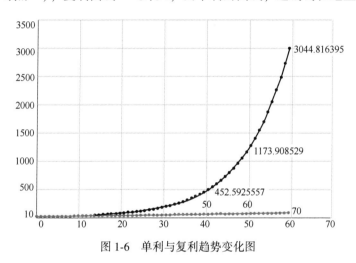

图1-6 单利与复利趋势变化图

二者的差距，开始有了云泥之别。从上边的计算分析和图表对比，我们很容易得出两点结论。

1. 复利和单利，在最初的一段很长的时间内，只有细微的差别

只有通过某个奇点之后，二者的差距才会迅速扩大。人人都知道复利很厉害，但能真正享受到复利红利的人却少之又少。为什么？原因就在于：在最初的很长的一段时间内，它相对单利并没有表现出特别的威力。只有能够坚持到奇点位置的人，才能够

真正享受到复利的快乐。

每到分红季，我总是欢天喜地地进行股息再投入。但总有人对此不屑一顾，原因就在于此：时间太短，他们看不到复利的威力。这也是价值投资说起来简单做起来很难的根本原因之一。绝大多数人，倒在了奇点到来之前！

2. 复利的最后就是无穷大

这就在事实上决定了它在现实中的不可完全实现性。人口、经济、科技等，在一段时间内可以实现复利性快速增长。如果这种增长能一直复利性保持下去，那么人口将无穷多，经济将无穷大，科技将无穷境。显然这是在现实世界中无法完成的事情。

正如人口无法实现无穷多状态一样，投资也无法实现永远性的复利循环。哪怕巴菲特也不行。假如巴氏可以长生不老，那么随着资金量的增大，他早晚有一天也会陷入再也找不到可投之物的困境。

三、复利给投资的启示

复利的这两个特点，就是它天生的两大不足。这两大不足能给我们投资者带来什么样的启示呢？

1. 必须学会坚持长期投资

在以前价值投资布道者的描述中，滚雪球好像是一件很简单又很爽快的事情。通过上边的分析我们可以看到，"万事开头难"，在复利的奇点到来前，滚雪球就是一件很痛苦的事情。哪怕你做了对的事情，在一段相当长的时期内，也可能看起来距离成功遥遥无期。想克服这个困难，没有好的办法，只有提高自己的认知，只有坚持到底。想做到这两点，本身就非常不容易。

从股市诞生以来总结的投资规律来看，股市给长期投资者的年化复合收益率大约就在 7%。加上通胀，年化收益率大约为 10%。这就是我上边举例时，把单利和复利假设为 10% 的原因所在。也就是说，理想模型下，价值投资者的奇点大约会出现在他坚持价值投资的 5 年之后。

大家都知道市场是波动的，而投资者最初常常为市场行情高涨所吸引，所以大多数人的奇点，往往会因为市场向下的波动而大大延后。

我自己真正赚到钱，是在入市七八年之后。而真正的奇点时刻，应该是在 2018 年前后，也就是我入市投资十二三年之后。

难吧？希望我讲的这番话没有吓着你。我讲这番话不是为了吓你，而是想告诉你：坚持做正确的事，静待自己的奇点到来。要尊重规律，不要着急！做正确的事，再苦再难也要坚持下去。价值投资者就要记住我前边讲的一句话：**不要倒在奇点到来之前！**

2. 要学会正确地面对波动

在理想模型下，复利的最后就是无穷大。但现实生活中，各种外在的因素一定会限制无穷大现象的发生。**在股市里，限制复利无穷大的因素主要有两个：一是投资者的边界（没有人可以长生不老、永远投资），二是市场的边界（市场再大也有容量，并且市场会时不时地发生向下的波动）。**

人早晚会死，这一点大家都明白，没必要多说。你再有钱，也不可能买到市场上所有的好股票，因为识货的人肯定不只你一个。这一点也好理解。唯有市场的波动，总有人想不明白，认为自己一定可以避开所有的波动，虽然一再碰壁但总想尝试做到这一点。实际上，复利的终局模型就已经决定了，市场是绝对不允许这种情形发生的。通过向下波动阻碍你的复利雪球滚动，就是一种宿命。

总有人质疑和嘲笑我最近 9 年 10 倍的投资收益。实际上，这个 9 年 10 倍，包含着之前七八年"前奇点"时段的不赚钱，又包含着最近两年市场波动带来的市值回撤。我也难逃"复利两大天生不足"的折磨。因为认识到了这些，再面对市场波动时，我就会坦然得多。因为我知道，这是复利的宿命。

我们尽量长久地坚持，能享受到一段复利，这就非常好了。

第二章

定性与定量分析：
我们应该这样择股

第一节　择股的标准

经常有人会问：市场上有那么多股票，到底该买哪一只呢？每一只股票背后都有一家真实存在的企业，如果你以购买企业的标准来购买股票，那么股票就不再是一个个空洞的代码。巴菲特在 1991 年致股东的一封信中，曾经公开伯克希尔收购公司的标准。

（1）规模够大。

（2）具有被验证了的持续盈利能力（那些对于未来做出的预测，我们毫无兴趣；对于所谓困境反转型的公司，我们也没有兴趣）。

（3）在负债极少或没有负债的情况下，公司具有良好的净资产回报率。

（4）具备管理层（我们无法提供管理人员）。

（5）业务简明（如果有太多的科技成分，我们可能搞不明白）。

（6）明确的报价（我们不想在不确定价格的情况下，浪费彼此的时间进行讨价还价）。

同时，巴菲特还在不同场合一再表示：100% 控股一家公司和收购一家公司的部分股权，购买审验的标准是完全一样的。所以，巴氏收购企业的标准，给我们这些二级市场的普通投资者确立了很好的典范。

　　如果你是一个投资者，而不是一个投机者；如果你是以购买一家企业的想法来购买股票的，而不是想低买高卖赚一把就跑，那么巴氏提出收购企业的标准，就可以转化为我们购买股票的标准。

　　下面，是我根据自己的经验和体会，转化一下"巴氏择股标准"。

一、企业的规模要适度地"大"

　　因为我们是在二级市场上以直接购买股票的方式进行投资的，收购目标都是上市公司，通常都有公开透明的报价，所以很容易用市值的大小来衡量企业的规模。但是很多企业在泡沫化后，市值的大小并不能真实反映公司的规模，或者相反，在极端悲观的市场环境下，有很多大公司也可能市值很小。**所以，我的建议是，用企业近5年的业绩平均值乘以15所得到的估值作为预购公司的市值进行衡量较好——超过200亿元的市值可以称之为大。**

　　为什么买卖股票一定强调规模要适度地大呢？**因为适度大的规模本身就意味着企业经过了良好的发展，至少已经度过了艰难的草创时期。**这条标准可能会过滤掉未来的腾讯和微软，但理性的投资者一定不要忘记：腾讯和微软是在与千千万万小企业和无数的商界精英充分竞争后才成长起来的。从这个角度来讲，你看到腾讯和微软的成功，本身体现的就是幸存者偏差。对于投资者，尤其是普通投资者而言，确定性始终是投资的生命线。

二、具有被验证了的持续盈利能力

一个历史上能不断盈利和增长的企业，极有可能具有某种持续的竞争优势。就像一个总是在班级里考第一名的学生，极有可能具有其他学生不可攀比的特长。特长或来源于天赋，或来源于勤奋，或二者兼而有之。只要这种优势表现出稳定的特质，那么优秀者相对于非优秀者未来就有更大概率维持这种优秀。关于第二条，巴氏在括号里边表达的两条排他性条款，可能更为重要。

（1）"那些对于未来做出的预测，我们毫无兴趣"。这是直接告诉我们，对业绩只还挂在 PPT 里的概念股，要直接略过。

（2）"对于所谓困境反转型的公司，我们也没有兴趣"。这是告诉我们，不要寄希望一个差等生摇身一变就能成为一个优等生。很多时候，强周期性的公司在某种程度就是困境反转型公司。这类公司也是巴氏不喜欢投资的公司。

这两点，对今天中国 A 股的投资者，是不是也有很强的启示意义？

三、高 ROE

如果是长期持股，投资者的投资收益率会无限接近于 ROE（净资产收益率）水平。而历史研究表明，股市长期投资的年化复合收益率在 7%～8% 就算是高水平。但是优秀的基金经理可以把长期投资业绩保持在年化复合收益率 10% 以上，甚至 15% 以上的高水平。**所以，所谓的"高 ROE"的标准是：能长期持续维持在 15% 以上，就能称得上高 ROE 了。**

这里需要注意的是：两家 ROE 相同的企业，负债率低的企业更具有投资吸引力。道理很简单，负债率高意味着杠杆放得大。

举个例子，张三和李四都是股民，都在二级市场上进行投资，两人都赚了 100 元，张三是用自己 100 元的资本放大 1 倍杠杆赚来的，李四是用自己的 100 元资本在无杠杆条件下赚来的。他俩哪个择股能力更强、投资风险更小、未来的可持续更强呢？

（1）从择股能力上看，放大 1 倍杠杆的张三，所择股票实际上只上涨了 50%，而李四则是上涨了 100%，当然是李四更胜一筹。

（2）从投资风险上看，张三放大 1 倍杠杆，择股只要下降 50%，资产就将清零，而李四完全无杠杆，择股下降 50%，资产也同样只下降 50%，从而会避免张三资产清零的悲剧。在上涨中，风险会被隐藏起来。但下跌中，风险就会被充分展露和释放出来。这时，一定是稳健者胜。

（3）从可持续性上看，如上所述，遇到大的风浪，张三有可能发生"猝死"的悲剧，而李四可能会走得更长远一些。

可见投资者在关注企业 ROE 的高低时，不得不考虑企业负债率的问题。我再重申一遍：同样的 ROE 水平下，不同的负债率说明了不同的真实盈利能力。关于 ROE 指标的分析，在本章第五节中，我还会做重点探讨，这里先点到为止。

四、有能力的并且诚实可靠的管理层

巴菲特收购企业，喜欢把优秀企业的优秀管理层一起"收购"掉，他并不喜欢把手插进企业经营的层面，直接派人接管企业。巴氏认为那样的收购是不明智的，出力不讨好，通常会以失败告终。所以他对收购企业管理层的要求只是"具备管理层"——他的原意并不是只要有人管理就行了，而是一定要保留住把企业带进优秀行列的原始管理层。

这一点，对在二级市场上择股的普通投资者来讲，**启示就是一定要找到同样优秀的管理层：一定要有能力，一定要诚实，一定要以股东利益为基本导向。**

五、业务简单，好理解

业务复杂的公司不一定不是好公司，但如果能找到业务简单且好理解的优秀公司，那么对普通投资者来说，可把握性更强，投资的确定性更好。正因为对业务易懂性的追求和坚守，巴菲特主导下的伯克希尔的投资组合篮子里有百余家企业，消费型企业占据了绝大多数，而鲜有科技企业的影子。前文也曾提到，最近几年伯克希尔购买了不少苹果公司的股票，很多投资者因此称赞巴菲特又在进化，而我对这种观点，还是保持谨慎的态度。

分析一下苹果公司：它已经足够成熟；它的产品质量和需要已经非常稳定；它的产品在全球数量庞大的"果粉"中间是一种类似于可口可乐的"刚需"；通常而言，智能手机每两三年就需要更换。从这个角度来看，苹果手机对广大"果粉"来说，越来越像一种有黏性的快消品。巴氏到底是因为科技的因素买它，还是因为消费黏性的因素买它，目前还真不好说。

不论如何，对普通投资者而言，在业务简单且好理解的企业中选择投资标的，既是投资大师们的忠告，又是能力与现实匹配的需要。

六、价格与价值要有良好的匹配

伯克希尔对优秀企业的投资态度是：如果能全部买下来，那就全部买下来；如果不能全部买下来，那就买下一部分来。这样它的购买场景既有可能在二级市场上，又有可能在一级市场上，或者干脆就在只有甲乙双方议价的场外。因此，巴菲特在购买时强调：一定得有明确的报价。只有明确的报价，才能通过与估算价值的对比，来决定是买入还是放弃操作。

作为普通投资者的我们，购买股票的场景就是二级市场，所购标的的报价都是变动的、实时的、可自由选择的——在交易时间内，打开手机里的某款炒股软件就能看得一目了然。

最后这一点，具体到普通投资者身上，应该强调的是价格相对价值的对比关系。**当价格远低于价值时，就是我们购入的大好时机；当价格远高于价值时，我们最好还是耐心等待一下，直到二者的对比关系完全有利于投资者。**事情就这么简单。

本节讲了这么多，都还处在授道的范围。很多朋友会说：腾腾爸，你讲这些有什么用？跟市场距离这么远，跟实际操作也相去甚远，你讲的每一点、每一句话我们都懂，但是一面对市场、面对股票，我们就一脸懵……

投资的每一点大道理，都应该跟投资的实际操作息息相关，如果我讲的和你学习的东西不能指导实际操作、不能解决实际操作中遇到的问题，那就意味着，要么我们讲的和学的道理是空洞无用的，要么就是你还没有完全理解和领会这些道理的真谛。

每到市场行情好转的时候，就会有朋友频繁提问：现在我们还能买股票吗？我不止一次地直面回答这个问题。

（1）你如果是想投资，那么什么时候都可以买。

（2）你如果只是想投机，那么什么时候都不应该买。

（3）以上都还是战略的层次，从战术的层面看，请永远记住一点——你为股票支付的价格，直接决定了未来的投资收益。

最后这一句话的意思是：**一定要记得买既优质又估值便宜或者合理的企业股票。**

七、巴菲特的投资选股六标准告诉我们

1. 要买好企业，并长期持有

规模适度地大，有持续的盈利能力，并且净资产收益率要长期维持在高位。对这样的企业，只要是长期持有，那么投资收益率将无限地与 ROE 趋同。因此，我说"如果你是想来投资的，什么时候都可以买"——现在绝大多数优质好股（主要指龙头白马股）都还算不上贵，对这些企业的股票，从投资的视角，现在还是可以买的。你看，我回答的第一点，逻辑支撑就来源于上节六标准中的前三个。

2. 杜绝投机，最终的生存之道

业务本身很简单，作为普通投资者的我们也好理解，并且管理层有能力，忠诚可靠，经营企业时以股东利益为基本导向。与这样的企业为伍，与这样的管理层为伍，我们才能不成为韭菜。

如果以此为投资的绝对行为准则的话，所有的投机行为都应该回避，至少也应该保持足够的谨慎。所以我才会说"如果你只是想来投机的（赚一把就跑），什么时候都不应该买"。

3. 对再好的企业也永远不要支付太高的价格

一家企业的股票能不能买，最终的决定力量不是意念和概念，而是价格相对于价值的比价关系。再好的企业，用太高估值

的价格进行买入，也会严重降低未来的投资收益。比较典型的例子，是 2007—2008 年的中国平安——此后十年，平安的利润在不停地增长，但用当年价格买入平安的投资者并没有在市值上赚到什么收益。因为股价并没有上涨多少。

相反，我自己在 2015 年股灾期间以极低估值和价格买入了平安，哪怕经历了 2021 年和 2022 年连续两年的大幅回调，也给我带来了相当不错的投资收益。买得便宜，我们就可以赚得好！

第二节　避开不靠谱的管理层

做价值投资常念叨的几句话：买股票就是买企业，股票代表着股权，你拥有了某家企业的股票就相当于你成了那家企业的股东，理论上讲你就是那家企业的主人。在我看来，你不信这些话，你就无法做坚定的价值投资。但你要全信这些话，也不行，正所谓"尽信书不如无书"。

一、大师们的做法

最先说买股票就是买企业的人，是价值投资之父格雷厄姆。他是这样说的，也是这样做的。但做着做着，他就发现了很多不对劲的地方。早年间，格氏也热衷于呼吁和团结中小股东与企业管理层进行交涉。希望通过中小股东的积极发声，来改变管理层某些不理性、不正确的做法。

但几经周折之后，格雷厄姆放弃了这种努力，他发现中小股东想改变管理层的某些做法，真是太难了。对股票持有者而言，股票背后的那家企业确实是自己的，但管理权被紧紧地攥在管理层手里。就像你借钱给我做生意。钱是你的，但生意是我的。你只是把钱交给我用，但是无法左右我如何做生意。

发现了这一点，格雷厄姆就不再寻求通过持有股票来改变管理层。转而寻求选择企业了。所以，他把焦点和核心放在对企业现有价值的分析上。买到即赚到，择机就卖掉。这就成了格雷厄姆投资交易的基本原则。在这种原则的加持下，他基本上放弃了与企业管理层的交流。他只相信自己的价值观和分析判断能力。

巴菲特也看到了这一点。他的应对方法比格雷厄姆更激进大胆一些。早期的巴菲特非常喜欢谋求控股权。如果他认为某家企业有价值，但管理层在做错事，他就想办法多买这家企业的股票，寻求控股权。控股之后，再行拆分。但是这种激进的方法后遗症很多。用现在的说法就是，"资本的无序扩张"激起了民愤。

"企业员工抗议+媒体批评"一度让巴菲特非常狼狈。痛定思痛之后，他改变了这种激进的做法，开始退而求其次。如果他看中一家企业，在购买前他一定会仔细研究这家企业的管理层。把钱交给他喜欢的管理层手里进行管理。实际上，这是退回到了格雷厄姆"重视选择"的老路。当然，巴菲特进步的地方在于，他喜欢选择优秀的企业长期持有，不再像他的老师那样卖来卖去。

二、普通人的策略

普通投资者没有巴菲特那样大的体量，动不动寻求控股权这事行不通。今天的中国比当初的欧美更加强调防控资本的无序扩张。所以剩下的、唯一正确的方法，就是避开你不喜欢的管理层。寻找到好企业，然后与它共成长。所以我做投资时，在择股方面就遵循简简单单的"三步走策略"。

第一步：看财报，寻找到特别能赚钱的企业，我谓之"商业模式好"。

第二步：观察它的管理层，看他们一向的行为做派。

第三步：耐心等待一个好价格。

我以前择股只有两步：即上述第一步和第三步，没有第二步。现在我越来越重视第二步了。

在第一章第三节提及管理层和投资成见时，我曾举例格力，这故事还有下集。几年前，在美的和格力之间，我选择了美的。其中一个很重要的原因，就是我觉得美的的管理层更靠谱。管理层靠谱，企业的发展方向就会更趋向于正确，投资成功的概率就高。这几年，美的和格力的经营已经完全体现出这种趋势来了。无论营收，还是利润，美的都已经完成了超越。虽然这不一定完全是管理层的功劳，但管理层一定是其中非常重要的一个影响因素。

买股票就是买企业，买企业就是买老板。今天我重仓平安、腾讯，持有兴业、万科，很大的一个原因，就是我欣赏它们的管理层不多言、不多事、埋头苦干的实诚劲。若没有这一点的加持，我持有的底气就会少几分。普通投资者有普通投资者的优势，当然也有很多弊端，比如上边讲的，我们没有足够的能力改变管理层。

最近几年，发生在格力、茅台身上的事，体现了小股东团结的威力。我也支持广大小股东们的努力。但他们费了那么大劲，能改变的东西也非常有限。喜欢我行我素的继续我行我素，而茅台依然像一个大绣球。这一切都印证了一个基本的事实：散户再怎么努力，也还是散户。有些事情我们改变不了，就是改变不了，我们唯一能做的就是选择。用脚投票，用仓位投票。

当你发现你投资的那家企业的管理层好像在瞎搞，你就应该警惕起来。当你确定其确实是在瞎搞，那么最好的办法就是躲开。

本节讲这些，主题就一个，就是想告诉你，股票的确代表着股权，但你手中的这点股权的权力实在有限。如果没有能力改变企业，那就要努力学会避让！

第三节　五力分析模型

一、选择好企业的分析工具

股市投资者都知道要选择好行业里的好企业。什么是好行业？发展有潜力，竞争又不激烈的行业就是好行业。什么是好企业？能赚钱的企业就是好企业。但这些表述都很笼统，说了就跟没说一样。

有没有一种分析框架，能简单实用、一目了然地分析出企业的竞争状态呢？应该说，大家都在试图寻找和建立这样一种分析框架。目前公认的，比较好用的分析框架，是 20 世纪 80 年代由美国哈佛大学迈克尔·波特教授提出的"五力分析模型"。这个模型，可以简单地用下边一张图来表示——投资者习惯性地把它称为"波特五力图"（见图 2-1）

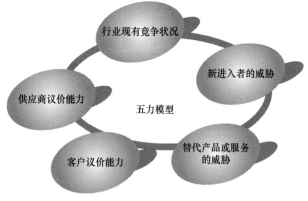

图 2-1　波特五力模型示意图

波特把企业的生存环境、竞争状态，大体归纳为五个方面。

（1）行业现有竞争状况。

（2）新进入者的威胁。

（3）替代产品或服务的威胁。

（4）（企业对）供应商议价能力。

（5）（企业对）客户议价能力。

二、企业最理想的状态

（1）企业已经实现了寡头垄断，行业内再无竞争对手，或者虽有对手，但数强并立，各有势力范围，大家井水不犯河水，竞争不再激烈。

（2）企业有宽阔的护城河，想分一杯羹的对手不得其门而入。

（3）不买我的产品可以，自己忍着不用吧，想找其他产品替代，没门儿。

（4）上游企业生产的产品，只能卖给我，想卖给别人，没人愿意要，这样在购买本企业的生产原材料时，我才会拥有无与伦比的定价权——往白了说就是：我想买你多少东西就买多少，想用什么价格买就用什么价格买。

（5）客户也完全依赖我——不买我的产品，你就没地方买去了——这样，我的产品想怎么提价就怎么提价。

企业处在这样完美的状态，企业主当然会很爽。但现实中，这样的状态几乎不可能具有——至少不会同时具有。这个世界是守恒的，什么好处都是你的，怎么可能呢？

上述五个方面，前三个反映的是企业所处行业内部的环境，后两个反映的是企业所处产业链的内部环境。行业环境是平面的、横向的分析和比较；产业链环境是立体的、纵向的分析和比较。有平面，有立体，有横向，有纵向，这样对企业的分析和比较，才会比较全面、细致、翔实和客观。

虽然波特五力分析模型也有这样或那样的缺点，比如它忽视了对管理层因素的考虑，也完全忽视了行业周期对企业的影响。但总体上，它对企业的分析是大致有效的，囊括了影响和决定企业经营的主要方面。所以在选择和分析企业，衡量和确定投资标的时，"波特五力分析模型"是投资者，尤其是以企业基本面为主要关注对象的价值投资者的常用工具。但是，大多数人都把这套模型当成企业定性的工具了，而没有深入思考它跟企业定量分析的互动与关联。

三、波特五力对企业财务数据的影响

影响企业生产经营的因素纵有千万，最终也都得落实和反映在它的经营数据上。所以，从财务分析的角度，回过头来重新审视波特五力模型时，我们会发现，用财务数据和五力模型结合起来看企业，才会有更深刻、更直观的发现。我们先来看看，波特五力都能给企业财务数据造成哪些方面的影响。

1. 如果行业内部的竞争比较激烈的话，会是什么情景

比如，行业内参与者众多，大家产品的质量、性能又都差不多。换成你去做企业的经营管理者，你会怎么做呢？很显然，企业为了生存，为了回款，需要把生产的产品尽快卖出去，最好走降价销售这条路，降价销售最直接的后果就是降低了企业的毛利率。如果降价后，销量涨上去，可能对营收影响不大；如果降价后，销量还只是维持原有规模，则意味着营收随之下降。总之，降价销售对营收的影响是不确定的，对毛利率的影响则是确定的。

2. 行业内很容易吸引和存在新进入者，会是什么情景

同样一张饼，原来一个人吃，现在变成了十个人吃。哪怕不是均匀分配的，第一个吃饼的人，份额也会下降。在企业经营中，这个吃饼的份额，就是指营收。也就是说，行业存在新进入者，首先影响的是原有企业的营收份额。然后，行业内的竞争也会变得激烈。继而企业的毛利率也会跟着下降。

3. 假如企业的产品很容易找到替代品，会对企业的财报产生什么影响

以下是行业环境中影响企业生产经营的三大因素。

（1）你不能随便涨价，你涨价我就换别的产品去了。

（2）光不涨价还不行，卖得还得相对合理，因为不合理的话，我就找更便宜的产品去了。

（3）如果所有的客户都这样做，企业的毛利率就不会高，营收就很难往上增长，从而陷入一种滞涨或下降的困境。

最终、最直接的结果，就是影响企业财务数据中的营收和毛利率这两项数据。那么反过来说，在初识企业时，我们就可以通过财务报表中的这两项数据来分析和刻画企业所处的行业环境。

毛利率高、营收不断增长的企业，肯定所处的行业环境会好些。毛利率低，或者不断下滑，营收长期滞涨，甚至连年下滑的企业，所处的行业环境肯定差些。

2019 年，我在公众号里分析过健帆生物的财务报告，今天我们就以健帆生物为例，说明一下这个问题。2019 年以前的五年，健帆生物的毛利率一直稳定地维持在 85% 上下，2019 年甚至还有进一步上扬的趋势（见表 2-1）。

表 2-1　健帆生物 2015—2019 年营收与毛利率数据

年　　份	2015 年	2016 年	2017 年	2018 年	2019 年
营收增长率（%）	37.19	6.83	32.16	41.48	40.86
毛利率（%）	84.55	83.93	84.14	84.81	86.21

这说明健帆生物的产品是非常有竞争力的。我们在阅读它的相关资料时，了解到它的主营产品是一次性血液灌流器，到目前为止，在国内还没有发现上规模、有竞争力的同类产品。财务数据正好与此情况相符。其营收一直在稳步增长，虽然 2016 年增幅只有 6.83%，但总体维持在极高的正增长水平上，五年间的年化复合增长率近 30%。

　　这进一步印证了企业在血液灌流这个细分行业里还在野蛮生长，没有什么太大的竞争压力。可以这样说，看完这组数据，不用知道它是哪家企业，处在什么行业，我们对这家企业在行业内的竞争环境就能做个清晰、大致的判断。

　　为了让大家有个对比，我又选择了三家企业，对它们同时期的营收、毛利率数据进行了统计（见表 2-2）。

表 2-2　企业一 2015—2019 年营收与毛利率数据

年　　份	2015 年	2016 年	2017 年	2018 年	2019 年
营收增长率（%）	-28.75	9.71	58.40	14.70	0.41
毛利率（%）	6.24	13.30	13.72	16.20	8.34

　　看数据，这家企业毛利率很低，营收数据忽高忽低。说明企业整体的行业环境不是太好，竞争比较激烈，2017 年和 2018 年行业环境有所改善，但 2019 年时似乎又陷入某种胶着状态中了。谜底揭开——这是一家钢铁企业的经营数据。具体来说，是鞍钢股份。

　　是不是不用知道企业是谁，光看数据就能比较清晰准确地分析出企业所处的行业环境呢？我们再来看下一家企业的营收和毛利率数据（见表 2-3）。

表 2-3　企业二 2015—2019 年营收与毛利率数据

年　　份	2015 年	2016 年	2017 年	2018 年	2019 年
营收增长率（%）	-24.74	64.60	-18.87	-6.31	10.10
毛利率（%）	19.49	14.64	18.72	9.77	9.08

这家企业的营收数据也忽高忽低，基本上是一年好一年坏，整体上处在一种滞涨状态。毛利率则是逐年下滑，2018 年和 2019 两年已经基本降到了跟鞍钢股份一个水平上去了。由此我们可以判断，这家企业所处的行业环境也非常不好。一般我看到这样的数据，基本上就没有再往下翻的兴趣了。揭开谜底：这家企业叫青岛双星。

能理解它的经营数据为什么是这样了吧？我们再来看最后一家企业的数据（见表 2-4）

表 2-4　企业三 2015—2019 年营收与毛利率数据

年　　份	2015 年	2016 年	2017 年	2018 年	2019 年
营收增长率（%）	3.82	20.06	52.07	26.43	15.10
毛利率（%）	92.23	91.23	89.80	91.14	91.30

从这张表上，按照上边的分析逻辑，我们能得出哪些信息呢？

（1）该企业毛利率超高，比做独家生意的健帆生物还要高，居然可以长期高达 90% 上下！

（2）2016 年以来的几年营收也在高速增长，虽然分布不是太均匀，但整体上是在高速增长的。

（3）2015 年的营收增长只有 3.82%，似乎企业遇到了什么问题。

分析到这，稍微老到一点的投资者应该能猜测到这家企业是干什么的，甚至是哪一家企业了吧？没错，正是白酒行业里大名鼎鼎的贵州茅台。

聊完波特五力中前三大因素——行业环境——对企业财报的影响，下步我们再来看看后两大因素——产业链环境——对企业财报的影响。

4. 如果企业对上游供应商的依赖性比较大，没有多少定价权，会是什么情景

我想买你材料用于我的生产，但你的材料很好卖，供不应求，怎么办呢？一是你涨价；二是排队买，我给你一部分订金，甚至先全款支付给你，这样你的材料来了，就不好意思不先卖给我了吧？原材料涨价的结果，就是我的营业成本上升了，影响毛利率。但这种影响不是必然会降低毛利率，因为有些企业可以把原材料涨价的结果转嫁给消费者。即原材料涨价了，我生产出的产品也跟着涨价了。故原料涨价，会影响毛利率，但影响结果是间接的，不好直接通过毛利率来进行判断。

排队买材料、预支部分或全部货款的结果，对企业的财务数据会造成直接的影响。因为预支部分或全部货款了，所以资产负债表上的"预付款项"账户，就会增加数量。同时预付款项多了，应付款项可能就少了。所以，对上预支货款的结果就是：资产负债表中，会直接影响到"预付款项"和"应付款项"两个科目。反过来讲，企业如果对上游议价能力强的话，预付款项就会少，而应付款项就会多。也就是先进料，账先赊着，产品卖出后再用回款还账。

5. 如果企业对下游客户的依赖性比较大，定价权比较低，又会对财报产生什么影响

我生产的产品不好卖，或者只能卖给你，我能怎么办呢？一是降价卖；二是宁愿赊给你也得卖。降价会对产品的毛利率形成压力，但不会必然使之降低，因为我可能把降价的压力传导给上游的原材料供应商。

赊销的结果，会对财报的某些科目数据产生直接的决定性的影响。赊销之后，该收的货款没有收回来，这笔款会记入"应收款项"科目内。也就是说，只要有赊销，应收款项就会随之发生变化。没有任何商量的余地。

反过来，如果我的产品特别好卖，因为某种原因对下游客户的议价能力很高，情形又会反过来了。产品好卖，供不应求，我可能会采取提价策略。还有可能先提前收取客户的部分或全部订金，然后待产品生产出来、有富余后，再给客户发货。这样，会直接影响资产负债表中"预收款项"的数据。对下游客户定价权强的企业，通常预收款项多一点，应收款项就会少一点；反之，预收款项少一点，应收款项就会多一点。

这段分析有点绕，没有一点财报基础知识的朋友，会看得一头雾水。不要着急，你只要记住分析的结论就行了：企业的资产负债表中，首先有"应收款项"和"预收款项"两个科目，这两个科目的数字变化，反映的是企业对下游客户的议价能力。其次有"预付款项"和"应付账款"两个科目，这两个科目的数字变化，反映的是企业对上游供应商的议价能力。

为了更形象地展示上述分析，我统计了健帆生物、鞍钢股份、青岛双星和贵州茅台四家企业 2019 年年报中，相关款项对各自企业总资产占比的数据——大家看下表 2-5。

表 2-5　四家公司 2019 年相关数据对比

企 业 名 称	健帆生物	鞍钢股份	青岛双星	贵州茅台	说　　明
应收款项占比（%）	6.33	2.93	8.88	0	对下议价能力
预付款项占比（%）	9.78	3.88	1.10	0.85	对上议价能力
应付账款占比（%）	1.32	6.18	11.00	0.83	对上议价能力
预收款项占比（%）	0.32	5.58	1.71	7.51	对下议价能力

注：应收款项、预付款项、应付账款、预收款项占比是指相关科目对企业总资产的占比。

四家企业中，对下议价能力最强的是贵州茅台，因为它应收款项为 0，而预收款项占比最高。表现最差的是青岛双星，因为它应收款项占比最大，而预收款项又很低。

这里再特别强调三点。

（1）跟应收款项关系密切的，资产负债表上还有一个"应收款项融资"科目——应收款项融资，数据如果过大，也应该引起高度警惕。

"应收款项融资"的含意就是：企业为了盘活"应收款项"这项资产，把它拿出来向金融机构进行了出售或抵押。通常是在应收款项多而又缺钱的情况下，企业才会这样干。比如上表中的青岛双星，除了占总资产 8.88% 的"应收款项"之外，"应收款项融资"中还有 6.63 亿元，在当年 98.81 亿元的总资产中占比高达 6.71%。也就是说，这两项占比加一块，青岛双星的真实应收款项已经超过总资产的 15% 了。这反映了青岛双星对下游客户的议价能力比表中显示的还要糟糕。

（2）跟预收款项关系密切的资产负债表上还有一个"合同负债"科目——这个账户，是根据会计准则新设的一个科目。

实际上跟以前的"预收款项"是一个意思。在房地产企业的报表上比较常见，以后在阅读和分析财报上，大家把二者数据加在一块进行分析就可以了。

（3）上述逻辑和分析方法是一种思路，是一个大致的框架，并不绝对精确。

如表 2-5 所示，我们会发现，健帆生物的应收款项对总资产的占比也不低，高达 6.33%。这是否意味着健帆对下游客户议价偏弱呢？详读过健帆生物财报的朋友，很容易能够理解其中的逻辑：健帆的主打产品血液灌流器，还在市场培育推广期，为了更快抢占市场，减轻中间经销商的资金压力，健帆适当地延长了部分大经销商的信用账期——从以前的全部"现款现货"销售，变为对少部分大经销商最长三个月信用账期的赊销模式。显然，这就增加了应收款项的占比数据。

这是不是个风险点呢？当然是。但从逻辑上解释得通，所以我们需要后续对公司进行持续地跟踪和观察。我举这个例子，就是想提醒大家，波特五力模型的确可用于分析企业的财务数据，但能影响到企业数据的因素是多种多样的。我们看到某项数据异常时，不要急于下结论是好还是坏——数据的异常只是指路的明灯，告诉我们这里是需要下功夫搞清楚的地方。通过具体问题具体分析，最终加深我们对企业的理解。

最后，我统计了贵州茅台、五粮液、酒鬼酒和金种子酒四家酒企的"五力指标"数据，如表2-6所示，大家可以根据本章上述内容提供的分析思路，进行一下对比分。

表2-6　四家酒企2019年相关数据对比

公　　　司	贵州茅台	五　粮　液	酒　鬼　酒	金种子酒
营收增长率（%）	15.10	25.20	27.38	-30.46
毛利率（%）	91.30	74.46	77.75	37.87
应收款项占比（%）	0	0.13	0.22	1.59
预付款项占比（%）	0.85	0.22	0.12	0.47
应付账款占比（%）	0.83	3.06	3.64	7.82
预收款项占比（%）	7.51	11.78	6.41	3.07

注：应收款项、预付款项、应付账款、预收款项占比是指相关科目对企业总资产的占比。

第四节　用财报初选好公司

A股目前有5000多只股票，如何迅速地初检一家企业，一直是个困扰着很多投资者的老大难问题。从价值投资的角度来看，用财务数据排除应该是第一步。那么如何才能通过财务数据的梳理和审核，来实现初选的目的呢？这一节，我们就重点谈一下这个问题。

健康的企业，财务状况通常会呈现出"营收有利润，利润有

现金"的特点。也就是说，好的企业一定得能赚钱，并且赚的还得是货真价实的钱。赚了一堆存货，或者赚了一堆应收账款，这就算不上是真赚钱。任正非在华为内部讲话中，经常提到企业经营要追求"有利润的营收，有现金的利润"，讲的实际上也是这个道理。遵循着这一重要标准，我自己在股市投资初检企业时，就确立了以下"四步筛选法"。

一、看营收和利润

营收和利润能够不断增长的企业就是好企业。在统计和检查营收、净利润时，我喜欢选择至少五年的数据，作为分析和研究的基础。统计和分析的样本时间跨度越大，往往越具有代表性。巴菲特关注和分析可口可乐时，可以逐页逐项看完它 100 多年的财报，但是那是深研，我们现在讲的是初选。对于初选来说，样本选择的时间又没有必要太长。我个人喜欢 5~10 年的数据统计，我们今天的举例就以五年为准。数据统计好后，主要看三个方面的重点。

（1）是否有增长?

（2）增长是否稳定?

（3）营收和利润的增长是否同步?

几年来营收和利润一直不增长，甚至负增长，说明企业出了问题。虽然增长，但忽高忽低，说明经营上一定有问题。营收增长了，利润却没增长或增长甚少，这就是典型的"增收不增利"，也不是好现象。抓住这几个核心，企业的初步画像就在我们心中形成了。

2019 年初，我以捷成股份为例，给大家详细展示了财报初选过程。现在四年多时间过去了，重温彼时的初选过程，再与此后四年的企业经营对照，就显得特别有意义。

我们先来看看当时统计的 2014—2018 年的营收数据。统计期内的五年，公司的营收一直在增长。2015 年增长得还特别多——高达 79.17%（见表 2-7）！表现很好。

表 2-7　捷成股份 2014—2018 年营收数据

年　　份	2014 年	2015 年	2016 年	2017 年	2018 年
营业收入（亿元）	12.34	22.11	32.78	43.66	49.50
增长率	32.04%	79.17%	48.29%	33.18%	13.39%

净利润以前也一直在增长——不错。但在 2018 年时却大幅下滑了 90% 以上（见表 2-8），这是超九成的下滑幅度。

表 2-8　捷成股份 2014—2018 年归母净利润数据

年　　份	2014 年	2015 年	2016 年	2017 年	2018 年
归母净利润（亿元）	2.63	5.33	9.32	9.95	0.91
增长率	30.88%	102.76%	74.92%	6.75%	-90.88%

通过上述对比，我们可以简单分析出如下三点结论。

（1）营收和归母净利润总体上不同步。

（2）增长得非常不稳定，忽高忽低现象非常显著。

（3）细究下去：2015 年营收增长 79.17%，净利增长

102.76%；2016 年情形大抵与 2015 年类似；2018 年则营收继续增长，净利润却大幅下滑九成，"增收不增利"，何也？

通过上述分析，我们很快就能确定，2015 年、2016 年、2018 年年报应该成为我们下步深入阅读的重点。一般情况下，财务数据有大幅的变动，财报上都会有直接具体的体现。遗憾的是，我翻了捷成股份 2015 年、2016 年、2018 年的三份年报，都没有看到这方面的具体说明。在 2015 年年报上，我看到类似这样的叙述（见图 2-2）。

单位：万元

募集年份	募集方式	募集资金总额	本期已使用募集资金总额	已累计使用募集资金总额	报告期内变更用途的募集资金总额	累计变更用途的募集资金总额	累计变更用途的募集资金总额比例	尚未使用募集资金总额	尚未使用募集资金用途及去向	闲置两年以上募集资金金额
2015 年	定向增发	31,297	30,747	30,747					0	
合计	--	31,297	30,747	30,747	0	0	0.00%	0	--	

募集资金总体使用情况说明

经中国证券监督管理委员会证监许可[2015]1006 号文核准，并经深圳证券交易所同意，本公司由主承销商广发证券股份有限公司于 2015 年 7 月 6 日向冯为民、深圳市融通资本财富管理有限公司两名社会公众投资者定价发行人民币普通股（A 股）6,662,964 股，每股面值人民币 1.00 元，每股发行认购价格为人民币 54.03 元，截至 2015 年 7 月 6 日止，本公司共计募集资金人民币 360,000,000 元，扣除与发行有关的费用后，募集资金净额 352,530,000 元。募集资金净额 307,470,000.00 元。　截止 2015 年 7 月 6 日，本公司上述发行股份募集的资金已全部到位，业经大华会计师事务所以"大华验字[2015]000614 号"验资报告验证确认。以上募集资金将全部用于支付东阳瑞吉祥影视传媒有限公司 100.00%股权、北京中视精彩影视文化有限公司 100.00%股权（以下简称购买资产）转让对价现金支付部分。　2015 年 11 月，将广发证券股份有限公司退回的发行费 5,500,000.00 元进行调整，调整后的募集资金净额 312,970,000.00 元。2015 年度本公司对募集资金项目累计投入 312,959,035.00 元（其中：使用自有资金支付购买资产现金对价 5,489,035.00 元），2015 年度使用募集资金 307,470,000.00 元（其中：购买资产支付现金对价 307,469,365.00 元，发生募集资金账户管理费用 635.00 元），募集资金账户产生利息收入 8,229.22 元。截止 2015 年 12 月 31 日，募集资金余额为人民币 5,508,229.22 元。

图 2-2　捷成股份 2015 年年报截图

这一年，捷成股份通过发行新股募集资金的方式，接连收购了两家传媒公司 100%的股权。因此，我们有理由相信，这一年的高增长，和这两笔重大股权并购有关。在 2016 年年报上，我也找到了类似的表述。

在阅读 2018 年年报时，我发现企业还在通过增发新股募资的方式，继续对外进行并购，而且规模比 2015 年、2016 年更大。这说明，企业这几年的高增长，与并购带来的财务并表有很大的关系。这加深了我的不良印象。

企业在并购时，并购对象为卖出好价，通常会做高数据，从而让并购企业最初的合并报表看起来非常靓丽。但是企业并购，最容易带来的就是财务报表上商誉的增加，如果未来并购来的子公司业绩不及预期，商誉减值带来的业绩波动影响就较大。

以捷成股份的 2018 年年报为例：为什么这一年营收大增，而净利润反而下降 90% 以上呢？主要原因就是这一年，企业对总额为 55.47 亿元的商誉计提了近 8.5 亿元的减值（见图 2-3）。

5. 商誉的减值

（1）事项描述

如财务报表附注附注三、19 和附注五、16 所述，捷成股份商誉期末余额为 55.47 亿元，商誉减值准备期末余额为 8.46 亿元，其中本期计提商誉减值准备 8.46 亿元，对财务报表影响重大。根据《企业会计准则第 8 号——资产减值》的规定，因企业合并所形成的商誉至少在每年年度终了进行减值测试。

商誉减值测试的结果很大程度上依赖于管理层所做的估计和采用的假设，例如对资产组或资产组组合预计未来可产生现金流量和折现率的估计。该等估计受到管理层对未来市场以及对经济环境判断的影响，采用不同的估计和假设会对评估的商誉之可收回价值有很大的影响。由于商誉金额重大，且管理层需要作出重大判断，因此我们将商誉的减值确定为关键审计事项。

图 2-3　捷成股份 2018 年年报截图

捷成股份果然未能免俗！需要提醒的是：大幅减值后，捷成股份的商誉账户还有余额 47 亿元！思考一下：它以后会不会继续"不能免俗"呢？写作本书时，我检查了一下捷成股份 2022 年三季度财报，彼时公司商誉账户余额还有大约 30.15 亿元。那 17 亿元跑哪儿去了呢？

二、看现金流入与流出

营收和归母净利润看完之后，可以解决"营收是否能为企业带来利润"这个问题。下边，我们就再来看看利润能否为企业带来现金。所以第二步，就是看企业的现金流。看企业的现金流，我主要是看两部分内容。

（1）净现比。

（2）数据统计期内的现金流总貌（包括经营性、投资性、筹资性现金流入与流出）。

净现比就企业的经营性现金流净额与净利润的比值。其基本计算公式为：

$$净现比 = 经营性现金流净额 \div 净利润$$

净现比可以比较直观地告诉我们企业所取得的净利润中真金白银的含量。正常的经营性企业，净现比大于 1 是健康的。但有些企业非经营性业务带来的净利润占比较大，这样得到的净现比就可能严重失真。

为了解决这个问题，有学者提出了"核心利润"这个概念。核心利润的基本计算公式为：

$$核心利润 = 营业收入 - 营业成本 - 税金及附加 -$$
$$销售费用 - 管理费用 - 财务费用 - 研发费用$$

核心利润的本质，是要扣除掉非主营业务收支对企业利润的影响。用核心利润代替净现比计算公式中的分母"净利润"，可以考察主营业务的利润回款情况。这样计算和考察的结果，更科学合理一些。当然，这里只是提出来，让大家在分析净现比时知所进退。

数据统计期内的现金流总貌可以直观地告诉我们，企业在统计期内，通过自身的主业经营，能否支撑起企业的日常经营和正常发展。**其基本逻辑是：如果企业经营效果好，能为企业带来充沛的经营性现金流入，那么仅靠自身的经营性现金流入就能支撑起企业全部的发展需要。**即经营性现金流净额大于投资性和筹资性现金流出，这才是企业现金总体充沛的体现。理论听起来总是很抽象，下面还是以捷成股份为例，夹叙夹议。

表 2-9 是捷成股份 2014—2018 年的经营性现金流净额的数据统计。这张表应该和它的净利润数据统计进行对比分析。因为净现比就是经营性现金流净额与净利润之比（这里考虑到捷成股份的非经营性业务占比极小，故没有引入核心利润的计算）。我们可以看到：

（1）捷成股份的经营性现金流非常不稳定，忽高忽低，2018 年与 2017 年居然可以相差四倍多！

（2）在大多数的年份里，捷成股份的净现比是非常差的：2014 年直接是负数，2015 年、2016 年、2017 年全部远远小于 1。

表 2-9　捷成股份 2014—2018 年经营性现金流净额数据

单位：亿元

年　　份	2014 年	2015 年	2016 年	2017 年	2018 年
经营现金流净额	-1.34	1.26	6.25	4.91	20.23
归母净利润	2.63	5.33	9.32	9.95	0.91

为什么 2018 年捷成股份的经营性现金流净额大幅增加呢？为了解决这个问题，我特意翻查了 2018 年年报的合并现金流量表（见图 2-4）。

经营活动现金流入小计	4,013,762,169.59	4,339,160,653.83
购买商品、接受劳务支付的现金	885,419,075.76	2,689,732,996.35
客户贷款及垫款净增加额		
存放中央银行和同业款项净增加额		
支付原保险合同赔付款项的现金		
支付利息、手续费及佣金的现金		
支付保单红利的现金		
支付给职工以及为职工支付的现金	193,834,161.23	174,404,680.63
支付的各项税费	178,215,799.34	213,704,071.73
支付其他与经营活动有关的现金	733,653,729.91	770,765,730.46
经营活动现金流出小计	1,991,122,766.24	3,848,607,479.17
经营活动产生的现金流量净额	2,022,639,403.35	490,553,174.66

图 2-4　捷成股份 2018 年年报截图

通过检查对比发现，2018 年捷成股份的经营性现金流入没有太大的变化，但如图 2-4 中画框行所示，在现金流出的"购买商品、接受劳务支付的现金"科目中，当年只支付了 8.85 亿元，而上一年则支付了 26.90 亿元，整整少了 18 亿元现金支出。这少支出的 18 亿元，是节省出来的成本，还是因为业务收缩导致的支出减少呢？我虽然不太敢妄下断言，但总体上感觉省成本没有这样省的。不论是哪种情况，捷成股份的净现比波动很大。在大多数年份该企业的造血功能不足。

那么数据统计期的现金流总貌呢？我统计了 2014—2018 年

捷成股份经营性、投资性、筹资性现金流数据（见表2-10）。

表2-10　捷成股份2014—2018年现金流数据

单位：亿元

年　份	2014年	2015年	2016年	2017年	2018年	总计
经营性现金流净额	-1.34	1.26	6.25	4.91	20.23	31.31
投资性现金流净额	-2.29	-6.08	-38.25	-15.13	-19.14	-80.89
筹资性现金流净额	1.19	8.66	35.65	7.92	-7.21	46.21

对于这张表，我们可以做出如下分析。

（1）这些年公司不停地对外投资造成的净现金流出约为80.89亿元。这一点跟我们上边提到的其多年连续不断的并购可以对应起来。

（2）这些年企业经营带来的经营性现金流量很差，5年才31.31亿元，远远支撑不了它的对外并购和其他投资。

（3）怎么办呢？只好不停地对外筹资——所以5年对外筹资净额高达46.21亿元：这个数字是筹资性现金流净额，说句白话就是，从外边借来的钱，减去对外支出的股息及利息等，还净剩46.21亿元。

（4）即使这样，经营性现金净额和筹资性现金净额之和只有77.52亿元，比投资性现金净额（净流出）的80.89亿元，缺口还有3个多亿。

这些年，单靠企业经营创造的现金流是无法支撑企业的对外投资的，加上对外筹资得来的钱，企业还是处在绝对的对外净流血状态。这是一份不能让人满意和放心的现金流量全貌图：企业为了维持自身的发展（增长），必须不停地对外进行投资（并购），而自己通过经营自身造血功能提供的资金又远远不能满足这种投资的需求，只好不停地对外进行融资输血——即使这样，流出还是稍大于流入。

从表 2-10 中，我们可以看出：当时的捷成股份，资金的压力一定非常大。负责筹资的领导，一定会非常辛苦。一个企业不可能永远靠对外筹资来维持发展。企业发展的良性循环，一定得是自身的业务能带来充沛的现金流，靠自身的造血来维持自身的生存和发展。

捷成需要前期的投资，自成链条，自成生态，迅速发展壮大出强大的自我造血功能，否则处境就会非常危险！不是说捷成一定会死——我只是说，它当时的状况很危险。我毕竟对这家企业的商业模式不完全懂，我看到的只是它过去和现在的财务指标。

财务数据分析到这里，企业营收中有无利润，利润中有无现金，这两个基本问题就基本上解决得差不多了。为了更深入地了解企业，在不过多消耗投资者时间和精力的前提下，还有两个步骤可以增加进来。这两步虽简单，却常常可以起到事半功倍的效果。

三、看所有者权益结构

通过检查合并资产负债表下方"所有者权益"部分，我们可以快速地判断企业自创立以来到底为股东们赚没赚到钱，以及到底赚了多少钱。还是以捷成股份为例，从图 2-5 中可以看到，股东们投资的钱＝股本＋资本公积＝25.63亿＋44.34亿＝69.97亿元。而企业成立以来赚到的钱（分红之后余额）＝盈余公积＋未分配利润＝1.62亿＋28.22亿＝29.84亿元。

所有者权益：		
股本	2,562,908,807.00	2,568,863,807.00
其他权益工具		
其中：优先股		
永续债		
资本公积	4,433,881,880.80	4,456,022,570.80
减：库存股	37,460,920.00	65,556,610.00
其他综合收益	20,341,889.59	7,549.78
专项储备		
盈余公积	162,133,300.22	162,133,300.22
一般风险准备		
未分配利润	2,821,729,569.46	2,684,748,838.77
归属于母公司所有者权益合计	9,963,534,527.07	9,806,219,456.57
少数股东权益	4,473,345.67	5,338,953.96
所有者权益合计	9,968,007,872.74	9,811,558,410.53

图 2-5 捷成股份 2019 年一季度所有者权益截图

我们再看捷成股份的分红历史，捷成以前每年几乎都是每股三分两分地进行现金分红，所以分掉的部分几乎可以忽略不计。由此看，企业这些年光对外疯狂筹资了，实在是没有赚到多少钱！

四、看资本开支多寡

好的企业，每年只要用很少的资本开支就能满足自身的经营和发展。而资本开支大则往往意味着企业的商业模式有问题。再拿捷成股份为例，捷成股份 2014—2018 年的资本开支高达 42.97 亿元，而它这五年的归母净利润为 28.14 亿元（见表 2-11）。资本开支远远高于归母净利润。

表 2-11　捷成股份 2014—2018 年资本开支相关数据

单位：亿元

年　　份	2014 年	2015 年	2016 年	2017 年	2018 年	总　　计
资本开支	0.15	0.73	7.39	15.84	18.86	42.97
归母净利润	2.63	5.33	9.32	9.95	0.91	28.14

从上述分析中我们可以看到，通过财务数据粗览一家企业质量的高低，从而实现快速初选的目的，就是这样简单。如果熟练的话，我们用三五分钟、十来分钟，最多半小时，就可以确定一家企业应该直接被淘汰掉，还是可以放进股票池再做进一步的分析和关注。

通上述方法，财务数据未达标准的企业，一定要慎买；财务数据达到标准的企业，也并不意味着可以放心大胆地买。我上边讲到了，这只能算是初选通过，下面应该是先放入我们的股票池，再做进一步深入的分析和研究。

我们分析一家企业时，光看几份财报还是远远不够的，必须要经过长期的跟踪与观察。甚至对于财报的理解，如果没有长期的跟踪和观察也是很难实现的——常常会形成某种片面的认识。这是看财报的缺陷，也是投资的复杂性所在。

上边的讲解是我 2019 年初次翻阅捷成股份财报时，分析和推导的全过程，最终得出的结论是：总体上看，这是一个反例——捷成股份不是一个好的投资标的。大家可以看看捷成股份2018年之后的经营业绩（见表2-12）。**财报是用来排除企业的。**信哉斯言！

表 2-12　捷成股份 2017—2021 年营收与利润数据

单位：亿元

年　份	2017 年	2018 年	2019 年	2020 年	2021 年
营业收入	43.66	49.50	36.05	31.84	37.27
归母净利润	9.95	0.91	-23.25	-12.39	4.31

五、财报的局限性

写到这里，不得不多说几句。投资者普遍有一个误解，认为只要学会分析财报，就可以避免所有的投资陷阱，自己没有避开，只是因为学艺不精。**通过阅读财报，我们的确可以避免很多不必要踩的坑，但是过于神化财报分析，也是我坚决反对的。**

（1）财报只是对企业过去经营业绩的总结和记录。

（2）财报只是一种财务记录。

（3）哪怕财报本身，依靠现有的会计准则，依然可以进行合理合法的美化和修饰。

在上一章，我曾拿健帆生物进行举例，主要原因是它过往的财务数据非常靓丽，极具代表性，通过它叙事说理，可以起到举一反三的作用。但是对它产品的真实效用，未来的商业前景，我是无法预测和估算的。所以我对它的投资，一直比较谨慎：它的超靓丽报表，让我不忍心放弃它；而它颇具争议的产品效用，又让我无法完全放心。

仓位即态度。我对它的投资，仓位的占比最高为 3%，始终没有达到过 5%。2022 年三季报公布后，健帆生物以往动辄30%、40% 的增长突然消失，公司给出的理由是"疫情封控"造成的影响，这无法令我消释心中的疑惑。所以股价暴跌之后，我仅维持仓位，无法做到放心大胆地加仓抄底。这只股票只能持续追踪，继续观察。

由上分析可以看到，对财报表现好坏，最科学的态度就是：如果财报表现好，只能说明企业可能好；如果财报表现不好，那就是企业真不好。就像结交朋友，第一次见面感觉对方好、投脾气，那就有继续交往的必要；如果第一面就发现对方毛病一身，那就没有必要再继续交往下去。这样可以最大限度地节省交际成本。

分析财报重不重要？重要！但财报就是用来筛选企业的，先把不好的企业直接剔除出去，节省研究和追踪的成本。因此"财报是用来排除企业的"成了财报专家的口头禅。作为投资者，我们一定要学会分析财报，但一定要清楚分析财报不是万能的。

我们应该把分析财报与加强对企业商业模式的理解充分结合起来，对精挑细选出来的企业长期跟踪，真正地了解它的商业模式和经营模式，才能最大限度地克服单纯阅读财报带来的种种不足。

　　分析财报是一个定量分析的过程，研究企业商业模式则是一个定性分析的过程。只有把定性和定量工作都做好，我们投资成功的确定性才会更大一些。作为普通投资者，我还是建议大家建立一个优质企业的股票组合，用适当的分散来弥补研究的不足。另外，我们一定要坚持不熟不做，对自己能力圈以外的企业尽量保持谨慎。

　　投资是一个长期学习、长期修行的过程，想成功并不容易，我们还是要坚持前面给大家灌输的思想："普通人就得有普通人的路径"。

第五节　关键的 ROE

一、ROE 重要的原因

　　巴菲特说："如果只能给我一个指标来选择股票，那我就选择 ROE。"ROE 的中文全称叫"净资产收益率"。一家企业如果年初有 1000 万元的净资产，年底盘算后，发现赚到了 200 万元的净利润，那么我们就可以说它今年的净资产收益率大约为 20%（200 万÷1000 万×100%）。也就是说，净资产收益率的基本计算公式为：

　　　　净资产收益率（ROE）=净利润÷净资产

　　因为企业在一年的经营周期内，是以净资产为起点，一边经营一边赚钱，一边赚钱一边利润再投入的，所以年中赚到的钱再投入的话，也会积累成为新的净资产。

还是上边的那家企业，年初净资产为 1000 万元，一年总共赚了 200 万元，但这 200 万元是一年的时间内陆陆续续赚到的，一边赚一边重新投入到企业里——年底净资产达到了 1200 万元（1000 万元年初的净资产+200 万元净利润）——也就是说，全年的 200 万元净利润并不仅仅是靠年初的 1000 万元净资产赚到的，还应该有利润再投入的功劳，这时的 ROE 怎么计算呢？

我们发明了一个平均 ROE 的概念，也就是把年初值 1000 万元与年末值 1200 万元相加，取一个平均值 1100 万元，作为平均净资产，然后用全年的净利润除以平均净资产，即：

平均净资产=（年初净资产+年末净资产）÷2

平均净资产收益率（平均 ROE）=净利润÷平均净资产

平均 ROE 体现了计算周期内新投入资本的收益贡献。上文中，我们举的例子，按基本公式计算的 ROE 为 20%，平均 ROE 为 18.18%（200 万÷1100 万×100%）。

关于 ROE，芒格也说过一番话："如果投资者持有一家企业股票的时间足够长，那么他的投资收益率将无限接近于这家企业在存续期间实现的 ROE。"也就是说，当你长期持有一只股票时，你在这只股票上实现的投资收益率将近似于这只股票背后的企业的长期年化复合 ROE。用大白话说就是：你买的那家企业赚钱，你就赚钱；你买的那家企业有多赚钱，你就有多赚钱；你买的那家企业赚了多少钱，你就赚了多少钱。

二、ROE 指标的基本逻辑

　　ROE 如此重要，以至于各路投资大佬和我们这些普通投资者都不得不对它高度重视。但是 ROE 看起来很简单，实际上细分析起来是非常复杂的。

　　打个比方说，有 A、B 两家企业，某年的 ROE 同样都是20%，但股神有可能选择 A 而不是选择 B。一样的 ROE 为什么选择不一样？

　　举个好理解的例子：两个年轻人同样都有 1000 万元身家，一个是靠自己本事赚来的，一个是意外中了彩票得来的，如果择婿权在你手里，你会把闺女嫁给哪一个呢？

　　这就是同样的 ROE 意义却并不相同的道理所在。为什么看起来一样的 ROE，实际上意义并不一样呢？是什么因素造成了这种差异呢？这些差异又会对我们的投资产生何种启示或者说指导呢？这就是本节要重点探讨的内容。

　　我们回顾一下 ROE 的基础公式，分子是利润，分母是资产。对一家固定的企业来说，分母是一个相对的恒量，年初值是多少它就是多少，变化的是分子——哪怕是计算平均净资产时，年末值也是由年初值加上当年利润形成的。所以，整个公式中的变量就是分子，即利润。**因此，利润的生成过程，决定了 ROE 的不同。**

　　为了把复杂的问题尽量讲得简单明了一些，我再给大家假设一个例子：假如有一种高端设备，国外售价是 100 万元一套，国内售价是 120 万元一套，我们有一位朋友叫张三，他看到了其中的商机，于是注册了一家外贸企业，叫"张三外贸有限公司"——下边简称为张三公司——专做此种设备的进口生意。

第一年，张三公司从国外花 100 万元买了一套设备，到国内卖了 120 万元，赚了 20 万元。很显然，这 20 万元，是利润，进口设备的 100 万是成本，卖掉设备得到的 120 万元是营业收入，利润率是 20 万÷100 万×100% = 20%。这个数据，相当于张三公司进行一次经营活动所取得的效益。即：ROE = 利润率。

因为一年只做了这一次生意，所以利润除以净资产，就得到了它今年的净资产收益率，即 ROE 为 20%，跟这一年的利润率正好相同。

第二年，张三就想了，我一年做一次这样的生意，赚 20 万元，要是一年做两次这样的生意呢？不就赚得更多吗？于是，第二年张三上半年花 100 万元从国外买了一套设备，到国内卖了 120 万元，赚了 20 万元；下半年，他又花 100 万元从国外买了一套设备，到国内卖了 120 万元，又赚了 20 万元。相当于年初的 100 万元，做了一次生意之后，紧接着又做了一次生意。

这一次又一次的生意，我们称之为"周转次数"，学名叫"周转率"。一年做一次，周转率为 1 次。一年做两次，周转率为 2 次。依此类推，周转次数越多，张三公司赚得就越多。这时候我们发现，张三公司的净资产收益率计算公式发生了变化：ROE = 利润率×周转率。

如果说利润率代表的是企业效益的话，那么周转率代表的就是企业的效率。效益越好，ROE 越高；效率越高，ROE 也越高。

第三年，张三又想了：我只有 100 万元的资金，一次只能买一套设备，一年只能做两次，太不过瘾了，如果我能再借 100 万元，一次买两套设备，一年再做两次，那不就赚得更多了吗？

于是，张三从他的表哥李四那里借了 100 万元，加上自己的 100 万元，上半年从国外进口了两套设备，一套赚了 20 万元，两套赚了 40 万元；下半年又这样运作了一次，下半年又赚了 40 万元；全年共赚了 80 万元。

自己有 100 万元（净资产），借了 100 万元（筹资），这就是我们常说的"加杠杆"了；借了 100 万元后，总共 200 万元（总资产），相比自己的 100 万元净资产是 2 倍——这个"2"，我们就称之为杠杆倍数。

这时我们发现，张三公司的利润等于一套设备的利润乘以周转次数再乘以杠杆倍数，即：张三公司第三年的利润 = 20 万元×2 次×2 倍 = 80 万元。而这一年张三公司的净资产收益率计算公式再一次发生了变化：ROE = 利润率×周转率×杠杆倍数。

这个公式实际上就是教科书上经常提到的净资产收益率的分解公式。它的基本含意是：一家企业的利润率越高，周转次数越多，杠杆倍数越大，则所获利润越多，ROE 越高！

三、影响企业 ROE 的核心因素

从上边讲的这个例子中，我们可以清晰地看到，影响一家企业 ROE 的核心因素就三个。

1. 利润率

这代表了企业的效益，主要指标有毛利率和净利率。ROE 分解公式中的利润率主要是指净利率。利润率的计算公式：

$$毛利率 = (营业收入 - 营业成本) \div 营业收入$$

$$净利率 = 净利润 \div 营业收入$$

因为利润率高，会对企业的 ROE 有正向影响，所以在选择股票时，我们会倾向于寻找高利润率的企业进行投资。

这里特别交代一下：为什么 ROE 分解公式中引入的是净利率，我们还要关注毛利率呢？因为毛利润直接体现了企业产品或服务的盈利能力，比如上例提到的 100 万元进口的设备，转手卖出 120 万元的价格，20 万元的差价就是毛利润。有了这 20 万元的毛利润之后，扣除掉各种管理、销售、财务、税金等费用之后，才是净利润。

同时，根据新的会计准则，企业获得的一些营业外收入也可以归入净利润，比如外贸企业得到的政府补助，也可能纳入净利润中，从而使企业的净利润数据被"调节"。所以，在考察企业利润率时，我建议大家计算出毛利率和净利率两个数据，据此再对企业进行综合判断，才能得出更客观合理的结论。

2. 周转次数

周转次数，又称为周转率，代表了企业的效率，主要指标为总资产周转率、存货周转率、固定资产周转率等。ROE分解公式中的周转次数，主要是指总资产周转率。总资产周转率的计算公式是：

总资产周转率＝营业收入÷总资产

这是个基本公式，因为一年之内，总资产也有期初与期末两个值，所以通常我们会计算出平均总资产周转率作为考察对象进行统计和分析，即：

平均总资产＝（期初总资产+期末总资产）÷2

平均总资产周转率＝营业收入÷平均总资产

总资产周转率越高越好，因为它跟利润率一样，对ROE的影响也是正向的。

3. 杠杆倍数

总资产对净资产的比率。杠杆倍数的计算公式很简单，就是企业的总资产除以企业的净资产，即：

杠杆倍数＝总资产÷净资产

从杠杆倍数的计算公式上我们可以看到，它跟企业的负债率有比较亲近的渊源。

负债率＝总负债÷总资产

总负债＝总资产−净资产

也就是说，负债越多，负债率越高，企业的杠杆倍数越大。理论上，企业的负债率越高，杠杆倍数越大，企业的 ROE 越大。但是杠杆过大，也就是负债过高的话，企业的经营就会有风险。所以对这个指标需要具体情况具体分析，并不是越高越好。

综上，对上述公式代入 ROE 分解公式，则变成：

ROE ＝利润率×周转率×杠杆倍数

　＝(净利润÷营业收入)×(营业收入÷总资产)×(总资产÷净资产)

我们在分析企业的 ROE 主要是由哪方面因素影响的时候，可以重点考察以下四个指标。

(1) 毛利率。

(2) 净利率。

(3) 总资产周转率。

(4) 负债率。

四、四大指标的计算过程

为了更直观地展示实际计算过程，我就以同花顺公司 2021 年年报为例，示范演示一下上述四大指标的计算过程。

计算毛利率和净利率，我们得需要营业收入、营业成本、净利润数据；计算总资产周转率我们得需要营业收入、总资产数据；计算负债率，我们需要总资产和总负债数据。

大家看，这些数据主要集中在企业的资产负债表和利润表两张报表中。我们打开同花顺 2021 年年报，找到它的合并利润表

（见图 2-6）。

单位：元

项目	2021 年度	2020 年度
一、营业总收入	3,509,864,834.40	2,843,697,937.51
其中：营业收入	3,509,864,834.40	2,843,697,937.51
利息收入		
已赚保费		
手续费及佣金收入		
二、营业总成本	1,466,535,372.09	1,114,113,569.13
其中：营业成本	301,317,736.88	237,047,486.83
利息支出		

图 2-6 同花顺 2021 年年报合并利润表截图

2021 年，同花顺的营业收入为 35.10 亿元，营业成本为 14.67 亿元。这两个数据是不是不用计算，直接从报表中就可以提取出来。知道这两个数据后，我们就可以计算出同花顺 2021 年的毛利率为：

毛利率(同花顺 2021 年) = (营业总收入 – 营业总成本) ÷

营业总收入 ×100%

= (35.10 – 14.67) ÷ 35.10 ×100% = 58.21%。

有了毛利率，我们再来计算一下净利润率（见图 2-7）。

同样在同花顺的合并利润表中，我们可以直接提取出公司 2021 年的净利润数据：19.11 亿元。由此，我们可以计算出公司 2021 年净利润率：

资产处置收益（损失以"—"号填列）	19,591.86	-6,795.00
三、营业利润（亏损以"—"号填列）	2,095,663,779.57	1,814,882,129.62
加：营业外收入	351,000.00	365,633.33
减：营业外支出	6,976,948.50	809,862.69
四、利润总额（亏损总额以"—"号填列）	2,089,037,831.07	1,814,437,900.26
减：所得税费用	177,833,190.00	90,462,871.88
五、净利润（净亏损以"—"号填列）	1,911,204,641.07	1,723,975,028.38
（一）按经营持续性分类		
1.持续经营净利润（净亏损以"—"号填列）	1,911,204,641.07	1,723,975,028.38
2.终止经营净利润（净亏损以"—"号填列）		
（二）按所有权归属分类		
1.归属于母公司股东的净利润	1,911,204,641.07	1,723,975,028.38
2.少数股东损益		

图 2-7　同花顺 2021 年年报合并利润表截图

$$净利润率（同花顺 2021 年）＝净利润÷营业收入×100\%$$
$$＝19.11÷35.10×100\%＝54.44\%$$

利润率数据计算出来后，我们可以再看同花顺 2021 年的合并资产负债表，接着计算它的总资产周转率（见图 2-8）。

如图 2-8 所示，同花顺 2021 年的总资产期初值（2021 年的期初值，实际上就是 2020 年的期末值）为 71.56 亿元，期末值为 85.01 亿元。那么平均总资产为：

商誉	3,895,328.16	3,895,328.16
长期待摊费用	480,105.01	266,185.16
递延所得税资产	782,182.42	236,393.06
其他非流动资产	12,500,000.00	
非流动资产合计	1,144,918,668.05	946,520,852.60
资产总计	8,501,216,297.49	7,155,697,274.87

图 2-8　同花顺 2021 年年报合并资产负债表截图

平均总资产（同花顺 2021 年）=（期初总资产+期末总资产）÷2

=（71.56+85.01）÷2＝78.29 亿元

再往下一步：平均总资产周转率（同花顺 2021）= 营业收入÷平均总资产＝35.10÷78.29＝0.45。也就是说，同花顺的总资产，大约一年只能周转 0.45 次。

那么负债率怎么计算呢？继续看其资产负债表（见图 2-9）。

长期应付职工薪酬		
预计负债	2,340,637.58	1,815,393.32
递延收益	1,097,644.84	1,715,415.16
递延所得税负债		
其他非流动负债	66,010,526.99	137,316,068.41
非流动负债合计	69,448,809.41	140,846,876.89
负债合计	2,024,501,454.24	1,931,486,248.51

图 2-9　同花顺 2021 年年报合并资产负债表截图

我们找到同花顺年底的负债合计是 20.25 亿元。则同花顺 2021 年的总负债率为：

$$负债率(同花顺 2021 年)= 总负债÷总资产×100\%$$
$$=20.25÷85.01×100\%=23.82\%$$

负债率不高，意味着杠杆倍数也不高。负债率和杠杆倍数这两个数据是可以互相推算的，所以我们只要大致计算出其中一个，就能得出另外一个。我个人喜欢通过负债率来分析和对比企业，所以这里就只计算负债率。

计算和统计出企业的毛利率、净利率、总资产周转率和负债率之后，我们怎样对企业的 ROE 进行分析和利用呢？

（1）如果企业的利润率比较高，且主要是因为企业的利润率推高了企业的 ROE，那我们就可以把这类企业归类为"效益驱动型企业"。这类企业的产品或服务往往更有竞争力。

（2）如果企业的总资产周转率比较高，主要是因为总资产周转率推高了企业的 ROE，那我们就可以把这类企业归类为"效率驱动型企业"。这类企业往往需要更好的管理。

（3）如果企业的负债率比较高，主要是因为高负债、高杠杆推高了企业的 ROE，那我们就可以把这类企业归类为"杠杆驱动型企业"。这类企业，得具体问题具体分析——在风险可控的范围内，当然是杠杆越高越好。同时这类企业对资产质量和偿债能力往往要求较高。

五、用 ROE 指标对企业进行归类

为了更简单生动地解决问题，我们还是遵循老制——举例

子！通过多举例子，让大家对上述知识点能有更直观的认识。

1. 效益驱动型

一提到效益驱动，我马上想到的是白酒企业。所以找到了贵州茅台和五粮液这两家龙头企业，计算和统计了它们2017—2021年共计五年的相关数据。

贵州茅台在这五年中，毛利率始终维持在90%上下的水平上，净利率则始终维持在50%上下的水平上。而总资产周转率一年不过0.4~0.5次，资产负债率从来没超过30%（见表2-13）。这说明产品赚钱，效益好。所以它的ROE构成中，主要是受利润率高企的助力。这就典型的效益驱动型企业。

表2-13　贵州茅台2017—2021年相关数据

年　　份	2017年	2018年	2019年	2020年	2021年
毛利率（%）	89.80	91.14	91.30	91.41	91.54
净利率（%）	49.82	51.37	51.47	52.18	52.47
总资产周转率（次）	0.47	0.50	0.50	0.48	0.45
资产负债率（%）	28.67	26.55	22.49	21.40	22.81

五粮液跟茅台类似，毛利率在70%以上，净利率在30%以上（见表2-14）。比茅台低，但同样是非常高的数据了。五粮液的总资产周转率和负债率水平，跟茅台类似。

表2-14　五粮液2017—2021年相关数据

年　　份	2017年	2018年	2019年	2020年	2021年
毛利率（%）	72.01	73.80	74.46	74.16	75.35

（续）

年　　份	2017 年	2018 年	2019 年	2020 年	2021 年
净利率（%）	33.41	35.07	36.37	36.48	37.02
总资产周转率（次）	0.45	0.51	0.52	0.52	0.53
资产负债率（%）	22.91	24.36	28.48	22.95	25.24

因此，两家企业在这五年的 ROE 数据对比就非常鲜明了（见表 2-15）。

表 2-15　贵州茅台与五粮液 2017—2021 年 ROE 对比

年　　份	2017 年	2018 年	2019 年	2020 年	2021 年
贵州茅台 ROE（%）	32.95	34.46	33.09	31.41	29.90
五粮液 ROE（%）	19.38	22.80	25.26	24.94	25.30

同样是效益驱动，因为茅台的利润率更高，所以过去这些年，茅台的 ROE 数据明显优于五粮液。为什么 2018 年和 2019 年五粮液的股价走势明显强于茅台呢？想一想那两年五粮液干了什么，而茅台没干什么？酒价上涨。茅台死咬着酒价不涨，而五粮液的酒价已经悄悄地涨过好几轮了。价格涨，则同样卖一瓶酒，成本不变，营收增加，这意味着未来的利润率会更高。利润率高，其他条件不变的情况下，ROE 会提高。这就是白酒行业酒价与股价紧密联动的基础逻辑。

再想想 2021 年之后，茅台的股价走势为什么又明显强于五粮液呢？因为下跌市中，投资者更看重质。茅台的 ROE 总体上要高出五粮液一大截，所以投资者在股市下跌中愿意给茅台更高的估值。

2. 效率驱动型

效率驱动型的典型代表是商业性企业。所以我选了两家做外贸的企业。一家叫上海物贸，另一家叫兰生股份。2017—2021年，上海物贸的毛利率从来没有超过6%，净利率只有在2021年超过2%（见表2-16）。这是典型的低利润率企业。好在它的总资产周转率高，一年可以周转三四次，是茅台和五粮液的七八倍！当然，上海物贸的杠杆率也不低，过去五年负债率全部高于50%。这也可以推高它的ROE水平。但相比起来，显然周转率在ROE的主导作用更明显。

表2-16　上海物贸2017—2021年相关数据

年　　份	2017年	2018年	2019年	2020年	2021年
毛利率（%）	5.75	6.00	5.44	4.43	5.72
净利率（%）	0.65	0.83	1.04	1.57	2.24
总资产周转率（次）	2.96	3.30	4.41	4.14	3.13
资产负债率（%）	69.78	61.30	54.10	61.55	50.77

兰生股份的净利率和毛利率都不高，2017年和2018年居然还实现了倒挂，即净利润率居然比毛利率还高（见表2-17），这说明该企业的非主营业务收入，影响了净利润数据。这就是我上边提到的，不能单看净利率来观察企业，最好是毛利率净利率综合观察的原因所在。商业企业本来应该具有高周转率才对，而兰生股份的周转率却从来没有超过1次。

表 2-17 兰生股份 2017—2021 年相关数据

年 份	2017 年	2018 年	2019 年	2020 年	2021 年
毛利率（%）	5.80	5.09	5.05	10.52	29.65
净利率（%）	9.92	7.31	4.99	4.85	13.91
总资产周转率（次）	0.68	0.75	0.85	0.66	0.19
资产负债率（%）	26.84	25.90	20.97	17.29	27.38

由此可见它的真实 ROE 水平不会有多好看。两家企业 ROE 放一块对比一下（见表 2-18）。

表 2-18 上海物贸与兰生股份 2017—2021 年 ROE 对比

年 份	2017 年	2018 年	2019 年	2020 年	2021 年
上海物贸 ROE（%）	5.96	7.55	9.59	15.69	17.20
兰生股份 ROE（%）	7.90	7.21	5.47	3.52	3.22

2017 年，包括更早的 2015 年和 2016 年，兰生股份的 ROE 数据都要高于上海物贸，不进行分项分析，兰生股份明显好于上海物贸。那时候我们要是兴冲冲买了，那以后可就真是掉坑里了。这一节不仅仅是告诉大家什么叫效率驱动型企业，而且还在告诉大家如何在同类企业中进行对比——从 ROE 的效率端进行思考，这是高效筛选同类企业的方法之一。

3. 杠杆驱动型

杠杆驱动型企业的典型应该是银行。但因为银行业的特殊性，很多分析指标跟生产制造企业（从本质上讲，服务业也是生产制造企业，只不过提供的产品是某种服务而已，但分析方法可与生产制造类企业相同）是不相同的。所以我又想到了房地产企业。

房地产企业先拿一点钱买地，买下地后拿地去贷款，房子还没盖好，先销售出去了。这些都是加杠杆的措施，所以房地产企业的杠杆倍数通常比较高。体现在财报上，就是资产负债率比较高。以房地产龙头企业万科和保利为例。万科在2020年前毛利率维持在35%上下，净利率维持在15%上下；2020年之后，因为政策调控的原因，利润率受到影响，出现一个明显的下降。这样的利润率水平，跟白酒企业相比不可同日而语，但跟一般的生产制造企业相比则并不低。总资产周转率每年只有0.2~0.3次。这个好理解，房地产企业正常的一个经营周期，大约就是3~4年。好在它的资产负债率较高，这样就可以驱动ROE整体处在一个不错的水平上（见表2-19）。

表2-19 万科 A 2017—2021 年相关数据

年　份	2017 年	2018 年	2019 年	2020 年	2021 年
毛利率（%）	34.10	37.48	36.25	29.25	21.82
净利率（%）	15.32	16.55	14.99	14.15	8.41
总资产周转率（次）	0.24	0.22	0.23	0.23	0.24
资产负债率（%）	83.98	84.59	84.36	81.28	79.74

同样的特征也体现在保利地产身上，其各项数据所处的水平，跟万科极为相似（见表2-20）。

表 2-20　保利发展 2017—2021 年相关数据

年　　份	2017 年	2018 年	2019 年	2020 年	2021 年
毛利率（%）	31.05	32.48	34.96	32.56	26.78
净利率（%）	13.45	13.44	15.92	16.47	13.05
总资产周转率（次）	0.25	0.25	0.25	0.21	0.21
资产负债率（%）	77.28	77.97	77.79	78.69	78.36

当然，在数据统计期的这五年，万科的 ROE 总体上稍高于保利，但在 2021 年万科在 ROE 数据上表现不及保利好（见表 2-21）。

表 2-21　万科 A 与保利发展 2017—2021 年 ROE 对比

年　　份	2017 年	2018 年	2019 年	2020 年	2021 年
万科 A ROE（%）	22.80	23.24	22.47	20.13	9.78
保利发展 ROE（%）	16.32	16.63	21.01	17.10	14.39

效益驱动型、效率驱动型、杠杆驱动型，是根据 ROE 三个核心决定因素划分出的企业三大基础类型。如果企业在某一方面突出，我们就把它归为相应类型。但实际操作过程中，我们碰到的具体企业远比理论上的东西要复杂。比如有些企业，各个因素都不是特别突出，或者各个因素都比较不错，这样在三个基础类型之外，还会衍生出一些其他综合型类别。根据最终 ROE 的数值不同，我们可以统分为**综合低效型**和**综合高效型**。这两个类型，可作为三大基础类型的有益和必要补充。

4. 综合低效型

以钢铁企业为例，我们来看看宝钢股份和鞍钢股份的情况。2017—2021年，宝钢的利润率、周转率和负债率都不突出（见表2-22）。

表 2-22　宝钢股份 2017—2021 年相关数据

年　份	2017 年	2018 年	2019 年	2020 年	2021 年
毛利率（%）	14.07	14.99	10.88	10.84	13.26
净利率（%）	7.06	7.64	4.62	4.93	7.26
总资产周转率（次）	0.94	0.89	0.87	0.82	0.99
资产负债率（%）	50.18	43.53	43.70	43.93	44.61

再看看鞍钢的数据，是不是有一种难兄难弟的感觉（见表2-23）。

表 2-23　鞍钢股份 2017—2021 年相关数据

年　份	2017 年	2018 年	2019 年	2020 年	2021 年
毛利率（%）	13.72	16.20	8.34	9.21	9.69
净利率（%）	6.66	7.56	1.67	1.98	5.09
总资产周转率（次）	0.95	1.17	1.19	1.15	1.47
资产负债率（%）	43.52	41.72	40.16	38.83	38.28

没有一项特别突出的，可想而知它们的 ROE 数据也好不到哪里去（见表2-24）。

表 2-24　宝钢股份与鞍钢股份 2017—2021 年 ROE 对比

年　份	2017 年	2018 年	2019 年	2020 年	2021 年
宝钢股份 ROE（%）	12.24	12.71	7.05	7.03	12.36
鞍钢股份 ROE（%）	11.81	14.82	3.43	3.74	12.26

很多年前，我还持有一定比例的宝钢股份。持有经年也没赚到什么钱，后来赶上 2015 年水牛市，我才借市场情绪之力小盈沽清。我搞明白其中的道理了，所以借机逃出。如果不考虑市场情绪，单从长期投资的角度看，我们投资这类企业要慎重。

5. 综合高效型

这种类型的企业，利润率不是特别高，但也不算低；周转率不是特别高，但也不算低；杠杆率又恰到好处。于是，几好搭一好，最后的 ROE 数据就相当喜人了。医药行业中这种类型的企业比较多。举个例子，比如爱尔眼科（见表 2-25）。

表 2-25　爱尔眼科 2017—2021 年相关数据

年　份	2017 年	2018 年	2019 年	2020 年	2021 年
毛利率（%）	46.28	47.00	49.30	51.03	51.92
净利率（%）	13.30	13.31	14.33	15.76	16.47
总资产周转率（次）	0.89	0.85	0.93	0.87	0.80
资产负债率（%）	41.24	37.98	40.96	31.46	44.05

同样是看数据，我不多说了，大家可以自行自己分析一下。同属医药行业下边的子行业眼科，我又找了一家专职做器械

（OK 镜）的企业欧普康视（见表 2-26）。

表 2-26 欧普康视 2017—2021 年相关数据

年 份	2017 年	2018 年	2019 年	2020 年	2021 年
毛利率（%）	76.21	77.98	78.41	78.54	76.69
净利率（%）	47.68	45.76	45.58	50.99	45.68
总资产周转率（次）	0.49	0.43	0.46	0.46	0.50
资产负债率（%）	11.95	11.83	10.47	10.02	14.68

欧普的数据中，利润率很高，周转率一般，负债率也一般，但综合在一块，ROE 很高。所以严格地讲，它已经不是综合高效型，而是效益驱动型了。同为眼科，我们将爱尔与欧普的 ROE 数据进行对比（见表 2-27）。

表 2-27 爱尔眼科与欧普康视 2017—2021 年 ROE 对比

年 份	2017 年	2018 年	2019 年	2020 年	2021 年
爱尔眼科 ROE（%）	21.74	18.55	22.51	21.48	20.58
欧普康视 ROE（%）	21.40	23.59	26.13	28.18	28.30

是不是都很不错，但欧普更为出色。

六、ROE 指标的实战应用价值

买股票买的就是企业；买企业前，一定得先分析企业；分析企业一定得分析透、分析准。ROE 就是一把标尺，在我们分析企业、选择股票时，至少可以帮我们做好以下四件事。

1. 为分析企业指明方向

碰到效益驱动型和效率驱动型企业，我们得重点思考：它为什么能有这么高的效益，能保持吗？它为什么有这么高的效率，能保持吗？**围绕重点，结合企业的商业模式来进行分析和思考。**

比如上文提到的贵州茅台和五粮液，白酒这个行业存在已经一两千年了，从来都是一把米一碗水然后卖个好价钱。这种商业模式是天生的，产品的成瘾性、普及性，以及品牌黏性，都让这个行业里的龙头企业具有了无与伦比的商业竞争优势。所以我们可以近乎100%地确定，它们的高效益在未来不会被轻易改变。

再比如提到的欧普康视和健帆生物，两家企业都属于医疗器械行业。这个行业后来发生了一件事，就是冠脉支架集采，产品价格降幅高达90%以上。而这两家企业的产品，都较为单一，且都属于医疗器械，对它们面临的集采风险，就成了我们在分析和考察企业时必须首当其冲进行思考的问题。而碰到杠杆驱动型企业时，我们必须得重点思考：企业的资产质量如何？负债率是否过高？有息负债率是多少？真实负债率几何？

上文中也讲到了，企业的负债率高，意味着杠杆倍数也高，对提升 ROE 起正向的作用，但企业的负债率并不是越高越好，因为过高的负债可能为企业带来严重的，甚至是致命的经营风险。但负债跟负债又是不一样的。

从总体上讲，企业的负债有两类，一类叫金融性负债，一类叫经营性负债。短期借款、长期借款、应付债券、一年未到期流动负债、交易性金融负债，甚至有利息要还的长期应付款，这些项目都属于金融性负债。简单地说，它主要是企业向金融机构等债权人借贷来的钱。这些钱，都是需要还利息的。所以我们又称它们为有息负债。

预收款、合同负债、应付款、应付工资等，这是企业在生产经营过程中，占压的上下游的资金，这些通常是不用付利息的，因此我们又通常称它们为无息负债。无息负债体现的是企业在产业链中的定价权和竞争力。所以有息负债过高，企业的经营风险就大——碰到这种情况，我们就得分析企业的偿债能力。至于无息负债，理论上来讲就是多多益善。

总之，通过分析企业 ROE 的驱动因素，针对不同类型的企业，我们就可以有的放矢地进行企业分析。

2. 可以在不同行业间进行对比

通过分析 ROE 的三大核心因素，我们可以总结出不同行业的经营特点：竞争激烈的行业，利润率不会高；反之，形成寡头垄断的企业，则利润率通常会很好看；处于上升期、成熟期的企业，利润率通常会高；处于衰落期的企业，利润率通常不会太高；轻资产运行的企业，周转率会高；重资产运行的企业，周转率通常不会太高；在产业链中占上游的企业，负债率会占优势；反之，需要大量金融融资的企业，负债率就很是让人担心。

以上种种，很容易让我们判断企业在所处行业中居于什么位置和水平，这也为我们进一步认识和分析企业打牢了基础。

3. 可以在不同企业间进行对比

选到好行业，还得选到好企业。同样是白酒企业，茅台的利润率就是比五粮液高；同样是商业，上海物贸的周转率就是比兰生股份要高；同样是眼科，欧普的利润率就是比爱尔高。

这些行业内的企业对比，是在行业优势的基础上进行的精细化对比，直接考验的是企业的管理水平和经营水平。甚至通过这些因素的分析和追踪，我们还能看到和总结出企业的发展战略。

有的企业实施的是薄利多销战略，所以利润率会低，但周转率会高。有的企业走的是精品化路线，采用高举高打高端战略，所以利润率会高，但周转率会低。如此等等，我们都可以通过对比来进行分析和研判。

4. 可以指导我们选择恰当的投资标的

我个人首先比较喜欢选择效益驱动型和综合高效型企业，其次是健康的杠杆驱动型企业。**总体择股标准是：行业竞争不激烈、企业财务稳健、管理水平高、ROE 高。**这也就是俗称的"特别能赚钱"的那类企业。那么 ROE 多高才叫高呢？按五年一倍的标准，长期（至少 10 年内）年化收益率不低于 15%，就完全符合我的选择目标。

第六节　这些股票，坚决不买

芒格说过："我要是知道自己会死在哪里，我就坚决不去那里。"股市投资得学会做加法，还得学会做减法。有些股票，不能买就是不能买。什么股票都敢买的人，不是勇敢，是无知——不是老手，是新手。老手心中，都有一份"不可买清单"。

经过十几年的投资实践，我自己心中也有一份不可买清单。因为有了这份清单，我才走到了今天。远的不说，单单我闯荡网络江湖的这七八年，渐行渐远的朋友、突然爆仓的大 V、黯然消失的粉丝……数不胜数。不知规避风险的人，必为风险所败！那么哪些企业的股票，不可买呢？

一、财务造假的公司

股市中，"万恶假为首"。在中外股市历史上，企业财务造假的案例很多，但有一个共同的特点：凡是造假的企业，没有一个好下场的；凡是对财务造假的企业一投到底的朋友，也没有一个不亏损的。**所以我们一旦发现企业财务造假，一定要立即撤出，哪怕只是发现有造假的嫌疑，也一定要尽量地回避。**君子不立于危墙之下，这是投资的一条基本原则。

分辨财务造假的企业，并没有大家想象的那么难，有时候明眼人一看便知。

几年前市场上不乏质疑康美药业财务造假的声音，造成康美的股价大跌（见图 2-10）。腾腾爸通过财务分析，发现它的现金流还可以，哪怕造假，也不至于死掉。所以我投机心起，趁股价大跌之际买了一点。买入之后没多久，康美造假被监管机关坐实。康美股价连板大跌，开板之后，稍一反弹，我马上亏本卖掉了。

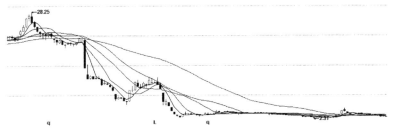

图 2-10　康美药业周 K 线图

这次经历给我的教训是：对财务造假的企业，哪怕是投机短期玩一把也不行。好在我知道是在搞投机，所以只买了三四千股，损失不大。但是话说回来——损失不大也是损失，咱不碰它，不大的损失也完全可以避免。看不懂的企业，不买，不该我们赚的钱，不赚。投资的逻辑就这么简单。

当然，在投资时，我们一定要注意企业财务造假与财务调节的区别。造假是把没有说成有，或者把有说成没有，或者把小说成大，把大说成小。而财务调节，往往只是把左口袋的钱放到右口袋里，把今年的钱转移到明年的账上体现，或者反向过来操作。有时候财务越好的企业，财务调节的动力越强。所以财务调节不一定是坏事，财务造假才是。

二、商誉过高的公司

2020 年有朋友向我推荐世纪华通这只股票，说最近两年 A 股的游戏企业都涨得甚好，估值动辄几十倍、几百倍，目前好像只有世纪华通的估值还合理——静态 PE 估值 30 多倍，而动态 PE 则只有 20 多倍，貌似它是一只潜力股。我后来分析了它的财务数据，这些年业绩增长确实很好（见表 2-28）。

表 2-28　世纪华通 2015—2019 年归母净利润数据

年　　份	2015 年	2016 年	2017 年	2018 年	2019 年
归母净利润（亿元）	4.08	5.03	7.83	13.46	22.85
增长速率	95.00%	23.44%	55.47%	71.98%	69.77%

2015—2019 年，世纪华通业绩增长最差的年份是 2016 年，但其归母净利润增速还高达 23% 以上呢。其余年份，动辄 50% 或 70% 多，甚至达到 95%。如果真这样亮眼，确实是一只超级成长股——值得关注！但是在看了它的资产负债表后，我马上打消了这个念头（见图 2-11）。

世纪华通的总资产为 365 亿元，商誉为 154 亿元，商誉对总资产的占比高达 42%！公司的净资产不过 288 亿元，商誉占比 53% 以上。公司每年的净利润不过 10 几、20 几亿元……万一商誉这块有个三长两短，风险就很高。

开发支出		
商誉	15,415,619,504.81	15,320,218,722.20
长期待摊费用	400,500,604.29	410,450,429.45
递延所得税资产	271,336,648.10	272,542,292.64
其他非流动资产	2,509,585,027.80	2,187,542,373.76
非流动资产合计	26,206,054,804.61	23,099,466,943.46
资产总计	36,548,122,689.60	32,335,923,471.01

图 2-11　世纪华通 2020 年一季度资产负债表截图

有点财务知识的朋友都知道，财务报表上的商誉通常来自并购。不用细看就能大概地推测到，世纪华通这些年的高增长，主要来自外延式的并购。内生性增长有多大，不知道。所以这只股票马上被我排除了——我有可能排除掉了一只大牛股，但对这家企业及它的业务，我一个外人的确很难做出精准的判断和预测，为保守起见，躲为上策。

三、资本开支过高的重资产企业

商业模式的不同，决定了企业赚钱的难易程度。投资应该选择那些业务模式简单、护城河深、赚钱容易的企业。**所以面对资本开支高、资产很重的企业，应该谨慎**。比如钢铁企业，资本开支就非常高。我们以首钢股份为例进行分析（见表 2-29）。

表 2-29　首钢股份 2017—2021 年资本开支数据

单位：亿元

年　份	2017 年	2018 年	2019 年	2020 年	2021 年
净利润	31.07	33.31	17.54	24.11	83.27
资本开支	50.43	97.47	54.70	30.33	30.16
占比	162.31%	292.61%	311.86%	125.80%	36.22%

从 2017 年到 2021 年，首钢股份五年间共赚取净利润为
189.30 亿元，但总共付出的资本开支却高达 263.09 亿元。资本
开支对净利润的占比高达 138.98%——这样的公司，大部分赚到
的钱必须再投入到新的产能中去，这样才能维持住原来的经营
规模。

看起来企业是赚钱了，但实际上都转化成一堆机器、高炉、
厂房了。一旦行业景气度转差，企业面临经营困难局面，就很难
通过自身的努力来渡过难关。万一倒闭，那些账面上数额巨大的
净资产马上变成一堆不值钱的废铜烂铁。

下面再以五粮液为例，我们看一下五粮液这类轻资产公司的
资本开支情况（见表 2-30）。

表 2-30　五粮液 2017—2021 年资本开支数据

单位：亿元

年　份	2017 年	2018 年	2019 年	2020 年	2021 年
净利润	100.86	140.39	182.28	209.13	245.07
资本开支	2.16	3.81	16.99	9.94	15.39
占比	2.14%	2.71%	9.32%	4.75%	6.28%

从 2017 年到 2021 年，五年间五粮液共赚取净利润为 877.73 亿元，但总共付出的资本开支仅为 48.29 亿元。资本开支对净利润的占比仅为 5.50%。也就是说，一旦建好企业，后续的资本开支非常有限，企业不仅赚到了真金白银，这些钱中的绝大多数还可以转化为自由现金流，为企业所自由支配。

这样的企业，资金永远会是充沛的，哪怕碰到行业不景气或经营难题，也有充足的现金储备进行周旋和应对，其抗击打能力非常强。

从表 2-30 中我们可以看到，2019 年五粮液的资本开支突然较往年增长数倍——这说明五粮液可能在增加产能，在资本开支对净利润占比本来就很低的基础上，发生这样的变化反而是好事。因为企业在增加产能，并且毫无资金压力，这跟诸如钢铁等重资产行业中的企业完全不同。这就是贵州茅台、五粮液在资本市场上长期受追捧的原因，也是巴菲特不喜欢重资产行业的原因。

2020 年前后，巴菲特跟马斯克打嘴仗。巴菲特说："我永远也不会投资特斯拉这样的企业。"原因之一就是特斯拉资本开支太高。特斯拉概念股宁德时代这几年也很火，股价噌噌上涨，有人问我为什么不买宁德时代，原因也在于此（见表 2-31）。

表 2-31　宁德时代 2017—2021 年资本开支数据

单位：亿元

年　份	2017 年	2018 年	2019 年	2020 年	2021 年
净利润	41.94	37.36	50.13	61.04	178.61
资本开支	71.80	66.29	96.27	133.02	437.68
占比	171.20%	177.44%	192.04%	217.92%	245.05%

　　宁德时代资本开支虽然没有钢铁企业那样高，但也不低。这里特别强调一下：**资本开支高的话，会影响自由现金流的生成，意味着企业资产重，赚钱不是很容易，并不代表企业一定经营不好。**在这方面，福耀玻璃就是一个例子，奶业巨头伊利股份也是一个例子（见表 2-32）。

表 2-32　伊利股份 2017—2021 年资本开支和自由现金流数据

单位：亿元

年　份	2017 年	2018 年	2019 年	2020 年	2021 年
净利润	60.03	64.52	69.51	70.99	87.32
经营现金流	70.06	86.25	84.55	98.52	155.28
资本开支	33.51	50.91	92.43	65.22	66.83
自由现金流	36.55	35.34	−7.88	33.30	88.45

　　宁德时代和伊利股份有一个共同的特点，跟上边提到的首钢股份完全不同：宁德时代和伊利股份的净利润这些年一直在稳步增长，而首钢股份这些年的净利润整体上年份间波动极大。这意味着业绩还在向上的企业，其股价可能还有升幅。

　　我们对资本开支高的重资产企业进行投资时，应该尽量谨慎；如果企业已过成长周期，应该坚决回避。我不投宁德时代，资本开支是其中一个非常重要的考量，能否"终生持股"是另一个更重要的考量。

四、周期性太强且处于周期景气顶点上的公司

　　周期性强的公司，不是不可以投资，但需要逆周期进行，即

买在周期底部、卖在周期顶部。说起来简单，但做起来很难。困难主要体现在两个方面。

（1）行业周期及企业周期的底部和顶部，跟股市的顶部和底部一样，本身就是很难被预测的，非顶尖的行业专家，很难做到；即便是行业专家，也常判断错误。

（2）买在底部、卖在顶部，这样的操作本身就意味着对这类企业只能做阶段性投资，这跟价值投资长期投资，最好是终生持股的理念在本质上是矛盾的。

我们以这几年的大牛股牧原股份为例进行分析（见表2-33）。

表 2-33　牧原股份 2017—2021 年资本开支和自由现金流数据

单位：亿元

年　　份	2017 年	2018 年	2019 年	2020 年	2021 年
净利润	23.66	5.28	63.36	303.75	76.39
经营现金流	17.87	13.58	99.89	231.86	162.95
资本开支	62.76	50.47	131.21	460.71	358.52
自由现金流	-44.89	-36.89	-31.32	-288.85	-195.57

在景气周期低点时，牧原股份的现金流情况最差，但资本开支最大——因为得逆势加大投资以保证景气周期来临时有足够的产品（生猪）供应。这样的企业，经营业绩和股价的弹性都会非常大。而景气周期何时到来、何时结束，又殊难判断。这就是我越来越不喜欢投资这类企业的根本原因。

五、技术迭代快的高新技术企业

这一点不用多解释了，估计大家都耳熟能详了。曾经风光一时的黑电产业、相机产业、相机衍生的胶卷产业，二三十年前风头无两，但现在还基业长青的企业几乎没有。能被新技术取代，或者一旦技术路径选择错误就万劫不复——这样的高技术企业，不投也罢。

六、赢家通吃行业里的非龙头公司

这些年，随着全球化和互联网时代的延伸，很多行业的集中度越来越高，越来越大了。有时候一两家行业龙头，就圈占了整个行业的大部分江山（见表 2-34）。

表 2-34　中国互联网指数成分股市值前 11 位公司利润数据

单位：亿元

企 业 名 称	2020 年归母净利润	2021 年归母净利润
腾讯控股	1598.47	2248.22
阿里巴巴	1494.33	1505.78
美团	47.08	−235.38
京东集团	494.05	−35.60
拼多多	−71.80	77.69
快手	−1166.35	−780.77
腾讯音乐	41.55	30.29

（续）

企 业 名 称	2020 年归母净利润	2021 年归母净利润
携程	−32.47	−5.50
满帮	−34.70	−36.54
京东健康	−172.34	−10.74
汽车之家	34.05	22.49

我不知道大家看到表 2-34 时会做何感想。反正我最初看到它时，大吃一惊：我知道互联网行业寡头垄断得厉害，但没想到会这样厉害。真是没有对比就没有伤害。龙头趋势、赢家通吃，现在已经在发生，将来恐怕会在更多的行业、更大的范围，以及更大的广度和深度中发生。在这样的行业里，要买就一定得买龙头公司，不要指望小公司一定能在已经发生的行业垄断中杀出一条血路，实现逆袭——那样做无异于赌博！**在这些寡头垄断的行业里选股，除了选龙头，别无选择。**

七、过于依靠大客户的公司

这里的大客户依靠，分为上下两个方向。对上依靠最有名的例子非中兴通讯莫属（见表 2-35）。为什么 2018 年中兴通讯被美国一击即中？就是因为它的芯片太依赖美国公司的供应了。上游供应链一旦断了，公司立马陷入困境。

表 2-35　中兴通讯 2015—2019 年归母净利润数据

单位：亿元

年　　份	2015 年	2016 年	2017 年	2018 年	2019 年
归母净利润	32.08	−23.57	45.68	−69.84	51.48
增长速率	21.81%	−173.49%	293.78%	−252.88%	173.71%

对下依靠的例子中，最著名的比如"苹果概念"公司，其生产的产品几乎全部供应给苹果公司。目前看似苹果很强大，但情况万一有变，立即置公司于生死存亡之地。前两年有欧菲光，2022 年有歌尔股份。对这些例子，大家应该都已经不再陌生。

市场上这类业务上对大客户依靠太重的企业，还有很多，大家一定要好好分析和甄别。潜疾可能永远不会发作，但是一旦发作，可能就会要人命。聪明人的做法就是尽量排查出潜疾，然后努力做好避免病发的准备工作。

八、多年业绩不增长的公司

有些企业多年营收不增长，净利润也不增长，这本身就意味着企业所处的行业过了景气周期，或者企业自身经营存在问题。从市场的角度看，股价上升的驱动因素主要有两个：业绩的提升和估值的提升。即：股价＝业绩×估值。但业绩上升，往往刺激估值提升，从而带来双击行情。业绩下降，往往又带来估值下降，从而带来双杀行情。这样的公司在市场中很多，不再一一举例。

九、盲目多元化的公司

多元化并不是不可以，我在拙著《生活中的投资学》中就专门探讨过这个问题。互补性的多元化，或者顺延产品线或产业链进行的多元化整合，可以做大做强企业，这往往是健康的。

因为盲目多元化、无序扩张而致企业倒闭的典型例子当属前些年退市的乐视网。看看乐视网退市前几个月的股价走势，再想想它当年四处出击时的风光，真是恍如隔世，让人唏嘘（见图 2-12）。

图 2-12　乐视网退市前日 K 线走势图

十、估值过高的公司

好公司、好价格才能成就好投资。这话已经被价值投资者念叨烂了。但真正能在股市疯狂时做到这一点的又有几人呢？以贵州茅台为例——茅台很优秀，但由于自己买得价格太高，也可能几年不赚钱（见图 2-13）。因为买得价格不便宜，潜在的投资收益率就会大大地降低。一个好的投资标的，反而可能带来一个平庸的，甚至是不好的投资。

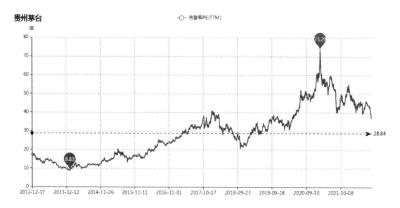

图 2-13　贵州茅台估值走势图

　　资本市场好玩的地方就在这里：股价越涨的时候，吹票的人越多。看到这张估值走势图，再狂热的投资者脑子也该清醒一些吧？2013 年，茅台估值只有 8 倍多，而 2021 年可以冲高到 70 多倍。买在估值的底部当然好赚钱，但买在估值高处呢？

　　诚然，拿茅台做反例，只能是阶段性的，对一家特别优秀的企业，一个可以长持 10 年、20 年的投资标的，眼前的高估值并不是绝对可怕。随着时间的延长，业绩的成长可以平滑掉过高的估值。在当下市场中，能最终成长为茅台这样企业的例子，还是太少了，而顶着高成长性享受高估值的企业却太多了。

　　有些企业，只是顶着一个高成长的概念，就可以享受几百倍甚至上千倍的估值。我们投资这样企业的股票时，的确需要非常小心。2020 年下半年，整个科创板估值高达 120 余倍，我当时即撰文预警：如果把科创板当成一家企业来看待的话，你认为这家企业的业绩年化复合增长率能长期维持在 50%～120% 的水平上吗？如果不能，市场如何又能支撑得起 120 余倍的估值水平呢？

每到行情高涨时，人们似乎又回到了相信只看股价、只看趋势，而不用再看企业基本面（品质）和市场基本面（估值）就可以炒股赚钱的时代了。我对此天生地心存戒惧。此后两年科创板的表现，完全印证了我当初的担心。

在股市中投资，不仅要赚钱，还得要长久地赚钱。这就是我以前一再倡导的理念：**投资的第一要义是安全。**君子有所为有所不为，投资者知道哪些可以做，哪些不可以做，这也是开启投资安全征程的第一课。

第七节　板块投资中的财报运用

不同的人，阅读财报的目的是不一样的。企业主是为了经营，银行是为了放贷，税务局是为了征税。对我们这些二级市场的普通投资者来说，阅读和分析财报的目的，是认识企业，为最终的投资决策提供依据。我们在投资不同板块的股票时，一定要充分发掘和利用好财报所能提供的信息与价值。

一、顺周期类

这几年"顺周期"这个概念比较火。什么叫顺周期？简单地说就是：经济形势好，行业和企业的经营环境就会得到改善，业绩和股价跟着同向增长；经济形势不好，行业和企业经营环境随之变坏，业绩和股价跟着同向下降——这样的行业就叫顺周期行业，该行业中上市企业的股票就叫顺周期股票。

我自己以前比较喜欢投资顺周期股票，而且也有过很多精彩的成功案例。我在《生活中的投资学》中，曾详细记载过对兖州煤业（现已更名为"兖矿能源"）H 股的投资：2015 年熊市后，我从 3 港元多开买兖煤 H 股，按照越跌越买的原则，一直买到 2 港元多，随后在短短一年多的时间内，其股价暴涨到 14 港元附近，腾腾爸从容沽清，收益颇丰。当时我为什么敢于投资兖州煤业呢？

我买兖州煤业的时候，正是国内煤价暴跌、煤企经营最困难的时候。但即使那样，兖州煤业 2015 年的营收依然实现了正增长，企业实现了正盈利（见表 2-36）。我判断煤价一旦好转，作为顺周期行业的兖州煤业，能够很快回复到以前的利润水平。

表 2-36　兖州煤业 2012—2016 年经营数据

单位：亿元

年　份	2012 年	2013 年	2014 年	2015 年	2016 年
营业收入	596.74	587.27	653.26	690.07	1022.82
归母净利润	53.62	12.71	21.64	8.60	21.62

更重要的是，当时 H 股股价跌到了 2 港元上下，整个公司市值不到 200 亿港元，哪怕以 2015 年当年利润为基准进行计算，当时的兖州煤业也只有 10 倍左右的动态 PE 估值，静态估值更是只有个位数。有业绩支撑并且估值已经跌到低位——这就是我当时敢于投资它的秘诀。

事实证明，我判断正确。写《生活中的投资学》的时候，兖煤 H 股的股价大约 7 港元左右，我当时还在书中断言：兖州煤业的价值回归之路还远远没有走完。书籍出版后，兖煤股价又实现了翻倍。我在 14 港元上下全部卖出，几乎卖在了当时阶段性的最顶部。

很多人奇怪，2016 年发生了著名的熔断行情，绝大多数投资者损失惨重，我当年的投资总收益却高达 50%，怎么做到的呢？这其中兖州煤业一年近七倍的投资收益居功甚伟。

当然，当年我投资成功的顺周期股票不仅仅是兖州煤业一家。至少实现翻倍收益的还有山东黄金、建滔集团（H 股），甚至还有贝因美。尤其对山东黄金的投资，对今天的市场行情依然具有非常现实的借鉴意义。当年我为什么买山东黄金呢？实际上原因也很简单。

（1）熊市，股价被杀得太深。

（2）当时不仅 A 股发生了严重的下跌行情，世界主要股市都出现明显的下挫，市场上对金融危机的警惕心较重。

这种情景下，我判断黄金作为避险工具，价格会有所表现，进而判断黄金概念股会有表现，所以我买了大约 5% 仓位的山东黄金，股价翻倍后迅即卖出。我们看看卖出之后，发生了什么？

表 2-37 是山东黄金 2015—2021 年的业绩数据统计。2016 年山东黄金的归母净利润暴涨了一倍，所以股价翻倍不奇怪吧？但是之后呢？之后三年，其归母净利润基本上原地踏步，甚至还略有下降。直到 2020 年新冠肺炎疫情来袭，世界经济受到冲击，黄金再次作为避险工具，获得市场追捧，金价也再次冲高，山东黄金的归母净利润再次脉冲式上涨。大家看，山东黄金的股价走势，跟它的经营业绩几乎完全同步。

表 2-37　山东黄金 2015—2021 年经营数据

单位：亿元

年　　份	2015 年	2016 年	2017 年	2018 年	2019 年	2020 年	2021 年
营业收入	389.40	501.99	510.41	562.56	626.31	636.35	339.35
归母净利润	6.46	12.93	11.37	10.24	12.89	20.25	-1.94

注意图 2-14 中的两个圈注。下圈处就是我当年买入山东黄金处，上圈处就是当年我大致卖出处。这两个圈都是大致的标注，实话实说，我当年既没买在最低处，也没有卖在最高处——我当时坚持着一个基本的操作原则：翻倍即卖出，然后寻找下一个目标。

图 2-14　山东黄金月 K 线走势图

通过上边两例投资经历可以看出，我对顺周期股票的投资，一定得坚持以下三条原则。

（1）在行业最困难、股价最凄惨时买入。

（2）在业绩兑现、股价表现后卖出。

（3）对没有长期业绩支撑的顺周期股票，只适合阶段性投资，不适合长期投资。

我当年投资兖州煤业和山东黄金为什么都能成功呢？就是因为我坚持了前两条原则。为什么之后我没有再投资过顺周期股票呢？因为我深刻地认识到了第三条原则。业绩起伏太大，不能实现稳定增长，这样的股票会直接从我的关注组合中被剔除掉。虽然顺周期股票投资准了会非常赚钱，但对风险厌恶越来越强烈的我来说，投这类股票确实越来越没有兴趣。

投资还有两个基本常识。

（1）买在最低点很难。尤其对顺周期行业来说，判断何时为行业"最困难"，非常难。

（2）卖在最高点也很难。不仅判断难，克服"越涨越不舍得卖"的人性也非常难。

投资顺周期股票时，我们做不到这两点，哪怕买对了，长期持有也只是意味着坐一轮过山车。大约 2020 年前后，顺周期股票在市场上整体表现较好，有朋友反复向我推荐中国铝业这只股票。我翻了翻该企业过去几年的营收和利润数据。

2015—2019 年，营收增长约 50%，年化增长率不到 11%（见表 2-38）。2015 年、2016 年和 2017 年的归母净利润都还不错，2018 年，业绩下滑。当时股价飞涨，跟国际期货中的铝价上涨有着直接关联。也就是说，当时并无业绩支撑，大家看的还是一个预期。所以，我的思考是：哪怕它 2021 年业绩暴涨，之后能不能维持得住，也是一个很大的问题。

表 2-38　中国铝业 2015—2021 年经营数据

单位：亿元

年　　份	2015 年	2016 年	2017 年	2018 年	2019 年	2020 年	2021 年
营业收入	1234.75	1440.66	1810.20	1802.40	1902.15	1859.94	2697.48
归母净利润	1.49	4.13	13.78	8.70	8.53	7.64	50.80

更重要的是，纵观这是中国铝业七年的盈利能力数据，毛利率很少超过 10%，净利率很少超过 1%，ROE 很少超过 5%（见表 2-39）。可以肯定地说，中国铝业只有阶段性的投机价值，而绝对没有长期投资价值。所以我断然否定了朋友的推荐。

表 2-39　中国铝业 2015—2021 年利润率与 ROE 数据

年　　份	2015 年	2016 年	2017 年	2018 年	2019 年	2020 年	2021 年
毛利率（%）	3.47	7.53	8.31	8.84	7.27	8.24	10.43
净利率（%）	0.34	0.87	1.31	0.89	0.78	0.85	2.89
ROE（%）	0.61	1.03	3.55	1.89	1.59	1.36	9.28

顺周期股票，不是都不能长期投资。业绩一直不错，估值一直不高，经济周期不好时它有业绩支撑，经济周期好时它的业绩膨胀更快——符合这样条件的顺周期股票，完全可以长期持有。这类堪称顺周期股票中的极品。

总结一下：在分析和研究顺周期股票时，财报阅读和分析可以给我们提供以下价值？

（1）寻找到业绩的低点。

（2）寻找到估值的低点。

（3）寻找到顺周期行业中的极品股票。

全面了解、摸清顺周期企业的经营特点。知己知彼，百战不殆。普通投资者了解企业的最根本、最主要手段，还是分析财报。

二、次新股类

除了顺周期股票，市场上多年以来还流行投资（炒作）的次新股。对次新股的投资或炒作，也需要财报数据的分析做支撑。前几年我曾持有锐科激光，观察一段时间后，果断清仓了。我投锐科激光没赚到钱，甚至略有浮亏，算是割肉清仓。

我当时清仓的理由主要有两条。

（1）业绩变脸。 锐科激光是 2018 年底上市的。招股说明书披露的其上市前三年业绩，年年高增长，上市之后连续两年业绩（归母净利润）下滑。

（2）增收不增利。 2019 年和 2020 年，营收增长都还非常高，但归母净利润却负增长。2021 年虽然有所反弹，但总体上看，增收不增利的老毛病还在继续。2021 年的营收相比 2018 年已然翻倍，但归母净利润仅比 2018 年稍高，增收不增利的结果非常明显（见表 2-40）。

表 2-40　锐科激光 2015—2021 年经营数据

单位：亿元

年　　份	2015 年	2016 年	2017 年	2018 年	2019 年	2020 年	2021 年
营业收入	3.13	5.23	9.52	14.62	20.10	23.17	34.10
归母净利润	0.25	0.89	2.77	4.33	3.25	2.96	4.74

业绩变脸说明上市前招股说明书披露的财务数据有粉饰；增收不增利说明行业在高速扩张，但产品竞争激烈。处于这样行业格局中的企业是不好赚钱的。

所以我们看到：锐科激光这几年利润率呈逐年下降趋势。2018 年之后，毛利率连续低于 30%（见表 2-41）。作为制造业企业，毛利率低于 30%，通常都是很艰难的。

表 2-41　锐科激光 2015—2021 年利润率数据

年　　份	2015 年	2016 年	2017 年	2018 年	2019 年	2020 年	2021 年
毛利率（%）	23.08	35.76	46.60	45.32	28.78	29.07	29.35
净利率（%）	7.59	16.89	29.37	30.09	16.84	13.49	14.72

同时我们还看到，企业的资本开支很大，而自由现金流很差。尤其上市之后，自由现金流直接变成了负数（见表 2-42）。

表 2-42　锐科激光 2015—2021 年资本开支与自由现金流数据

单位：亿元

年　　份	2015 年	2016 年	2017 年	2018 年	2019 年	2020 年	2021 年
资本开支	0.46	0.18	0.31	0.84	2.24	2.60	4.29
自由现金流	-0.42	1.05	1.73	1.78	-2.82	-2.05	-3.56

再看看它的净现比，数据小得非常可怜。2021 年它的净利润大增了 60%，可是净现比只有可怜的 15%。也就是说，它当年赚到的 4.74 亿元归母净利润中，只有 15% 回收了现金，其余 85%，赚来的只是账面利润（见表 2-43）！

表 2-43　锐科激光 2015—2021 年净现比数据

年　份	2015 年	2016 年	2017 年	2018 年	2019 年	2020 年	2021 年
净现比	0.16	1.40	0.74	0.61	-0.18	0.19	0.15

盘点完这些数据，说句实话，我非常庆幸当初我果断割肉清仓了它。要是放到现在，哪怕跌了这么多，我还是不会放心，肯定还会割肉卖掉。通过锐科激光这个例子，我们可以得到什么样的启示呢？

（1）投资次新股，一定要慎重。上市时间不足三年的股票，能不投就不投。除非你非常了解它。

（2）次新股如果发生业绩大变脸，一定要果断抛掉。上市就变脸，说明上市前财务数据有水分。

（3）投资一定要避开增收不增利的企业股票。增收不增利，说明行业竞争激烈，企业产品没有定价权。因为竞争激烈，所以没有定价权；因为没有定价权，所以只好降价放量。比如本文详解的锐科激光，不是不能投资，但肯定不是现在。至少得等到行业发展相对成熟，企业竞争格局相对明朗，产品不需要再以价换量以后。

（4）碰到坏的标的，割肉是一种理性。我以组合取胜，但经常会对组合内的标的进行"体检"。不过关的，我就会果断把它淘汰掉。

（5）不要迷恋高科技、高成长。行业具备高科技、高成长，并不代表企业一定能实现高盈利。锐科激光是生产激光器的，处于典型的朝阳行业。高科技行业，也确实是高成长行业。但残酷的现实证明，这同时又是一个竞争非常激烈的行业，赚钱非常困难的行业。其产品可能社会价值很大，但对广大中小股东来说，可能商业价值并不算高。天生不好赚钱的商业模式决定了企业赚钱的艰难程度。

在投资次新股的过程中，第二点、第三点、第四点、第五点，都是可以通过阅读财报来进行分析和判断的。同样是次新股，有的人是投资，有的人是投机，二者区分的关键点，就在于有没有进行详细的企业分析。

三、常青树类

有些股票被市场炒作越狠，我躲得越远，但市场上的确有些长期的宠儿，起起伏伏，被反复炒作，仿佛常青树、不倒翁，我也支持好好地投资它们。这又是为何呢？答案其实很简单：看财报，它们的长期综合业绩好。

海天味业 2012—2021 年的净资产收益率从来没有低于过 30%，贵州茅台 2012—2021 年的净资产收益率从来没有低于过 25%，腾讯控股 2012—2021 年的净资产收益率从来没有低于过 20%（见表 2-44）。

表 2-44　三家企业 2012—2021 年 ROE 数据

单位：%

年　份	2012年	2013年	2014年	2015年	2016年	2017年	2018年	2019年	2020年	2021年
海天味业	35.81	42.42	36.66	30.91	30.30	32.43	34.05	35.14	34.87	30.56
贵州茅台	46.04	40.12	32.72	27.03	25.23	33.74	35.45	33.92	31.99	30.56
腾讯控股	35.89	30.94	33.98	28.51	26.88	31.28	25.26	22.69	25.78	27.53

　　按照前边讲到的 ROE 拆解之法进一步深入分析，我们会发现这类企业大都是高利润率、自由现金流充沛、轻资产运营的代表。**对这类企业的股票，我们操作起来只要抓住两点就万事大吉：一是等它股价波动、估值变得便宜或者合理时，果断入手；二是买入之后长期持有，不到特别疯狂的时候不出手。**

　　而有的股票，被炒作再疯，股价涨得再好，我们也要冷眼旁观，不要瞎搅和。这些企业在绝大多数年份里都不太能赚钱。哪怕在最赚钱的年份里，ROE 也不到 20%。十年平均数极低（见表 2-45）。说明这是所在行业、商业模式的问题。这些企业通常都是利润率低、资本消耗大、自由现金流差、重资产运营的代表。以前从来都不太好赚钱，怎么确定以后可以长期赚钱呢？不排除某一年会很好，可是长期呢？所以，某年某月它们涨得再好，我也无动于衷。

表 2-45　三家企业 2012—2021 年 ROE 数据

单位：%

年　份	2012年	2013年	2014年	2015年	2016年	2017年	2018年	2019年	2020年	2021年
京东方 A	0.52	8.10	4.72	2.11	2.40	8.01	2.56	2.16	2.88	15.60
中国石油	11.54	11.61	9.20	3.18	0.70	2.67	5.19	4.69	2.38	8.26
宝钢股份	9.04	5.09	4.99	0.59	7.26	13.34	12.80	7.08	7.15	12.89

应该说这些企业都极具社会价值的，发展好了，利国利民。这是客观事实，但是很遗憾，能给股东创造的商业价值不多。我们在二级市场搞投资，就是要找那些既有社会价值，又有商业价值的好公司，长期持有，与企业共成长。这样既维护了二级市场的稳定，间接地支援国家建设，又能给自己和家人赚钱。一举两得，共利双赢。

疯炒和疯炒是不一样的。好的标的会被反复炒作，长期走红。不好的标的，被疯炒一次就完了，只能做市场一时的宠儿。所以炒作不是乱炒，抄底也不能乱抄。**只有那些具有长期投资价值的股票，才值得我们在股价和估值变得便宜时去接盘和抄底。最好不要炒，要炒也得找最优质的那部分企业炒。**这就是本节内容的主旨所在。

第八节　怎样为企业估值

交易时投资者最关心两件事：一是如何择股，二是如何为股票估值。在上边的章节中，我们通过定性和定量两个方面探讨了如何择股的问题，剩下需要解决的就是估值问题。我们到底应该怎样为企业估值呢？

大家都希望世上能有一个神奇的公式，打开计算器，敲几下按键，就能为企业精确地计算出一个估值数据——企业的估值出来了，剩下的事情就简单了：用股票的现价对比一下，低了就买，高了就卖——赚钱，轻轻松松就搞定了。世上有没有这样美妙的事情呢？

一、估值的常识

我们先看看大佬们是如何为企业估值的。

1. 巴菲特的"现金流折现"公式

这是目前市场上最流行的，因而也是最有名的，号称是最全面、最合理、最有效的企业价值计算公式。巴菲特是这样为企业的"价值"进行定义的：企业的价值就是企业存续期间所能赚到的所有能够自由支配的现金流的总和的折现值。大家读起来是不是感觉太长，头有点大？

实际上这个定义，主要包含着三个基本的概念。

（1）企业的存续期间。 所有的企业都是有寿命的，企业在终止之前的时间，都属于企业的存续期间。

（2）赚到的自由现金流的总和。 企业卖出商品（或服务），收回现金，把这些收回的现金再扣除为了维持企业运转和发展所必须支出的资本开支，剩下的钱就是企业能够自由支配的部分。理论上，企业每年都能赚取一定的自由现金流，把每年赚取到的自由现金流加到一起就是自由现金流总和。市场上围绕自由现金流的计算也颇有一点争议，比较简单的一种算法是，直接拿经营性现金流净额减去投资性现金流支出，本书采用的就是这一计算方式。

（3）折现率。 现在大家都知道金钱是有时间成本的，一年之后100元的价值一定小于今天你就攥在手中的100元，把一年后的100元打折到今天、换算成一个合理的数值所需要遵循的比率，就是折现率。如何确定折现率，不同的人会有不同的做法，有的人直接用社会无风险利率作为折现率，有的人用自己能够接受的投资收益率作为折现率，还有的人喜欢用自己的实际投资收益率作为折现率。采用不同的折现率，最后的结果差别很大。

看过这段，大家是不是感觉头更大了？别急，过一会我举个简单的例子，就能看得非常清晰了，这里先提几个问题。

（1）企业能存在多长时间，你能估算得准吗？

（2）如果估算不准，那么企业在寿终正寝之前所能赚到的自由现金流之和，你能计算得出来吗？

（3）即便企业寿命能估算得准，那企业每年能赚多少自由现金流你能估算得准吗？

（4）折现率有这么多算法，哪一个更切合实际呢？一定要明白，折现率一个小数点的变化，就可能造成最终计算数值的巨大差异！

如此思考一下：巴菲特的自由现金流折现公式能为我们提供一个准确的企业估值吗？我感觉你的头又大了一点。没错，从理论上讲"自由现金流折现"公式是一个为企业估值的好主意，但在实际操作过程中，根本不可能精确地实现！因为其中有太多的假设。

所以有一年，在伯克希尔的年会上，当主持人问巴菲特如何为企业估值时，巴菲特夸夸其谈了一大通自由现金流折现，旁边的芒格突然插话说："我可从来没看到过老巴拿着计算器计算过企业的什么价值。"巴菲特嘿嘿一笑说："嗯，这可是我吃饭的家伙，我怎么会让别人看到呢？我都是在夜深人静的时候，偷偷地在卧室里计算出来的！"

这个真实的笑话告诉了我们什么？它在告诉我们：提出自由现金流折现公式的股神，可能也压根没用过这个公式为任何一家企业准确地估过值……

听了这话，大家是不是有些失望？不要失望！虽然这个公式中最核心的三个要素——企业存续时间、现金流总和、折现率——都充满了假设，从而使"准确计算一家企业的价值"成为不可能，但它毕竟给我们提供了一个确定的模式，让我们可以为企业的价值大致地计算出一个数值——所谓的估值，重在"估"而不在"值"。

所谓的"估值"，就不应该是一个精确的数字。用自由现金流折现公式怎样为企业进行大致的"估值"呢？假设有一家公司：

（1）2022 年净资产大约是每股 21 元，经过研究我们发现，净资产就是它的合理价值。

（2）2022 年每股盈利 3 元，我们假设以后每年都固定每股盈利 3 元，为了将复杂的事情简单化，我们假设每股利润就是它每股创造的"自由现金流"。

（3）我们不知道这家公司未来还能存在多少年，但大致知道我们的投资时限大约是 5 年，所以我们就以我们的投资时限作为企业的存续时间——我们计算出 5 年之后企业大约值多少钱，也就基本上能推算出今天值多少钱了。

（4）从长期投资的角度看，折现率在 6%～7% 是一个合理值，加上通胀因素，年化复合 10% 是一个中肯值，所以我们把折现率定为 10% 是一个比较保守的数字。

若如此，我们看看以 5 年为期，这家企业目前的合理估值大约是多少？

第一年，该公司每股盈利为 3 元，折现到现在价值：$3 \div 1.1 = 2.73$（元），则目前的合理估值是 $21 + 2.73 = 23.73$（元）。

第二年，该公司每股盈利 3 元，折现到现在的价值是：$3 \div 1.1 \div 1.1 = 2.48$（元），则目前的合理估值是 $23.72 + 2.48 = 26.20$（元）。以此类推……

第三年，$26.20 + 3 \div 1.1 \div 1.1 \div 1.1 = 28.45$（元）。

第四年，$28.45 + 3 \div 1.1 \div 1.1 \div 1.1 \div 1.1 = 30.50$（元）。

第五年，$30.50 + 3 \div 1.1 \div 1.1 \div 1.1 \div 1.1 \div 1.1 = 32.36$（元）。

也就是说，5 年之后这家企业每股的合理估值，折算到今天就是 32 元上下。如果目前这家公司的每股股价明显低于 32 元，那么我们就说这只股票是低估的，远离 32 元越多，说明低估越严重。反之亦然。

假设这家公司未来 5 年，每年盈利增速都能保持在 5% 的水平上，那么 5 年之后的折现值又是多大呢？计算过程如下：

第一年：21+3÷1.1＝23.73（元）。

第二年：23.73+3.15÷1.1÷1.1＝26.33（元）。

第三年：26.33+3.31÷1.1÷1.1÷1.1＝28.82（元）。

第四年：28.82+3.48÷1.1÷1.1÷1.1÷1.1＝31.19（元）。

第五年：31.19+3.65÷1.1÷1.1÷1.1÷1.1÷1.1＝33.46（元）。

看明白了上述计算和分析过程，我们会发现巴菲特的现金流折现公式也不是多么神秘。不过，这里还是要再次提醒大家：以上公式计算过程并不复杂，但支撑计算过程的所有前提，都是假设性的——如何让假设更符合实际，这个问题非常复杂。要想让这些假设尽可能地符合实际，投资者必须深入研究企业的基本面（包括行业的基本面和企业自身的经营基本面）。研究的深度决定了假设的真度。

2. 格雷厄姆的估值公式

格雷厄姆先生曾经在《聪明的投资者》中，为"成长股"提供了一个简单的估值公式：

企业价值＝当前收益×(8.5+预期年增长率×2)

从这个公式中，我们可以看到确定的常量有两个：8.5 和预期年增长率后边的乘数 2。常数之外，剩余的量还有两个。

(1) 当前普通股的每股收益（盈利）。 这个对具体的企业来说，通常是确定的，所以也可以作为常量来对待。

(2) 预期年增长率。 在书中，格雷厄姆专门交代，这个"预期年增长率"是对企业未来 7 年左右时间内的年化复合增长速度的预估。

看明白了吗？预估！所谓的预估，实际上还是一种假设。

从这个公式上我们还能看到：如果一家企业停止增长，但能保持住目前的盈利水平，那么市场能够给它的合理市盈率估值大约就是 8.5 倍。低于 8.5 的市盈率估值就意味着市场在以衰退型企业对待它。按照这个公式，我们再来推算一下上边举例的那家公司的合理估值。

（1）该公司目前每股盈利为 3 元。

（2）未来 5 年，每年预期盈利增长率为 5%。

如此，则：公司价值 = 3×（8.5+5×2）= 55.50（元）。

按照格雷厄姆的公式，计算出的企业价值，只是一个合理的估值，投资者若想有便宜赚，必须在合理的估值下方，打一个 6~7 折的"安全边际"。所以该公司具有安全边际的可投资价格是：55.5×0.6 = 33.30（元）。也就是说，套用格雷厄姆的公式，如果以 5 年为投资周期，33.30 元以下的股价都是值得投资的。提醒一下，这个 33.30 元，和上边用巴菲特公式计算出来的数值（33.46 元），何其相近啊！

这个公式是如何推导出来的，我们不知，但格雷厄姆在他的书中，不无肯定地介绍说："这个公式得到的价值数据相当接近那些用更精密的数学方法计算出来的结果。"

3. 彼得·林奇的估值公式

除了巴菲特和格雷厄姆，世上的投资大师中，彼得·林奇还提供过一个更简单的估值公式——这个公式简单：不用计算，看一眼就能知道股票的价格相对于企业的价值到底是低估还是高估。

林奇的公式是：企业多大的成长性就能撑起股票多大的估值！但是，林奇为了保守起见，又对这个公式做了一个补充说明：市盈率估值超过 30 倍的股票价格，投资就要小心了。这个公式好理解。

（1）如果一家企业未来数年能保持年化 10% 的盈利增速，那么它的股票估值就配得上 10 倍 PE。换句话说，在 10 倍 PE 的价格上就值得投资。以此类推，具有年化 20% 增长率，股票估值就该在 20 倍 PE；具有年化 30% 的增长率，则可以享受 30 倍 PE 的估值。

（2）世上最怕"但是"二字。企业的股票价格一旦超过了 30 倍 PE 的估值，投资者就要非常小心，非常谨慎了！

为什么林奇会多加这样一条补充性说明呢？因为能在长时间内保持 30% 年化增长率的企业，几乎没有！所以 30 倍以上 PE 的估值，通常最终都会演化成一个投资的大坑！那么，用林奇的公式，我们再来审视一下上边举例公司：公司业绩年化增长率为 5%，每股盈利 3 元，给 5 倍的 PE 估值，大约是 15 元。

用林奇公式看，这家企业股票的合理价格大约就只有 15 元。比巴菲特和格雷厄姆估值公式给出的价值计算低多了。主要原因是，林奇更重视增长率。如果我们假设的这家公司，未来的年化增长率是 30%，则林奇能给它的每股估值马上就可以飙升到 90

元（3×30）。

相比于巴菲特和格雷厄姆的公式，林奇的公式似乎不用太多计算，更简单粗暴，但我要提醒的是：企业未来数年的年化增长率，也是一个预测值，你能预测得准吗？由此可见，假设和预测，还是股票估值的一个坎！

介绍和分析完在大师们的估值方法，我们可以总结一下估值的常识了。

（1）世上所有的估值都充满了假设。

（2）世上所有的估值最后都必须立足于对企业的分析和认识。

（3）世上根本没有一个神奇的数学公式可以让你只动动手指就能计算出企业的精准价值。

如果有人说有，那他一定是个骗子！如果有人反复对你说有，那他一定是个大骗子！虽然世上没有这样一个神奇的公式，但是并不是说为企业估值就没有方法进行了。

二、高效估值的方法

1. 估值三要素

前文提到的三位投资大师，都有自己善用的估值公式——这些公式虽然不能为我们精准地计算出企业的实际内在价值，但至少都为我们提供了一个毛估的估值模型。**分析这些估值模型，我们发现至少有三方面工作是可以尝试着去做的，我称这三点为**

"估值三要素"。

(1) 静态的估值计算。比如企业当期的 PE、PB、PS、PEG 等数据，都可以精确计算。静态的估值是比对和分析未来动态估值的一把标尺。这个我们可以做到。

(2) 企业的经营前景分析。这一点，应该说是对企业未来价值进行估测的关键和核心，也是难点、疑点之所在，长期和深入地跟踪一家企业，让这种分析成了一种可能。我们可能没法精确地预见到企业的未来，但在长期和深入的追踪下，可以大致地接近事实真相。

(3) 投资时限界定下的估值推算。任何一个估值模型，当假设性条件设定后，估值推算就从艺术问题变成了数学问题。

2. 估值二原则

做完上述三个步骤，或者说实现了估值三要素之后，我们可以用静态的估值和动态的估值进行一下对比，现在的股价是否具有投资价值，大致就可以推算出来了。

在我自己的投资实践中，我认为估值除了要遵守上述三要素之外，还必须遵循两个原则——我称之为"估值二原则"：保守的态度和系统性地运用。下边简略地说明一下。

(1) 保守的态度。为企业估值的过程上，充满了各种各样的假设，所以假设越保守则投资越安全。比如用格雷厄姆的公式进行估值时，预期增长率是 0，还是 5%，或者是 10%，甚或是负增长，所得到的答案是完全不同的。但越保守的假设，越能为你的投资决策提供安全边际。这一点，跟保险公司的价值折现率选择道理相同——折现率越高，越保守，安全性越好。

（2）系统性地运用。世上没有一个神奇的公式，但投资大师们为我们提供了很多种估值模型——如果在进行投资决策时，所有的估值模型都显示股票的价格相对于企业的价值已经低估了，那么可信度不就更大了吗？

我的意思是：虽然任何一个公式给我们提供的答案都有误差，但所有的答案综合在一起呈现给我们的面貌，不就更接近事实真相吗？就像我们用游标卡尺测算铅笔芯的直径，将多次测量的数据进行平均，不更接近真实数据吗？

三、极简的估值策略

最后，关于估值再说明两点。

1. 股息率估值方法

这是为投资小白专门提供的方法，很久以前我就明白了股票估值的艺术性，我称之为"毛估"。后来又发现持股守息，以股息多少来衡量投资成功与否的重要性。综合上边各项原则及要素，我又提出了用股息率和社会无风险利率为股票进行相对估值的公式。公式很简单：

企业合理价值＝股息率÷社会无风险利率×现股价

公式中，股息率和现股价都是常量，决定估值保守程度的，是对社会无风险利率的选择：保守点，可以选择十年期国债利率作为社会无风险利率；激进点，可以选择一年期银行定存利率作为社会无风险利率。

我现在喜欢同时选择二者作为社会无风险利率分别代入公式进行计算，这样就得出了一个企业合理价值的区间值，以此衡量股票现价下的投资价值。为了更形象地说明问题，我们还是以前文假设的公司为例——目前每股盈利为 3 元，每股股息为 1 元，按现价 20 元计算，则股息率约为 5%。

选择一年定存利率为社会无风险利率（大约为 1.5%），则合理价值 = 5% ÷ 1.5% × 20 = 66.67（元）。选择十年国债利率为社会无风险利率（大约为 3%），则合理价值 = 5% ÷ 3% × 20 = 33.33 元。也就是说，用我的估值方法为这家公司估值，它目前的价格在 33.33 ~ 66.67 元间才是正常的合理的。如果它的股价现在处于这个区域的低位，则显然是被低估的。反之则是被高估的。

大家仔细对比一下，将这个方法和上边三位大佬的估值方法对照一下，尤其是巴菲特和格雷厄姆的公式，结果是不是惊人的一致？

对股息率估值法的利弊及其使用范围，我以前在拙著中都有论述——不是本章讨论的重点，暂且略过——我想说的是：任何一种企业估值方法都是有适用范围的，都必须在适用条件下使用，否则就会照猫画虎、贻笑大方。还是那句话：要学会系统性地运用各类估值方法。

2. 长期追踪企业的重要性

在研究和分析企业的过程中我们发现，在不同的板块、不同的行业、不同的企业，甚至同一企业在不同阶段，其商业模式、经营特点、盈利方式都是完全不同的。这种复杂性更加说明，用同一种估值模型为所有企业进行估值的不可行性。**但是，如果我们长期追踪一家企业，完全熟悉企业的方方面面，并能抓住企业经营的核心问题，就有可能为企业量身定制某种简单可行的估值方法。**至少，在利用上述估值公式为企业估值时，我们可以给出各种相对更准确的假设。**说来说去还是那句话：研究的深度决定了假设的真度。**

第三章

熊市是用来发财的：
逆向投资与超额收益

第一节　价值区内越跌越买的底层逻辑

人人都喜欢股市大涨，人人都喜欢投资账户长红，但是未必人人都懂得股市赚钱的奥秘。比如，很多人就搞不清股市到底是什么时候让我们赚钱的。这个问题看似很简单，但大多数人搞反了。

一、熊市中的机会

2014—2015 年，我的账户市值大约上涨了 1.5 倍，也就是实现了从 1 到 2.5 的转变。很多朋友，包括我的家人也都认为，我是在 2014—2015 年赚到钱的。其实在我心里，这是一个极度错误的认知。如果没有 2012—2013 年的坚持投入，收集到大熊市中极度廉价的筹码，我怎么可能在 2014—2015 年赚到钱呢？

2016—2017 年，我的账户市值大约又上涨了 1.5 倍（2016年有 50%投资收益率；2017 年有 67%投资收益率）。也就是说，再次实现了从 1 到 2.5 的转变。

很多朋友，包括我的家人，还是认为，我在 2016—2017 年是赚钱的。在我心里，这又是一个极度错误的认知。如果没有 2015 年的走熊，没有 2016 年初的熔断，没有 2015—2016 年港股的大跌，我的账户不可能在 2016—2017 年再次实现 1.5 倍的涨幅。

在股市下行中，捡拾带血的筹码，是投资者赚取超额利润的

不二法门。所以在 2015 年的熊市中，我大胆喊出"熊市是用来发财的"，立马获得很多投资老手的认可和支持。现在很多朋友知道这句话，并且经常引用，但已经不知道它的出处了。

我告诉你，我就是这句格言的发明者之一。之所以在"发明者"后边加上"之一"二字，是因为很多股市老手都总结出了这条投资铁律，我当然不敢自专。

受 2018 年的中美贸易摩擦，叠加国内种种收缩措施的影响，A 股再次出现下跌。那一年，我坚持买，坚持守，坚持滚动操作，始终以企业的品质和估值为投资的最高标准，尽量多地搜集质优价廉的投资标的。然后就在 2019 年，我再次迎来了投资的丰收之年——当年我的收益率高达 61%。

不懂行的人，会认为 2019 年我的业绩很牛。懂行的人则会认为，我最牛的操作其实发生在 2018 年。不是 2019 年让我赚了钱，而是 2018 年让我赚了钱。

如果你真正搞清楚了股市是什么时候让自己赚钱的，你就会对股市的风险有更深刻的认识。趋势投机者和初出茅庐的"小韭菜"，会认为下跌是风险。而真正的投资者和股市老手，则认为下跌不一定是风险。**高估状态下的下跌，是释放了风险；低估状态下的下跌，不仅不是风险，反而是大机会。**

趋势投机者和初出茅庐的"小韭菜"，会认为上涨是机会。而真正的投资者和股市老手，则认为上涨可能就是风险——低估状态下的上涨，是价值的兑现；高估状态下的上涨，则是积聚了风险。简单粗暴点讲："风险是涨出来的，机会是跌出来的"。

为此，我又延展出了一句新的股市格言："不要辜负任何一次股市的暴跌。"当然，这句话有一个隐含的前提，即股市的暴跌发生在整体估值不高的前提下。

2020 年以来，行情不振，A 股大盘长期在 3000 点上下徘徊。很多朋友看到的又是恐惧，而我则再次看见了机会。2021 年和 2022 年连续两年市值回撤，为最近十年来所罕见，但我依然痴心不改，笃定前行。我坚信，这又是人生一次难得的发财机会。将来市场回暖，必定又会有无数人羡慕和佩服我的前瞻与远见。

到那时我们再来一块探讨和思考"我们是什么时候赚钱的"话题，一定会别有一番滋味。在股海中沉浮，这个问题越早弄懂越早赚钱。

二、越跌越买的底层逻辑

每每聊到股市投资，我都强调分红再投入；每每股市暴跌，我亦闲庭信步，云淡风轻，言必称"价值区内越跌越买"。此行此举，依据的并不是天生的爽性，或一时的意气，而是有着深刻的底层逻辑。

以红利再投入为例。假设我们购买一家企业 100 股的股权，计划长期持有 10 年，初始金额为 1000 元，每股价格为 10 元，初始投资 100 股，最后一年股价是每股 20 元（股价 10 年才翻一倍，这个设定是非常保守的）。这只股票是一只能够持续、稳定提供高分红的标的，雷打不动每年每股分红 0.5 元。得到分红后，我们就以当年的股价为参照马上进行红利再投资。购入后，假设股价出现以下四种走势。

（1）每股股价每年上升0.5元，最后一年直接上升到20元。

（2）每股股价不升也不降，始终维持在10元的价格上，直到最后一年直接上升到20元。

（3）每股股价持续下降，每年每股下降0.5元，直到最后一年直接上升到20元。

（4）每股股价在购入后的第二年即直接下降到情况（3）的最低谷处（即每股6元），并在低估处始终维持不变，直到最后一年直接上升到20元。

按照上述规则和假设，我们可以推算制作出如下四张表格。先看情况A的推导（见表3-1）。

表3-1　情况A

单位：元

年　份	第1年	第2年	第3年	第4年	第5年	第6年	第7年	第8年	第9年	第10年
股价	10	10.5	11	11.5	12	12.5	13	13.5	14	20
分红	50	52.5	55	57.5	60	62.5	65	67.5	70	72.5
新增股份	5	5	5	5	5	5	5	5	5	3.6
总股数	105	110	115	120	125	130	135	140	145	148.6
市值	1050	1155	1265	1380	1562.5	1625	1755	1890	2030	2972

分红数逐年提高，每年新增股份维持不变，总股数和市值数稳步上升。最终投资收益率总计为（2972−1000）÷1000×100%＝197.2%，年化复合收益率为11.5%。

表3-2是情况B的推导。

表 3-2　情况 B

单位：元

年　份	第 1 年	第 2 年	第 3 年	第 4 年	第 5 年	第 6 年	第 7 年	第 8 年	第 9 年	第 10 年
股价	10	10	10	10	10	10	10	10	10	20
分红	50	52.5	55	57.8	60.8	63.9	67.1	70.4	73.9	77.6
新增股份	5	5.3	5.5	5.8	6.1	6.4	6.7	7.0	7.4	3.9
总股数	105	110.3	115.8	121.6	127.7	134.1	140.8	147.8	155.2	159.1
市值	1050	1103	1158	1216	1277	1341	1408	1478	1552	3182

　　股价维持不变，但分红数、每年新增股数、总股数、市值数，每年也都在逐步增长。最终投资收益率总计为 218.2%，年化复合收益率为 12.3%。

　　再看看情况 C 的推导（见表 3-3）。

表 3-3　情况 C

单位：元

年　份	第 1 年	第 2 年	第 3 年	第 4 年	第 5 年	第 6 年	第 7 年	第 8 年	第 9 年	第 10 年
股价	10	9.5	9	8.5	8	7.5	7	6.5	6	20
分红	50	52.5	55.3	58.3	61.8	65.6	70.0	75.0	80.7	87.5
新增股份	5	5.5	6.1	6.9	7.7	8.7	10	11.5	13.5	4.4
总股数	105	110.5	116.6	123.5	131.2	139.9	149.9	161.4	174.9	179.3
市值	1050	1049.8	1049.4	1049.8	1049.6	1049.3	1049.3	1049.1	1049.4	3586

　　投资 10 年，在中间的 8 年中，股价逐年降低，分红数、新增股数逐年增加，市值前 9 年始终表现为略亏状态。但最终的投资收益率总计 258.6%，年化复合收益率为 13.6%，该收益率均超过了前两种情况。

　　最后，再看看情况 D 的推导（见表 3-4）。

表 3-4　情况 D

单位：元

年　份	第 1 年	第 2 年	第 3 年	第 4 年	第 5 年	第 6 年	第 7 年	第 8 年	第 9 年	第 10 年
股价	10	6	6	6	6	6	6	6	6	20
分红	50	52.5	56.9	61.7	66.8	72.4	78.4	85.0	92.1	99.8
新增股份	5	8.8	9.5	10.3	11.1	12.1	13.1	14.2	15.4	5.0
总股数	105	113.8	123.3	133.6	144.7	156.8	169.9	184.1	199.5	204.5
市值	1050	682.8	739.8	801.6	868.2	940.8	1019.4	1104.6	1197	4090

　　投资 10 年，中间 8 年，股价非常低迷，而且是长期非常低迷，直到最后一年才实现价值大回归，上升到和前 3 种情况相等的水平。这 10 年间，分红数、新增股数、总股数虽然都在加速增长，但总市值在前 7 年，一直处于浮亏状态，直到最后一年才大幅提升，反败为胜。最终投资收益率总计 309%，年化复合收益率为 15.1%，超过了前三种情况。下面是我的总体分析。

　　（1）A、B、C、D 四种情况中，情况 A 在购入后，股价不断上升，分红、股数和市值不断增长，10 年间从未亏损，投资者的心理感受最好，但最终结果显示，情况 A 的投资收益率最低；而情况 D 与之完全相反，投资后，股价降到最低，并长期低迷，前 7 年一直处在亏损中，投资者心理感受最差，但最终结果却是它的投资收益率最高。

　　这一点非常有违我们的直观感受。这说明，对长线投资者而言，股价下跌并不是坏事，股价长期低迷更不是坏事。相反，股价长期上涨、长期在高位运行，会在事实上降低投资收益率。由此可见，在价值区内，"越跌越买"策略的重要性。

（2）要确保上述结论正确，得有两个基本的前提，即投资者是在进行长线投资，而且在持有过程中会不断追加投资。上述四类情况，若无分红和分红后的红利再投资，则 10 年之后，四类情况股数不变，市值相同——若是这样的结果，则显然情况 A 是最好的方案，因为它既快乐又赚钱，而不会像情况 D 那样，长期压抑。由此可见红利和股息的重要性。

上述四种情况，投资者实际上是没有追加额外的投资的。他们的原始投资都是 1000 元。仅仅因为红利再投资及股价走势的不同，投资结果却大相径庭。很多人经常笑话看重分红和股息的人太低级，实际上这是不懂投资真义的表现。

在坚持红利再投资的基础上，如果能额外地追加投资，那么股价的长期低迷，一定可以为我们带来更丰厚的投资收益。这就是定投的基础性原理。而对普通投资者来说，这是最适合我们实际的投资策略。

对普通投资者来说，工资就是我们的"浮存金"，并且源源不断，我们可以选择在股市行情低迷的时候不断地加仓，不断地出手。这就是我一直念念不休的"伯克希尔模式"。我一直在阐述一种观点：只要愿意，我们每个人都能像巴菲特那样去投资。对工作中的人来说，我们每个人都是一家小小的"伯克希尔"。

这四种假设和四张表，也同时完美地解释了价值投资和长线投资为什么这么不受人们待见。其主要原因就是，越有价值、投资收益率越高的投资，其过程越艰难，心理感受越不好。人们天生具有风险厌恶倾向。这使绝大多数人无法克服长期的心理障碍，进而无法抵达胜利的彼岸。价值投资和长线投资注定是一个只有少数人才能坚持到底的游戏。

上述分析，能给投资者带来什么启示呢？

（1）在股市低迷的时候，不要呼天抢地。

（2）热情拥抱高分红高股息股票，正确分配和使用股息。

（3）定投和再投入很重要。

（4）长线和坚持很重要。

（5）看透问题和长远眼光很重要。

（6）价值区内越跌越买很重要。

第二节　股市下跌时，你都在干什么

每次股市行情好转，都会催生一批"股神"，然后再吸引一批抱有发财梦的"韭菜"。"股神"会告诉大家："抓住上次股市下跌的机会，我花了多长多长时间赚了多少多少钱。""韭菜"一边听一边发誓："下次再有这样的机会，我也一定会多多买股票。"可是，下次机会真的来临，他未必会像自己曾经誓言要做的那样多买股票了——别说多买了，会不会买可能都是一个问题。

一、复盘近八年的三次投资机会

我是在 2015 年 2 月前后开始正式踏入网络江湖的。第一次在网络上正式发表有内容价值的投资长文，应该是在 2015 年三四月份，至今不过 8 年时间。期间恰好经历过一轮大的熊市。熊市之后，又叠加了几轮中小型的市场波动。网络上完整地记载着我这段时间的所思、所想、所为。如今再复盘一下过去 8 年的股市走势，感觉特别有意义。我认为，至少可以从中汲取和总结很多股市的规律和投资的道理。

图 3-1 是近 10 年中证沪深 A 股指数的估值走势图。注意，这是整个 A 股市场的估值走势图。从 2016 年到现在，市场共有四次给我们提供了极佳的投资机会，其中三次已经走完，分别标注在下图的四个圆圈处。

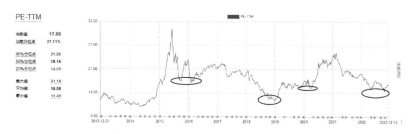

图 3-1　中证沪深 A 股指数最近 10 年 PE 估值曲线

第一次机会出现在 2016 年初。大家想想，那一年发生了什么？熔断。熔断前，A 股市场的整体估值约为 24 倍，熔断后估值最低为 17 倍，估值跌幅高达 30%。熔断行情很惨烈，但回头看，在惨烈的下跌中坚持前进的人最终都大获丰收。

第二次机会，出现在 2018 年。大家想想，那一年发生了什么？贸易摩擦。贸易摩擦前，也就是 2018 年初，股市承接着前一年的上涨趋势，继续上冲，A 股市场的整体估值最高为 21

倍——你没看错，就是 21 倍。然后贸易摩擦来袭，社会上、市场上各种焦虑情绪来袭，市场在 2018 年的绝大部分时间里是连绵下跌的。市场的整体估值，最低跌到了 13 倍。估值的下降幅度，从最高到最低，深达 38%。

恰逢 2018 年底，2019 年初，我写了当年的总结展望长文，题目就叫"大胜局"，我的核心观点是：经此下跌，现在活下来并且还坚持在市场中的人，都是胜利者——市场会随时为我们的坚持兑现出惊人的财富。果然被我言中。"大胜局"写作完成后三四个月，我当年的投资收益率就超过了 50%——2019 年结束时再盘点，全年为 61%。三个月，完成了全年收益的绝大部分。

2018 年那一仗打得也很艰苦，因为除了年初的一波上冲之外，全年都在下跌，期间几乎连个像样的反弹都没有。但是回过头来看，就像我在"大胜局"里断言的那样，凡是坚持下来的人，都是胜利者。

第三次机会，出现在 2020 年初。2020 年发生了什么事情？新冠肺炎疫情。疫情发生前，A 股市场的整体估值只有 19 倍，疫情发生后，A 股市场的估值最低下探到了 16 倍。整体跌幅为 16%。2020 年的这一仗，打得也很艰苦。看起来整体跌幅不大，但市场是完全分化的。

对于前两次机会，市场下跌后，你只要敢于买，基本上就行。2020 年不行了——你要是买了医药、消费、科技这市场"三宝"，能赚死；你要是买了银行、保险、地产这市场"三傻"，能气死。买三傻的人也不是没赚，只是赚得少一点而已，所以在 2018 年买股票，需要克服的是恐惧心理，而在 2020 年买股票，需要克服的是攀比心理。

我自己的账户市值，在 2020 年初向下浮亏了 25%，到了年底却成了向上浮盈 25%。从负的 25% 到正的 25%，弹跳空间高达 50%。事实再次证明：股市的逆行者，还是最后的胜利者。

写作此书时，市场整体还在低迷中。我认为此时此刻的市场低迷，是 2016 年以来的第四次投资机会。因为市场还没有从底部走出来，所以不在本书讨论之列。我们重点复盘的是前三次机会。通过复盘，可以让我们提炼和总结出哪些经验教训呢？

（1）这三次机会，都是在股市整体估值不高基础上的下跌形成的。

第一次下跌前，24 倍估值；第二次，21 倍估值；第三次，19 倍估值。所以这几年我一再强调：市场估值本身就不高，此时发生下跌，就是机会！同时我们看到，这三次下跌中，最底部的估值虽不相同，第一次底部在 17 倍，第二次在 13 倍，第三次在 16 倍，但是都围绕着"神奇的 15 倍"落脚。即股市的长期投资收益率约为 7%，对应的估值倍数就是 15 倍。**这个规律特点，就为我们寻找和确定买入时点提供了一把比较重要的和可靠的标尺——股市整体估值靠近 15 倍时，就可以买；比 15 倍低得越多，越可以买。**

（2）股市估值不高，并不意味着股市不能下跌。

24 倍、21 倍、19 倍，这样的整体估值水平，确实不能算高，如果从长期投资的视角看，这个时候入市都是好的机会。但是，低估值并不必然代表马上涨，更不代表不会马上跌。事件型情绪驱动是这三次低估值基础上下跌的触发原因，也可以称为黑天鹅事件引发的市场系统性下跌。**但需要再重复强调一遍的是：这样的下跌是机会，不是陷阱。**

（3）这三次机会，还有一个共同特点，就是**市场在底部盘旋的时间都非常短暂。**

大家可以翻回图 3-1 看看，走势几乎都是陡上陡下式的，在最底部的位置只停留一两个月，甚至十天半个月即告结束。为什么会出现这样的情况呢？我认为，原因还是出在低估值基础上——因为估值原本就不高，下跌之后更低，市场价值发现得更快。**所以我们可以总结的经验教训是：市场低位处下跌产生的投资窗口都很短暂。**这就是我在这几年的市场下跌中，看到股票估值很低自己大买特买，别人不买我就很着急的原因。因为这样的窗口期太短暂了，你不买就会白白丧失天赐良机。

关注我久了的朋友都知道我有一句口头禅："天予不取，也是作死。"看看我上边的叙述、分析和结论，再想想我在本章一开始提出的问题：股市下跌的时候，你都在干什么？只要稍微有一点反思能力，都会有无限的感慨和体会，甚至有无限的启发。我们多做这样的分析和思考，才能更快地成长成熟起来。

但是，把我们的投资思考，放在短短数年的时限内进行，还是太肤浅了。把 2016 年以来的市场走势交给超长期投资者进行分析和思考，我们上边的判断和结论，又幼稚得可笑。幼稚在哪里，可笑在哪里，先卖个关子，我在下文中继续讲。

二、复盘近 20 年的三次历史性机会

接下来，我们把视线拉长，看看市场在更长的投资时限内，都发生了什么？

图 3-2 是 20 年中证沪深 A 股指数的估值走势图——注意，这是 20 年以来的估值走势图。我们先从这张估值走势图上，看看过去 20 年市场都发生了什么？过去的 20 年，如图 3-2 所示，市场的估值底部，即最佳的投资机会，也出现了五次。

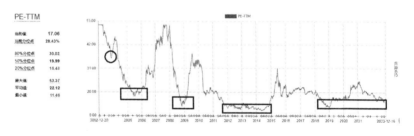

图 3-2　中证沪深 A 股指数近 20 年 PE 估值曲线

第一次机会，在 2000 年底至 2001 年初时。市场的整体估值大约是 80 倍，然后迅速下跌，估值最低回落到 40 倍（左边圆框标注处），然后市场开始反弹，在此后的六个月内（约在 2002 年中时），迅速反弹到了 75 倍。

第二次机会，在 2002 年市场高点之后。市场整体估值开始回落，从最高的 75 倍，漫漫寻底，一直到 2005 年 7 月估值最低下探到 18 倍（左数第一个方框标注处）。然后市，场就开启了一

场轰轰烈烈的大牛市行情——即 2006—2007 年的超级大牛市行情，大盘从 998 点一气冲到 6124 点。

第三次机会，在 2007 年 10 月。A 股市场估值达到了 55 倍的高位，熊市出现，且持续了一年，直到 2008 年 11 月，市场整体估值被杀到 13.7 倍的最低位（左数第二个方框标注处）。再之后，"四万亿"政策来袭，市场迅速反弹，估值从 13.7 倍，又一路冲到 2009 年 7 月的 38 倍。

第四次机会，在 2009 年 7 月。市场整体估值在 38 倍后，开始回落，漫漫寻底，一直磨蹭到 2014 年三四月份，市场整体估值低至 11 倍上下。这之后市场发生了什么，很多朋友都知道了——2015 年"水牛"来了，很快熊市接踵而至。

第五次机会，在 2015 年的牛市。A 股市场整体估值最高到 30 倍，熊市后，最低探至 2019 年初的 13 倍——上文我们在图 3-1 后的详解，反映的就是市场的这个阶段。

大家回看图 3-2：我在估值曲线上共标注了五处，从事实上看，在这五处投资，都能取得很好的投资收益。但我认为，这五处并非都是最好的投资机会——称得上"最好的投资机会"有四次，称得上"历史性的投资机会"有三次。

第一次机会，最左边圆框处，市场整体估值是从 80 倍跌下来的，最低跌到 40 倍——这个估值显然还是太高了。虽然后来迅速回升到了 75 倍，看起来在 40 倍时买入是个不错的投资机会，但显然，它跟"神奇的 15 倍"投资规律不搭边，它是在高位处再上涨。后来的事实也证明了，高估值处的上涨并不持久，怎么涨上去的，又怎么跌下来了，而且一气跌到了后来的 18 倍，比当初的 40 倍还要低得多！所以这一次所谓的"机会"，在投资者眼里不是真正的机会。

第三次机会，也就是左数第二个方框标注处，2008 年 11 月市场整体估值只有 13 倍。从估值上看，保守的投资者是应该买入的——实话实说，我就是在这个时候加了很多的仓位，幸运地碰到了此后持续时间约一年的反弹，从而将 2007 年时深套后的亏损，全部捞回。但这一次投资窗口也太短了。所以这是"最好的投资机会"，但还不是"历史性的投资机会"。

什么是历史性的投资机会呢？至少得满足以下两个条件。

（1）估值必须足够低。

（2）投资窗口的持续时间必须得足够长。

同时满足这两个条件，尤其是第二个条件，投资者才能从容不迫地分析、判断、择股、买入、持有，才能最大限度地调动一切可以调动的资源进行投资。只有时间足够的长，才能保证获得的筹码足够多，将来形势好转，我们的收益才能足够丰厚。

2004 年底到 2006 年中，即图 3-2 左数第一个方框处，市场整体估值最低为 18 倍，而且上上下下，在这个水平线上，持续了近两年时间。基本上符合这个条件。2010—2014 年，即图 3-2 左数第三个方框处，市场整体估值最低为 11 倍——市场在"神奇的 15 倍"附近及以下磨蹭的时间，长达 5 年之久！完全符合这个条件。2015 年熊市之后，尤其是 2016 年熔断行情发生后至今，市场整体估值反复在 20～13 倍磨蹭和徘徊，持续了已近 7

年时间！也完全符合这个条件！所以我说过去 20 年，A 股市场真正称得上"历史性大机会"的投资窗口期，只有三次！

非常幸运，我们目前正处在第三次历史性大机会之中——而且已经持续了近 7 年之久！这就是这几年，我反复撰文看好 A 股，并劝导大家一定不要离开 A 股的真正原因！

以 20 年的视线看待 A 股，市场都发生了什么事？我们从中又可以总结出什么样的投资启示？

（1）A 股市场的估值中枢在逐级下降。

2000 年前后的估值顶，是 80 倍；2002 年的估值顶，是 75 倍；2007 年的估值顶，是 55 倍；2009 年的估值顶，是 38 倍；2015 年的估值顶是 30 倍。因为顶部之后的底部都无限靠近"神奇的 15 倍"，所以整体上，市场整体的估值中枢在逐级地下降。

市场为什么会发生这样的变化呢？道理就一个：上市企业越来越多，市场的体量越来越大，股票市场越来越从卖方市场转向买方市场。虽然股民相比以前越来越多，但新上市的股票增量更多。也就是俗称的"韭菜不够用了"，所以股市初生时的高估值，崩塌了。

从欧美股市历史看，也经历过这样的一个过程——市场整体壮大成熟后，整体估值在 30 倍就叫高估了。因为欧美股市存在的历史足够长，远远超过了有统计学意义的 60 年，所以欧美股市的今天，可能就是我们 A 股的明天。将来 A 股一定会逐渐向股市的基本规律和基本规则上靠拢。这一点，请大家不要怀疑。

（2）真正的历史大机会，持续时间之长，可能超乎你的

想象。

本质上，牛市就是一场悲剧，牛市的结局就是熊市。牛市崛起得越剧烈、崛起的幅度越大，熊市来临得越快、下跌得越惨、持续的时间可能就越长。但是反过来看，逻辑也是成立的。本质上，熊市就是一场喜剧，熊市的结局就是牛市。如果牛市就意味着熊市这场大剧的结束，那么熊市的结局从来都是类似于"有情人终成眷属"的美好。但前提是我们得用正确的方式坚持走过熊市。

回过头来看，真正的历史性大机会，都是在时间超长的熊市中锻造完成的。2004 年底至 2006 年中，市场在底部磨蹭了两年时间；2010—2014 年，市场在底部磨蹭了五年时间；2015 年底至今，市场又在低位磨蹭了七年时间，至今还未走出低位沼泽。所以，这几年，经历过 2018 年全年下跌、2020 年二三月份下跌、2021 年以来下跌的朋友，自认为已经经历过熊市下跌了，有经历了，很老到了——非也！

你经历的这些，都是小儿科！你一定得走完 2004—2006 年、2010—2014 年这样的全程，才称得上经历过真正的熊市。其实，从更大的视野上，2007 年 10 月之后的股市，一直处在一个更大周期的熊市中——你只有完整地走完这个周期，才算真正见识过大场面的人。

我是 2007 年之前入市的，有幸正在经历这个周期——因为这个周期没有走完，所以我也还在这个周期中修炼。好在像我这样一类的投资者，有可能亲身经历完全程，标志就是上证综指再次越过 6124 点，创造历史新高！

普通投资者的优势在市场的长期低迷中最能得到体现。和机构投资者相比，普通投资者对熊市的应对余地更大。普通投资者最大的优势是什么？直白地说就两点：钱都是我们自己的，想怎么投资就怎么投资；钱的主要来源是工资，这个月满仓了，下个月加仓的钱又来了。

前者决定了我们拥有无与伦比的主动权和决定权，后者决定了我们拥有源源不断的后续资金，看起来已经满仓了，实际上我们处在一种永远没有满仓的状态。而这两点特性，与熊市及其超长周期恰好对应吻合。熊市跌得越狠，在低谷处持续的时间越长，意味着普通投资者可以筹集到越多的钱、买入越多便宜的股票。虽然这个过程很煎熬和辛苦，但最符合投资的真义。

凡是深谙此中道理，并能躬身其中的人，都赚得盆满钵满，成为人生的赢家。我一直以普通投资者自居，很多人称赞我谦虚。错，我只是深得熊市和普通投资者的精髓，享受其中而已。作为普通投资者，千万不要辜负任何一次熊市，更不要辜负任何一次股市低估值基础上的下跌。

最后揭晓一个谜底：上文我们提到，我们对 2016—2021 年的分析，在超长期投资者那里看来，会显得非常幼稚可笑——为什么呢？原因就是：在超长期投资者看来，2016 年熔断之后的市场行情持续至今，无论市场上涨还是下跌，估值一直不高，总体上都是投资机会。只要把时间拉长，你会发现 2016 年至今，什么时候买入都是对的，你有钱就买都是对的。这个结论开脑洞吧？这就是高手的视界！

第三节　逆向投资的要点与分类

一、逆向投资是价值投资的精髓

谈投资不得不谈逆向投资。本章前三节都是在谈逆向投资，都是在为直接探讨逆向投资做铺垫。逆向投资是价值投资的精髓。为什么这样说呢？因为逆向投资是投资者超额收益的主要来源。

原本值 10 元钱的东西，现在只卖 2 元钱，买入，等到市价又回升到 10 元钱，卖掉。或者与之相反，原本值 10 元钱的东西，现在市价居然要 20 元，卖掉，等到价格回落到 10 元钱，再买回来。这就是逆向投资，这就是逆向投资的超额收益来源。

价值投资者常说一句话：买股票就是买企业，所谓投资就是陪企业一起成长。这句话对不对？很对。但不以更低的价格买企业，我们顶多收获和企业相仿的投资收益，考虑到其间的摩擦成本，理论上我们的投资收益会略低于企业的成长幅度。要是能抓住机会，以更低的价格买入同样一家企业呢？可能在同样的持有时间内，我们获得的收益会呈几何级增长。当然，买得低是逆向投资，卖得高同样也是。

上边举的两个不同的例子，代表了逆向投资的两种基本方式。

（1）以较低的价格买入被市场严重低估的标的。

（2）以较高的价格卖出被市场严重高估的标的。

我在《生活中的投资学》一书中论述过一个基本观点：在牛市中，不买也是投资；在熊市中，不卖也是投资。很多人认为买是播种，买才叫投资；卖是兑现，卖不是投资。

买得低、买得好，这叫投资；反之，买得高、买得差，就不能叫投资。

卖得高、卖得好，这也叫投资；反之，卖得低、卖得差，这也不能叫投资。

投资与单纯地买和卖无关，与是否有便宜可赚、是否有利润空间可图紧密相关。区分其是不是投资，就看这种行为站在什么样的起点上。买买买，不一定是正确的；卖卖卖，不一定就是错误的。关键就看：什么时候买？什么时候卖？买的和卖的出发点又都是什么？说起来有些绕，仔细品品，品透了，我们的投资观就会大大地精进。

生活之中处处有哲学，而逆向投资，就是投资世界的辩证法。正因为逆向投资如此玄妙、如此重要，所以逆向投资才能成为价值投资者和趋势投机者最大的公约数。

这话的意思就是：好的价值投资者和好的趋势投机者投资理念水火不容，投资手法各不相同，投资标的千差万别，但在逆向投资的问题上，却达成了高度的统一。

价值投资者对逆向投资的推崇不用多说了，格雷厄姆的"市场先生"理论，巴菲特的"别人恐惧我贪婪、别人贪婪我恐惧",彼得·林奇的"人多的地方不要去",估计大家早就耳熟能详。

而世上最著名的趋势投机者中,利弗莫尔的回忆录、索罗斯的成功投机,莫不闪现着耀眼的逆向光辉。可以说,如果没有逆向,就没有利弗莫尔;如果没有逆向,就没有索罗斯。在众人认为不可为的时候为之,这就是利弗莫尔,这就是索罗斯,这就是成功的投机。

二、逆向投资的三个关键点

与大众同行看起来很安全,其实有时候会很危险;孤身一人看起来很危险,其实有时候很安全。那么什么时候安全,什么时候危险呢?这就牵涉到逆向投资的三个关键点了。

1. 第一个关键点:估值

在估值很低的时候,股价还在往下跌,我们就应该考虑是否该启用逆向投资。或者相反,在估值很高的时候,股价还在往上涨,这时候我们也应该考虑是否该启用逆向投资。那么估值什么叫高,什么叫低?我估计问这个问题的,99%的都是一些初入股市的朋友。

经历过两轮牛熊市的朋友对此会有一些直观的体会:估值处在两个极端上时,是非常容易一眼定胖瘦的。市场整体估值只有十来倍时,就是低了;市场整体估值有几十倍时,就是高了。

如果非得给估值高低一个明确的分界，股市长期投资收益率
6%~7%相对应的静态市盈率估值约为 15 倍。市场的整体估值低
于 15 倍时就叫低，偏离 15 倍越远越低；高于 15 倍时就叫高，
偏离 15 倍越远越高。

考虑到中国在未来 10~20 年还将维持中高速增长的预期现
实，我认为中国股市的整体估值理应比成熟经济体的市场更高一
点。**所以 A 股整体的合理估值应该在 20~30 倍市盈率。市场整
体估值比这个区间越低则越安全，比这个区间越高则越危险。**

**股市投资，必须考虑两个层面的估值：一个是股市整体的估
值，另一个是具体个体的估值。**就我个人的体会而言，整体的估
值永远比个股的估值要简单。因为从稳定性上看，包含更多个体
的总体显然要远远高于占据总体很小一部分的个体。总体好测
量，也好定位；个体会相对复杂一些。

如何给股市、股票估值和定位，我们在本书的其他章节里已
有论述和说明，这不是讨论的重点。大家只要记住一点就行了：
逆向投资不是什么时候都能用的，它只发生在市场或个股的估值
极端环境下——即估值畸高或畸低之时。

是不是估值极端了，就一定可以启用逆向思维投资了？

2. 第二个关键点：品质

无论什么样的投资，要想成功，第一要义都得是安全。在投
资中寻找一种进可攻、退可守的状态，是所有投资者梦寐以求的
事情。只要投资就牵涉到人的主观判断，就有可能判断错误。

我们在做投资决策的时候，一定得想想：万一我要是判断错了怎么办？万一错了，本金被套住，还不可怕——关键是套住之后，还有可能收复回来吗？如果还有希望收复回来，这个判断就不是最差的。**投资真正的风险，是本金永久损失的风险。**

这样讲，很多朋友可能还会一头雾水，举个例子：2015 年熊市的时候，中国平安、贵州茅台、乐视网、暴风科技这些股票都在一股脑儿地往下跌，但当时我买的是中国平安和贵州茅台，而绝对没有碰一手的乐视网和暴风科技。

为什么呢？原因就是我认为中国平安、贵州茅台都是品质优良、在本行业内数一数二的优秀企业，经营稳定，增速可人，前景广阔——即便我判断错，没有买到最低点，将来也会随着企业的成长而让股价回升上来。情况再糟糕，也不会让我的投资本金血本无归。

如果投资者不顾企业的品质而随意上车，那就是典型的投机，而不是投资。优秀的企业品质可以为我们的投资提供一层保护垫——尤其是在低估值的前提下，这层保护垫更是让人感到安全和放心。

回忆一下，这几年我进行的逆向投资不少，在 2015 年熊市前卖出绝大部分雅戈尔、张裕 A 等涨幅惊人、估值不低的品种和在熊市中后期大幅吸纳平安、茅台、美的、福耀等低估值、高股息的蓝筹白马股，还有少则翻倍多则翻数倍的贝因美、山东黄金、兖州煤业 H 股等。

以前我常说的一句话：当价格足够便宜的时候，哪怕是"狗屎"，也是可以投资的。这话对不对？现在我依然认为对，尤其是在强调估值的重要性时——但一定要清醒地认识到，"狗屎"也是有品质、有价值的。它可以发酵沤粪、肥沃土地、滋养庄稼。如果没有这些实际价值，只是虚画出来的概念性东西，价格再便宜的"狗屎"，也是不能投资的。记住这一点很重要。

这些年，我对投资最大的收获和进步，可能就是对企业品质的思考和理解。以前也有这方面的思考和理解，但绝对没有现在这样清晰和深刻。所以我也在不断地学习和反思，不断地调整和修炼自己的投资体系。

3. 第三个关键点：未来

估值低了，品质好了，就一定可以保证逆向投资成功吗？理论上是这样，但现实中常常不是这样。

比如，现在（2022 年底）的大 A 股，整体市盈率就是不高了，甚至离历史最低估值也仅有一步之遥了，而其中很多的优质蓝筹股，无论跟自己还是跟世界同品质的标的相比，都非常具有投资价值了。但是我们看到，一有风吹草动，大家还是"跑为上策"——知道什么时候应该逆向投资，和到了那个时候就能逆向投资，还有很长的一段路程要走。

问题出在哪里呢？这让我想起了几年前的一段往事。

2015 年国庆节，我计划带着腾腾妈、腾腾一起到省城附近的一处著名的山谷景区游玩。结果临出发时风雨大作。腾腾妈说："这么糟的天气，我们取消计划吧。"我查了下天气预报，问询了下高速公路的情况，还是决定顶风冒雨赶过去。当时我的判断依据是这样的。

（1）天气预报告诉我们，糟糕的天气只有这么一个下午，明天就会艳阳高照。

（2）虽然此时风雨大作、天气很糟，但还没有糟糕到高速公路不能行驶的程度，免费的高速公路还在正常运转，没有关闭。

（3）因为当天的糟糕天气，路上行人稀少，次日景区里的人就可能不会太多。这反而有可能让我们避免假期间景区人满为患的苦恼。

经过分析，安全有保障，计划无隐忧，何乐而不为呢？这样一家三口就快快乐乐地开车出发了。当晚赶到景区附近，宾馆住得非常舒服，第二天玩得非常愉快。满山谷的泉水叮咚，满山野的层林尽染，满面的清风四溢——最重要的是，因为前一天的风雨大作，第二天赶来的游客还拥挤在路上，景区内的游客反到不多。

当时正是股灾疯狂时，我玩逆向投资玩得兴起，就这件小事由感而发，写作过一篇小帖子，发布于雪球。当时有网友嘲笑我："腾腾爸走火入魔了，连出去旅游也能跟投资扯上关系，真服了。"这件事情，我印象非常深刻，因为彼时彼地，让我此后获益丰厚；因为彼时彼地，与今天情景非常相似。

逆向投资之所以困难，就是投资者很容易被眼前的现象迷惑，被眼前的困难吓倒。这里面有两个问题。

（1）**我们看到的，有可能是假象**。实际上，股市就是这个世界上最大的一个名利场，我们在名利场上看到的人和事，经常是被人为地粉饰或假装出来的。

（2）**极端情绪会放大我们判断错误的可能性**。假象固然可怕，更可怕的是我们被极端的短期情绪控制。

基于人的本性，在极端乐观时，我们对某个事物会有一种看法；在极端悲观时，我们会对同一事物有着截然相反的另一种看法。

最典型的例子莫过于这两年的市场表现：2020 年初，大家对白马股情有独钟，上证 50 指数居然创出了 18 连阳的历史纪录；之后，又对所谓的风格切换情有独钟，在"大白马"陷入调整，甚至完全抹平当年涨幅之后，小、新、差居然能连创新高、二八转换，形成了一个与前一年完全相反的剪刀差；再往后，一直到现在，大家又突然对所有的股票，甚至整个市场都悲观起来。

其实，市场还是这个市场，股票还是这些股票——尤其是股票，它背后的企业该怎样运转还是怎样运转，优质企业的营收和净利增速都还是那样的耀眼。股价的下跌，并没有影响企业的经营和成长。基本面没有多少变化——变化的只是投资者的情绪而已。

在品质优、估值低的情况下，阻碍投资者逆向思维和逆向投资的关键是什么？就是看不到未来。所以强调未来，是坚持逆向投资的关键点之一。强调未来，包含着两个方面的含意。

（1）**要有长期思维**。把眼光放长远点，眼光长远了，就能看清、看透很多东西，也就能漠视眼前的波动。谁能看到未来，谁就能拥有未来。记住我反反复复一再向大家念叨的一句话：永远不要被短期情绪控制！

（2）**要有动态思维**。事物都是变化的。现在已经这样好了，未来还能更好吗？现在已经这样差了，未来还能更差吗？"冬天已经来了，春天还会远吗？"——这句诗，千万不要只是念念，得学会理解，并且一定得会用。

三、逆向投资的策略

从触发因素上考量，逆向投资可以分为两个大策略：一个是基本面类的逆向投资，另一个是市场面类的逆向投资。

1. 基本面类的逆向投资

基本面类的逆向投资，对应因行业和企业的问题引发的股价大跌。触发的因素细分一下，主要有两类。

（1）**黑天鹅事件因素触发的股价下跌**。比如"三聚氰胺事件"引发的奶制品行业的大调整，"塑化剂事件"引发的白酒板块大调整。对于这类事件的发生，只要不是涉事企业，行业内的龙头企业反而可能乘机扩大市场份额。或者虽然是涉事企业，但不会影响到企业经营的根基，那么股价短期受冲击后，反而给长期投资提供了机会。

"塑化剂事件"中，我投资了五粮液。从每股20元一直买到每股十一二元。后来虽然卖得早了点——大部分在57元上下卖出，最后一小部分在127元附近清空——但总体上，这是一个成功的逆向投资案例。

（2）周期性原因触发的股价下跌。 周期性行业有很多，甚至可以说，任何行业都有一定的周期性。但有的行业周期性强一些，有的行业则弱一些。我们这里通常指的是强周期性行业，比如化工行业、造纸行业、养殖行业、煤炭行业，等等。

2013—2016年，煤炭行业因为产能过剩进入调整期。我在2015年底开始投资兖州煤业H股，从每股3港元多买到每股2港元多，后来在14港元附近清空，在不到两年的时间里，投资收益5倍上下。这个案例，我详细记载在拙著《生活中的投资学》中，写书时，兖州煤业H股的股价已经反弹到了7港元上下，我分析得出的结论是：价值还没完全兑现。后来股价再翻倍后，我全部清空。

最近这两年经常有人问我某某煤炭股还能买吗？我都不太愿意直面回答——原因就是我认为，它最好吃、最肥的一段利润已经吃完了。周期性太强的行业，景气度高的时候，不是追加投资的好时机。

2. 市场类的逆向投资

与基本面类的逆向投资相对的，是市场类的逆向投资。

很好理解：2008年，熊市发生，股市大幅下挫；2015年，熊市发生，股市大幅下挫；2018 年，中美贸易摩擦发生，股市大幅下挫；2020 年，新冠疫情冲击，股市大幅下挫。这些年份的股市下跌，是市场整体性下跌带来的投资机会。

它不是哪个行业、哪个企业发生了问题，而是整个市场都出现了问题。可以这样进行对比分析：**基本面类的逆向投资，来源于个体性风险，不是系统性风险；而市场类的逆向投资，则是来源于系统性风险，不是个体性风险。**

从我个人的角度而言，我喜欢市场因素触发的逆向投资。因为只有在系统性下跌中，才会出现"大珠小珠落玉盘"，在这种状况下，我们才能选择最优秀行业中的最优秀企业来进行逆向投资。一是确定性最强，二是择股最简单。

市场上最优秀、最值得投资的，甚至可以传给儿孙的、真正能称得上伟大的企业，就那么几家。这种企业的股价和估值通常都不会低。只有在熊市中、在市场发生系统性风险时，大把买入的机会才会显现。

黑天鹅事件可能几十年难得一遇，而市场整体性的下跌，可能三五年就能遇到一次。这就是"老手喜欢跌，新手喜欢涨"的根本原因。也是我们说"熊市是用来发财的"的道理所在。目前的市场处于极端的二元失衡结构，现在适合不适合进行逆向投资呢？我告诉你："太适合了！"两个方向上都适合。

有些板块，就应该越跌越买；有些板块，不买就是投资。回避热点，不买泡沫；拥抱价值，亲近优质。这四句话，就是逆向投资的精髓所在！

第四节　认知障碍

知道什么是逆向投资，知道什么时候应该逆向投资，逆向投资就一定可以做好吗？非也。在"知道怎么做"和"到底会怎么做"之间，还隔着几个认知上的障碍。这些障碍不解决，逆向投资是做不好的。为了把复杂的事情尽量讲明白些，我们还是采取夹叙夹议的方式进行解析。

一、幻觉障碍

1. 货币幻觉

某男，20 年前月工资 700 多元，全拿去买茶叶蛋的话，大约能买 2000 多个。20 年后，此男月工资 7000 多元，全拿去买茶叶蛋的话，大约能买 7000 多个。光从工资数字看，某男认为自己 20 年间上涨了整整 9 倍。同样干一个月的工作，现在的报酬是以前的 10 倍，某男感觉自己就像一只 10 倍股，非常牛。可目光的焦点一落到茶叶蛋上，此男的真实购买力，20 年间不过上涨了 2.5 倍。也就是说，某男并没有自己想得那么牛。

为什么会出现这种状况呢？因为印钞的速度，远远快于商品增长的速度。

人们感觉自己手里越来越有钱了，其实其中很大一部分，是货币持有量因应通货膨胀水涨船高的结果。人性的缺陷决定了，人们最爱把眼光放在货币最表面的数量上，而不会放在它的真实购买力上。

把眼光放在货币的数量上，我们就会觉得自己特别有钱，因为货币一直在掺水。把眼光放在货币的真实购买力上，我们才发现，我们并没有我们认为的那样有钱。这种现象，经济学家们给它起了个好听的名字，叫"货币幻觉"。纸币时代，通货膨胀如影随形，货币幻觉就会始终存在。

货币幻觉会产生什么样的社会效应呢？7000 元钱的月工资，相较 700 元的月工资，会感觉自己特别有钱；感觉自己特别有钱，就敢更大胆地去消费。比如以前一天吃两个鸡蛋足矣，现在敢一天吃 10 个。按真实购买力计算，现在一天吃 7 个，才与以前相平，现在多吃的 3 个，就是货币幻觉刺激出的消费增量。

2. 市值幻觉

年初我买了 1000 股股票，每股 10 元，市值为 1 万元。年中股价狂涨，每股居然达到了惊人的 100 元，市值为 10 万元。妥妥的一只十倍股啊。市值让我感觉我很有钱了，类似的幻觉，我称之为"市值幻觉"。

实际上呢？我手里还是只有 1000 股股票。这只股票的盈利能力并没有增长多少——这次股价狂涨，只是处在了某个风口上而已。没有业绩支撑，一个浪头打下来，股价又跌到 10 元。从哪儿来的，又回到哪儿去。手中的股票市值又回落到了 1 万元。如果业绩没有跟上增长，100 元股价下的 1000 股股票，跟 10 元股价下的 1000 股股票，看起来非常不同。实际上，它们都一个样，就看你把关注的焦点放在哪里了。

怎样摆脱市值幻觉对投资者的影响呢？巴菲特提出了一个"透视盈余"的概念。我自己喜欢通过举例来解释复杂的问题：年初，我买了一只股票，股价为 10 元，年末股价上升到了 15 元，我计算出的这笔投资的收益率是 50%。我的这种计算方法，是目前市场上通行的计算方法，包括本书其他章节中提到的收益率，基本上都是以市值为基准进行的计算，为的是随行就市，便于读者以约定俗成的方式进行理解。

但巴菲特不是这样计算的：年初，巴菲特买了一只股票，上一年每股盈利 10 元，年末，这只股票每股盈利 13 元，巴菲特对外公布，自己的投资收益率是 30%。看明白了吗？众人是用股价的涨跌来计算投资收益率，巴氏是用每股业绩增减来计算投资收益率。众人看的是股价，巴氏看的是赚钱能力。简单地说，权益业绩，巴氏谓之曰：透视盈余。

大多数人活在市值幻觉里不能自拔，只有少数人能够穿越这种幻觉，孤独地活在透视盈余里。哪类人能长久在生存于这个市场，并最终获得可以让自己满意的盈利呢？相信答案是不言自明的。

二、关于钱的认知障碍

每逢股市下跌，总会有网友发问："腾腾爸，你经常说价值区内的股价下跌，就是市场在为大家送钱，现在股票都跌成这样了，市场给你送的钱呢？"每每遇到这样的诘问和取笑，我就忍不住哑然失笑。这个问题之所以是个问题，根本原因是很多朋友对"钱"的概念有着严重的认识偏差。

他们心中所谓的钱，可能就是指现金这些东西。这些东西确实都是钱，却不是钱的全部。道路是不是钱？楼房是不是钱？土地是不是钱？字画是不是钱？黄金是不是钱？煤炭是不是钱？石油是不是钱？最后，股票是不是钱？

举个例子，2021 年某家电企业公布了一项股权激励计划，CEO 以前持股不到公司总股份的 1%，股权激励计划实施后，又能以远比市场价便宜的价格增加 3000 万股公司股份。你说这位高层的钱是多了，还是少了？这两年家电企业股价下跌很多，基本都是腰斩级别，如果算市值，这位 CEO 的钱好像是少了不少。哪怕是加上这 3000 万股权激励，也少了不少。但是，你问问CEO 的钱变少了吗？ CEO 会怎么答，我不知道，但我知道他一定会偷偷地笑话你。他的财富明明增加了不少，你却说他的钱少了，他不笑你，笑谁呢？

最近两年，尤其是 2021 年以来，我按"价值区内越跌越买"的策略，不断加仓金融、互联网、医疗器械等板块的股票。相比两年前，我组合中股权数量妥妥地翻倍，你说我的钱是变多了还是变少了？我组合中股票的盈利和分红能力相比两年前整体性提升了至少100%，你说我的钱是变多了还是变少了？

市场给我送钱了吗？送了。市场送的钱都放在哪里了？就放在我组合中的股权之中。股权，不就是钱吗？这些增加的股票，不就是钱吗？如果对我上边讲的话看不懂，你一定是对以下几个关于钱的道理还没想通和悟透。

"钱"的表现形式不仅仅是现金。如上所述，尤其需要强调的是，股权也是钱。股票市值只是钱的一种暂时性报价。它是表面的和临时的，只是某个时间点上的数字。短期来看，它就是一个波动量，而股份才是一个积累量。

贵州茅台的股价在 2021 年最高冲到 2600 元，之后回调，一路下探，最低到 1300 余元，但我们账户中的茅台，100 股还是100 股。现在 100 股的茅台，比两年前 100 股的茅台，赚钱能力显然又强大了不少，你能说现在的 100 股茅台不如两年前 100 股的茅台更值钱？

钱的未来价值才是我们最应该关注的。不要考虑钱现在报的什么价，钱未来的报价，合理估值的报价，才是我们最应关注的。具体到股票上，股票现在的报价对持有者不是最重要的，最重要的是未来的报价。股票现在的报价，只对计划买入者才意义重大。

这些道理，说起来简单，但真正认知到位，深入骨髓地融入所思、所想、所为中，还是非常困难的。每逢市场下跌，我的股票市值跟大家一样，也会发生大幅回撤，但我的心态就比较平静，该吃吃、该喝喝、该睡睡，为什么呢？因为我关于钱的认知，跟大家不太一样。

我对我的持股有信心，我对它们未来的盈利和分红能力有信心，我知道股权本身就是"钱"的一种表现形式，在股价下跌中，我以同样的收入，又可以收集到更多的筹码。在我看来，我的"钱"又增多了，而不是减少了。这就是逆向投资机会来临，我总是能够果断出击而毫不手软的根本原因。

三、超预期障碍

我们反复强调，市场是不可预测的，尤其是短期的市场。这种不可预测性主要体现在两个方面：**一是低估之下可能还有更低估，二是市场低迷期可能会比预想的要长。**

在前文中，我们分析了过去几次发生在低估值基础上的下跌，认为那是难得的加仓投资的机会。但是在彼时的低估值基础上，是很少有人能准确预测出下跌的发生的，更无法准确地预测到市场的底部到底会跌到哪里。

从这个角度看，市场上所谓的"左侧交易"和"右侧交易"，就是一个伪命题。既然无法预测，最好的做法就是：在大致的价值区内坚持投资，"有钱就买，不买就守"。如果对此认识不足，准备不充分，市场一旦发生超预期下跌，或者底部低迷时间过于长久，就会对投资者心理产生极为沉重的压力。

2015 年熊市期间，大盘动辄千股跌停，无论是市场的估值，还是个股的估值，都非常便宜了，割肉卖出的朋友还是摩肩接踵。我有一位朋友，早上跌停位时将仓位全部清空，上午发现割掉的仓位又全部涨停。一方面肠子都悔青了，另一方面又不敢追高买回。过后对当天的情形难以释怀，每每看到当初卖掉的股票，股价已经升高数倍甚至十数倍，又嗟悔无及。已经七年多时间了，他至今未再入市。草木皆兵，杯弓蛇影，个中滋味，谁人能解？

我自己早就洞悉其中哲理，所以一再向朋友们强调：我只做价值判断，不做价格预测。一只股票，股息率超过 3%，通过研究发现，这种分红可以长期、稳定维持，那么它对我而言就有基本的投资价值。但买入之后，它是股价翻倍，还是股价腰斩，是我无法把握和掌控的。

我能做的，就是根据它的股价表现决定是继续持有，还是择机退出。如果短期内股价翻倍，股息率骤减，变得已经没有吸引力，我会毫不犹豫地择机退出。反之，我可能会利用后续现金流，进行适当的加仓或减仓。

至于低迷期超预期，那更是举不胜举了。迄今为止 A 股最长的一次熊市起始于 2007 年年底，至今市场大盘还没有达到当年的峰值 6124 点。哪怕是从 2007 年年底的 6124 点到 2015 年中的 5100 余点，也经历了近 8 年的考验。

而回顾美股，超长期的市场低迷更是屡见不鲜。1929 年，道琼斯指数达到了 386 点的阶段性高点，而后一路下探，3 年后，也即 1932 年，最低跌到了 40 点，跌幅高达 90%！然后什么时候才完全收复失地呢？1954 年底。指数从 386 点再到 386 点，美国股市用了整整 25 年时间！

1965 年，道琼斯指数上升到了 1000 点的位置，20 年之后，也就是到了 1985 年，指数还在 1000 点附近徘徊。在这 20 年时间里，指数走势就像织布机一样，原地踏步，上下翻飞，织掉了整整两三代投资者的青春！

如果一位 30 岁的年轻人，在 1965 年入市，购买了美国股市的指数基金，那么 50 岁的时候，他基本上还是没有赚到什么钱。股市不仅仅会低迷，低迷的长度还有可能远远地超过预期。

怎样避开这样的投资大坑呢？答案很简单：一是超长线投资，二是永远不要买得太贵。

在 A 股 6124 点买入，肯定是买了泡沫，而在一年后的 1600 点或 1800 点买入呢？肯定是买了珍珠。同样地，在道琼斯指数 386 点买入，肯定是买在了山顶，但是在此后的 40 点、50 点甚至 80 点买入呢？结果显然也是不一样的。

价值投资的精义在价值，投资一定首先要做好基本的价值判断。逆向投资的精义在逆向，但逆向出手的点，也必须是基于价值。正如我此前强调的，"价值区内越跌越买"，越跌越买只是表面的操作策略，"价值区内"才是最重要、最基本的前提。

四、锚定心理障碍

在买卖股票的过程中，会有一个有趣的心理锚定现象：股市在创新高的过程中，投资者的市值也会跟着创新高，然后在下跌的过程中，投资者总会下意识地用现在的市值、现在的点位和最高的市值、最高的点位进行对比，通过对比来计算大盘跌幅到底有多深，自己的损失到底有多大。

或者相反，人在股市的低点又会产生一种另类的贪婪心理：明明知道股票的估价已经深具投资价值了，但是老是认为市场的趋势是在往下走，产生"还能再跌一点吗""还能再便宜一点吗""我手里的现金能不能买更多的股票"等心理，这些心理一旦形成，投资者就不敢买、不舍得买——股票明明处在低点，可他就是不买，因为他在期待更低的价格。

前者我们称为"高点锚定"，后者我们称为"低点锚定"。这种锚定心理危害严重。

(1) 容易造成投资视野短浅。 市场有波动是正常的，如果你把投资的眼光放在三五年，甚至是十几二十年的基础上，你就会漠视波动，不会在意大盘或市值从高点往下跌了多少，或者从低点往上涨了多少。只要买的股票，或其背后的企业是有价值的，就不会在乎短期的涨跌。

而锚定心理一旦产生，投资者喜欢用现在的市值和阶段性高点和低点进行对比。这个对比的过程，实际上是把投资眼光放短了、放低了——因为你更在意短期的市值对比了。

(2) 容易增加心理痛苦。 投资心理学上有这么一个规律：你赚一元钱会带来一分的欢喜，但要是损失一元钱就可能带来两分的痛苦。也就是说，下跌带来的痛苦体验强于同样幅度的上涨带来的愉悦体验。有了锚定心理之后，投资者总是和过去的最高点、最低点相对比，无形中夸大了某一段时期的损失程度，这时候会变得非常的痛苦。

（3）容易扰乱操作。在同样的市场环境、操作水平、投资能力的投资者之间，心态好的和心态差的，或者说投资心理优秀的和投资心理脆弱的人，他们的操作是不一样的。

有本书叫《交易心理分析》，作者在书中反复强调，拥有赢家心态的和输家心态的人对市场的操作和对市场的判断是有天壤之别的。投资者一旦有锚定心理了，在市场波动中感受到了一定的痛苦，投资心理就不可避免地会发生变化，对市场的判断就有可能不再那么准确，甚至是严重地失真变形，造成不可挽回的损失。

上文讲到的朋友在熊市中清仓的例子就很具有代表性：股市在下跌的过程中，投资者开始尚能忍受，但下降到某个临界点后，心理突然失衡，在股市估值明明很低、股票具有很大投资价值的情况下，反而进行了卖出的操作。

造成这种错误操作的根本原因，就是他高点锚定了——在和高点盈利的对比中，夸大了自己心理上的痛苦，交易心理发生变化，最终造成操作失败。锚定心理能够带给我们的启示主要有三点。

（1）投资者一定要建立起估值思维。股市到底是高了还是低了，到底能不能买，不在于高点或低点在哪里，而在于你对价值的判断，在于你对估值的计算，而且价值就体现在估值上。

同样一只股票，估值越低，其投资价值就越大；估值越高，其投资价值就越小。如果你有估值思维的话，你就会淡化点位对你的扰乱和影响，或者说是淡化股价对你的扰乱和影响。投资者就能很轻松地克服掉低点锚定心理或高点锚定心理。

（2）**投资一定要回归到最简单的本质上来。**股市投资的本质就是买股票相当于买企业，而这个企业值不值得买，就要看其品质和估值两大因素：**品质好、估值低，就值得买；品质差、估值高，就不值得买，手中持有的就应该卖掉。**把投资回归到购买和持有好企业的本质上来，股市短期内的涨涨跌跌就不会影响到投资心理，就不会影响到投资决策，更不会影响到具体操作。

（3）**投资认知的终极还是认清和牢记投资的本源问题。**也就是我们以前常说的：投资者最重要的一件事情，就是在投资的过程中一定要看透市场、看透投资、看透投资者自身。股市的波动是自然的，股市的波动就和人的天性一样是自然存在的。要明白投资是什么。投资就是牺牲现在的购买力和现在的享受，来培育将来的购买力和将来的享受，让将来过得更好。投资者也要看透自身。趋利避害是人的本性。正如植物的根总是要往土地最肥沃的地方扎，叶子总是往阳光最多的地方伸，这是大自然的本性，也是我们的人性。但是一定要克服人性和投资的规律相冲突的地方。

投资需要在下跌最狠、最具有投资价值的时候买入，而人性是厌恶亏损的——这一点猛一看，双方是冲突的——在发生冲突的时候，要抛弃趋利避害的天性，遵循投资的基本规律。

我们不能因为一时的痛苦而让一些好的投资机遇白白流失。关于这一点，我自己也很有体会：在几次熊市中，在几次市场人心惶惶的时候，说我自己没有感觉到害怕，没有受到外部环境的影响，显然是不现实的，但每当这时我总是能克服掉自己的恐慌心理，让理性主导我的思想和情绪——我坚信我的价值判断，我坚信投资的基本规律，我坚信股票越跌越有投资价值，而不是相反。

所以我在股市里投资的这十几年的经验体会就是：我每次在市场的恐慌中，在自己内心的恐慌中大胆买入的股票，最后大都取得了非常好的投资结果。

说来说去，投资是一件非常逆人性的事情。锚定心理的产生是必然的、符合人性的，但它们却是错误的。我们要克服掉这些错误的天性和与投资规律相冲突的天性。只有这样，投资者才能逐渐地成熟，才能让自己的投资之路走得更稳、更远。

当然，锚定心理的本质是成本障碍。那么什么是成本障碍呢？成本障碍的概念非常重要，因为它又牵涉到众多经济学概念，所以下面我们专设一节进行专题分享。

第五节　成　本　障　碍

经济学上有个经典的案例：两个苹果，一个新鲜，另一个有点霉烂，一天只能吃一个。如果先吃有点霉烂的那个，新鲜的那个第二天也会发生霉烂，这就相当于两天吃了两个霉烂的苹果。如果先吃新鲜的那个，有点霉烂的那个第二天就会彻底地烂掉，只能扔掉，相当于两天只吃了一个苹果，生生地浪费掉了一个。

换成你，你会怎样选择？两套吃苹果的方案都有拥趸，双方因此争执不下。如果没有理论的支持，怎么选择好像都有错。但有了理论支持，这个问题就不再是问题了。这里牵涉了经济学中的两个关于成本的概念：一个叫机会成本，一个叫沉没成本。

一、机会成本

什么是机会成本呢？你选择了 A，而放弃了 B，那么 B 就是你选择 A 所必须放弃的机会，是谓机会成本。当然，你选择 A 时，还有可能放弃 B、C、D 等机会，那么你选择 A 时所付出的机会成本，就是 B、C、D 中价值最大的那一个。

举个例子。你手里有 10 万元钱，可以开水饺店，每年赚 10 万元；可以开水果店，每年赚 5 万元；可以开蛋糕点，每年赚 3 万元；可以开鲜花店，每年赚 1 万元。如果你选择开了水饺店，那么就是放弃了开水果店、蛋糕店和鲜花店的机会，它们中收益最大的就是水果店。

水果店的收益，就是你放弃的代价。那么你开水饺店的机会成本，就是放弃代价最大的水果店每年可以赚的 5 万元。你以每年 5 万元的机会成本，赢得了一个可以每年赚 10 万元的实业价值。显然，这是一笔很划算的投资。

如果你选择开鲜花店呢？那就相当于放弃了开水饺店、水果店、蛋糕店的机会，放弃的机会中，开水饺店的代价最大。因为开水饺店每年可以赚 10 万元。这就相当于付出每年赚 10 万元的机会成本，换来了一个每年赚 1 万元的实业价值。虽然开鲜花店每年也能赚 1 万元，但相比它付出的机会成本，这显然是一个最糟糕的选择。

懂得了机会成本，相信朋友们只要不太傻，都会去选择开水饺店，用最小的机会成本换取最大的实业价值。

有了机会成本的概念，我们再来看看那两个苹果的案例。吃掉新鲜的苹果，付出的机会成本就是那个霉烂的苹果。吃掉霉烂的苹果，付出的机会成本就是那个新鲜的苹果。新鲜苹果的价值肯定大于霉烂苹果的价值。选择先吃霉烂苹果的机会成本远远大于选择先吃新鲜苹果。所以理性的人肯定会选择吃掉新鲜的苹果，而扔掉那个霉烂的苹果。

二、沉没成本

什么是沉没成本呢？沉没成本就是你已经付出的、再也收不回来的成本。

举个例子。你花 5000 元买了一台电视机，用了两年之后，电视机只值 2000 元。从 5000 降到 2000 元，那 3000 元跑哪儿去了呢？被消耗掉了。消耗掉的那 3000 元，就是沉没成本，是你支付出去之后就再也收不回来的成本。记住，沉没成本是你投出去之后，再也收不回来的成本。

有了沉没成本，我们看投入的总成本，或者说原始成本，会发现它划分成了两部分：一部分是投出去之后就永远收不回来的沉没成本，一部分是可以收回来的残存价值。买电视付出的5000元，是总成本（原始成本），还能卖掉电视收回的2000元是可以回收的残存价值，差价3000元就是永远不可以回收的沉没成本。

厘清了这个逻辑，我们再来看看那两个苹果的例子。如果一个新鲜苹果价值10元钱，一个霉烂苹果价值4元钱。那么从新鲜到霉烂，一个苹果的沉没成本就是6元钱。这个时候，选择吃新鲜的苹果，得到的价值是10元，丢掉霉烂的苹果，损失的残存价值只是4元钱。这个时候，选择先吃掉新鲜的苹果是对的。

如果新鲜苹果价值是10元钱，而霉烂苹果的价值是6元钱呢？此时买一个苹果的沉没成本是4元钱。那么先选择吃新鲜苹果，扔掉霉烂苹果，就未必是最佳选择了。因为先吃掉一个霉烂苹果，第二天等那个新鲜苹果再变成霉烂苹果后吃掉，相当于消费了两个霉烂苹果，获得了两个霉烂苹果的价值。而两个霉烂苹果的残存价值是12元，比一个新鲜苹果的10元价值要大2元。

所以综合起来看，这两个苹果的案例，应该先吃哪个，答案不是唯一的。选择哪个方案好，主要看你的理论支撑是什么，以及如何才能让自己获得的利益最大化。关于利益最大化的这一点，就需要具体情况具体分析了：如果换成我，我更想选择在第一天就把这两个苹果全吃掉。

当然因为题干上强调一人一天只能吃一个苹果，所以我会邀请我们家腾腾同志过来一起分享。

如果腾腾妈也参加进来，那就更好办了。把新鲜的那个苹果切成两半，加上有一点霉烂的那个，一家三口，一人一份，所获价值大差不差。那就更显得公平了。你看，生活中老百姓总是比经济学家更有办法。

聊这些，对我们的股票投资，尤其是我们正在聊的逆向投资有什么意义吗？当然有。

（1）如果有一只品质好的股票，一只品质差的股票，你应该选择哪只呢？

机会成本告诉我们，当然应该选择那只品质好一些的股票。因为选择好股票的机会成本是差股票，而选择差股票的机会成本是好股票。好股票的价值大于差股票。所以选择好股票的机会成本最小。这就是"择善固执"的理论依据。

"谁不知道要买就买好股票呢？"别以为这是一句正确的废话。在股市里整整闯荡了十年之后，我发现新手通常会把大部分的时间和精力浪费在平庸甚至品质很差的股票上。

（2）世上任何一笔交易，都会支付一定的沉没成本，股票交易也不例外。

因为沉没成本是永远也收不回来的成本，所以投资决策前，我们一定要小心谨慎，不要为投资支付太高的沉没成本。这就是我们一再强调的底线思维。

我不赞成朋友们买估值太高的股票的理论基础就在这里：万一泡沫洗尽，还能留下多少残存价值？残存价值远远大于沉没成本的，才有可能是好的投资。否则就是一笔差的投资。

三、安全边际

安全边际在经济学家看来，就是考虑到最坏的情况，你最后得到的残存价值还能超过沉没成本。**怎么都不吃亏，或者怎么都少吃亏，这就是安全边际。**

沉没成本是再也收不回来的成本，我们要学会放弃、舍得放弃。如果在投资中不幸踩雷，我们自认为买了一只好股票，结果发现买了一只很差的股票，不要惋惜已经付出的成本，不要对自己买入的高价念念不忘。如果确定踩雷，100 元买的股票只值 2 元钱，那么 3 元钱卖掉，就是一笔极其合理，甚至极赚便宜的交易！100 元的买价，到实际只值 2 元的残存价值，中间的 98 元是沉没成本，应该是永远收不回来了，而你竟然利用市场犯错的机会，多收回来了 1 元钱，这不就是赚便宜了吗？

我知道这样计算，99% 的人会不满意。但没办法，我讲的是投资规律、投资科学，而不是好恶、喜怒、情绪。在股市投资中，买是一回事，卖又是一回事。买是一次交易，卖又是一次交易。每次交易都有成本和收益，把它们混为一谈，是绝大多数人最容易犯的错。

四、时间成本

上文讲的这位虚拟朋友的抱怨，引出了网友们经常提到的一个成本概念——时间成本。时间成本非常有讨论的价值。是我们在投资中经常遇到和避无可避的。

今年的10元钱，和去年的10元钱，以及明年的10元钱，不是一回事。因为钱会生长。存到银行里有利息，投资出去有收益。你把钱攥在自己手里，只会不断地贬值。怎样计算钱的生长呢？不同的管理方式会有不同的收益，也就会有不同的生长方式。但我们把全社会的钱看成一个整体，它会有一个整体性的生长，这个整体性的生长率，我们称之为社会无风险收益率。

社会无风险收益率的意思，就是全社会的钱，在不承受风险的情况下，能稳稳当当增长的比率。之前的章节中讲过，通常大家把10年期国债利率当成社会无风险收益率，因为国债在所有投资标的中，从风险的角度说就是最安全的。比如说中国现在的10年期国债利率四舍五入后大约是3%，那么这个3%，就被我们当成全社会的无风险收益率。

按这个比率算，去年的10元钱，放到今年应该是10.3元；而明年的10元钱，大约跟今年的9.70元等价，因为今年的9.70元放一年，获得社会无风险收益后恰好就是10元钱。

如果你把10元钱攥在手里一年，看起来什么都没干，实际上你已经至少损失了3%的无风险收益。这就是作为守财奴所支付的时间成本。从上文的解析中大家可以看到两点。

（1）时间成本只是一个金融学概念，它不是经济学概念。 因此刚才聊经济学意义上的成本时，我没提时间成本这档子事。时间成本只有在做金融的人眼里才有讨论的价值。

（2）时间成本也是一种沉没成本。 跟平安股价从 80 元跌到四十来元损失掉的那些钱一样，都是已经付出、永远收不回来的沉没成本。如上所述，沉没成本是永远收不回来的成本，在决策如何处置手中股票的残存价值时，应该被完全忽略掉。

从股票投资的角度，我再补充一点：投资的时间成本，是你在投资决策前的影响因素。我要买一只股票，一定会先在心里好好地盘算一下，它现在大约值多少钱？我能够持有它多少年？这些年中它大概能给我带来多少回报？这些回报是否能满足我的预期需要？如果能满足，我就买。

如果不能满足，我就继续寻找下一只我认为能满足的股票。时间成本应该是你在交易前考虑的事情，而不应在交易之后再来掰着手指头计算。它在你做买入交易的那一刻起，就被凝固住了，然后跟金钱打包到一块，一起投资出去了。

讲这些，还是有些抽象。那就再拿中国平安举例——我一举例，大家就容易理解了。

我现在之所以不卖中国平安，并不是心疼已经付出的时间成本，也不是心疼从 80 元到四十来元的股价损失，而是我更认可它现在的内含价值。在我看来，已经付出的都是沉没成本。它们收不回来了，就像人生已经走过的路。

让我决定继续坚守中国平安的，不是我已经付出的沉没成本，而是它在我眼里现在与未来的价值，它目前至少 6% 的股息率很吸引我，它目前四十来元的股价很吸引我。我认为它目前的残存价值至少在 80 元，而它现在居然只卖四十来元！我卖不卖平安，只跟我推断它的现在和未来的价值有关，而跟我买它时付出的原始成本没有任何关系！

最后讲一点，很多朋友在股市下跌，需要做逆向投资决策时犹豫不决、患得患失，买又不敢买、卖又不敢卖，根本原因就是对投资的种种成本没有分清。

我们解决不了这些认知问题，当然无从做理性的思考和决策。希望本节的内容能够对大家有所启发。

第四章

交易与心态：
从容穿越牛熊

第一节　识别噪声交易与智钱效应

从大的方向上讲，市场上的交易者主要有两类：一类是机构投资者，如公私募基金、保险资金、养老基金等；另一类是个人投资者，像我和关注我的朋友，绝大多数是拿自己的工资、私人财产、余钱来进行投资的，这些都是个人投资者。

个人投资者我们平常又通称为"散户"。格雷厄姆把散户称为普通投资者，他认为这样称呼才更中性。我把个人投资者也称为普通投资者，但我说的普通投资者跟格雷厄姆所说的普通投资者含意有所不同。

在我的概念里，我已经把普通投资者发展成了一种投资模式，即个人投资者如何发挥个人特长进行投资的一种模式。拙著《生活中的投资学》就是讲普通投资者如何生存、如何应对市场的。所以在我这里，普通投资者不仅仅是一种称谓，它更是一种投资模式和投资体系。

一、噪声交易

除了个人投资者、普通投资者、散户这些称谓之外，个人投资者还有一个称谓，叫"噪声交易者"——有很多的文献就把散户称为"噪声交易者"。为什么会有这种称谓呢？因为从理论上讲，投资就是对信息的一种归纳、分辨、整理，然后把这些归纳、分辨、整理出的内容在股市中进行兑现。所以股市投资就是一种信息的兑现和交易。

而个人投资者在信息的获取、归纳、分析、总结、兑现等一系列的流程中，相比机构投资者处于一种天然的劣势中。比如说，我们的信息获取渠道比机构投资者的要少，信息获取能力较弱。同样的公开信息，我们的研究能力比机构投资者也要弱一些。最后的信息利用能力也非常差——同样的信息分析出来了，专业机构的理解力、利用力、执行力，都要比个人强。

所以我们在信息的获取、研判、利用这三个方面，都要比机构投资者差。包括我自己也一样。不论你愿意不愿意承认这个现实，这就是我们个人投资者的劣势。因为获取能力差，个人投资者会出现怎样的情况呢？就会出现信息缺乏，就会本能地、不断地去打探各种市场的消息，比如看某研究机构的研究报告，了解甚至听信他们对市场的各种分析和判断。

实际上，市场上弥漫的这些消息，真正有用的非常少。不知不觉间，个人投资者在打探各种消息的过程中，就沦落成了信息交易者。因为99%以上的信息都是噪声，听信并利用这些极大概率可能是虚假的信息进行交易，就成了噪声交易者。

噪声交易者很容易随波逐流。当一种噪声非常强大的时候，众多的散户都去相信它，跟着它一起起舞，这时候就会出现我们经常提到的"旅鼠现象"。大家都说这只股票好，都去买，股价涨上来后，大家再去反推，认为当初的消息来源是对的，于是继续加大买入力度，进一步推升股价，噪声越来越大，最终产生"蝴蝶效应"。反之亦然。

市场上有这种噪声交易者和这种噪声交易模式的存在，会造成市场的大幅波动，涨会涨过头，跌会跌过头。 噪声交易者的这套机理，解释了很多以前市场传统理论解释不了的谜题。

根据传统理论，当一只股票价格涨得特别高的时候，它就会有做空机制来进行对冲，然后促使价值回归；反之，股价非常低迷，远远落后于它的内含价值的时候，就会有一个做多的机制，推着股价往上涨。但是在投资实践中我们发现，有些股票的价格明显已经超过价值了，却还在不停地上涨，个人投资者还在不停地进行买入，推动着股价进一步上涨，或者明明股价已经比较低了，甚至已经低于它的内含价值了，但是股价还在不停地往下跌。

传统的理论框架已经解释不了这种现象了。噪声交易理论完美地解释了这种现象：那是因为大量噪声交易者的存在，造成了短期市场情绪的一种共振，让高的更高，低的更低。同时我们发现，不仅仅个人投资者会陷入噪声交易者的这种癫狂状态，机构投资者也并不全是理性的，也会出现股价越涨越买，股价越跌越卖的情况。

二、智钱效应

智钱效应就是说这些机构投资者在市场泡沫形成的时候，其研究能力是超过噪声交易者或者说个人投资者的，他们也知道市场存在泡沫，但是还是不愿意离开这个市场。理应更专业的机构投资者，为什么会做出这种疯狂的举动呢？主要有两方面的考虑。

1. 他们知道股价高了之后还会更高

因为市场上有大量噪声交易者的存在，只要对噪声交易者进行有效的引导，往涨的那个方向引导，噪声交易者还能源源不断地进入这个市场，那么股价短期内就是安全的，它还可以不断地往上涨。这时候要是离开的话，泡沫形成的这部分钱就赚不到了。所以明明知道泡沫存在，他们还是不愿意离开。

比较著名的例子：20 世纪 70 年代美国有个"漂亮 50"白马股行情，泡沫已经比较大了，先是 30 倍、40 倍、50 倍、60 倍估值，后来又达到了 70 倍、80 倍、90 倍，非常高。但是这个过程中，凡是做空的机构投资者都失败了，凡是做多的都跟着赚了。基金从 30 倍时开始买，涨到 40 倍时，赚了 33%；大家一看市场表现这么好，跟风者众，基金借机做大，接着做多，从 40 倍开始买，涨到 50 倍时又赚了 25%。

明明知道泡沫存在，但通过做多，顺着趋势走，基金规模不断加大，推动着股市不断地往上走，赚着泡沫的钱。在这个泡沫不断形成和推高的过程中，如果你过早地离开，这就是不明智，你顺着趋势走，这叫明智。所以我们称机构投资者这部分操作，叫智钱效应。

基金经理明明知道市场泡沫已经存在了，为什么他还会冒险留在市场中呢？这跟基金的个体利益有很大关系。因为基金公司和基金经理最注重的是业绩的评价，业绩表现好，公司再发行新的产品时就好卖；公司产品好卖了，规模就容易做大；规模做大了，收的管理费就高。

2. 基金公司主要靠管理费来赚取利润的

机构投资者明明知道市场的定价已经错了，可为了排名，他们还必须顺着趋势走，不能逆着趋势来，不能像腾腾爸这样，高了就卖、低了就买，然后忍受一段"难受"的时光，争取最终的胜利。

机构投资者不能这样做。这一点，但斌先生就讲得比较清楚。他看多茅台，但是茅台股价一跌，他就马上卖掉，然后等到股价稳定之后再买回来。所以经常有人质疑：但斌不是一个真正的价值投资者，而是典型的趋势投机。

每碰到这样质疑的时候，但斌先生都会进行解释：机构投资者、基金公司，跟个人投资者是完全不同的，其感受到的压力是不一样的。好多人认为这是但斌先生的托词，实际上就是这么回事，他没有说谎。

这是身份的界定，它决定了基金公司的盈利模式跟我们个人投资者是不一样的。在这种状况下，基金公司为了业绩的评价，明知道泡沫的存在，还是无法离开：如果基金的表现好，购买者众；如果基金的表现不好，它不仅发行不了新的产品，现有的产品也会面临着投资者赎回的巨大压力。

国外也有典型的例子。1990—2000 年时，大家都知道美股有个科技股狂潮，回过头来看，就是互联网泡沫。当时凡是跟互联网概念挂上钩的股票，都会涨得非常高。这个时期，美国有两个基金公司非常有名：一个叫老虎基金，一个叫量子基金。老虎基金一看科技股的泡沫这么大，就拒绝与泡沫共舞，对泡沫敬而远之。这造成了什么样的后果呢？老虎基金的业绩在 20 世纪 90 年代至 2000 年前大幅落后于市场，落后于其他基金公司。

量子基金跟它正好相反——量子基金知道有泡沫，但是大力地进行投资，它的表现就非常好，业绩远远地高于老虎基金。在老虎基金面临着非常大的赎回压力的时候，量子基金还不断地有投资者来购买它的新产品。事实证明，谁对了，谁错了呢？结果不言而喻。有趣的是，老虎基金因为经历了非常严重的投资者赎回，在 2000 年 3 月的时候，不得不清算退场。也就是说，它在互联网泡沫破灭的前夕不得不清盘了。一个不愿意与泡沫共舞的基金公司，一个秉承着正确的价值投资理念的基金公司，最后不得不接受清盘的命运。

基金公司非常清楚它面对的市场是什么，也非常清楚它的盈利模式是什么，所以在市场明显有泡沫的时候，它不得不买，不得不顺势而为；而在市场非常冷清的时候，明明知道股价非常低，它也不敢买。

在理性投资者看来，这就是一种错误的操作方式。但是机构投资者认为，聪明钱就应该顺势而为，聪明钱就应该随市场的起伏而起伏，随市场形势的变化而变化。这才叫聪明钱，这才叫智钱。

噪声交易与智钱效应的存在，都源于一种随波逐流的本性。无论是噪声交易，还是智钱效应，从理论上讲都是错的，都是违背投资的基本规律的。但因为市场现实和自身天生劣势的限制，它们又必然在市场上存在，这是一个无法回避的事实。

三、噪声交易和智钱效应的现实意义

我为什么要反复讲噪声交易和智钱效应呢？因为它们有非常重要的现实意义，噪声交易和智钱效应在 A 股市场长期普遍存在。2021 年前后的 A 股市场就对这两种理论有着很好的现实映射。

彼时很多股票，像所谓核心资产和龙头白马都涨得非常高了。如贵州茅台，50 倍、60 倍估值；五粮液，60 倍、70 倍估值；海天味业，一二百倍的估值；恒瑞医药，也 100 多倍的估值。虽然它们都是非常优秀的企业，但是它们当时的估值确实都太高了，比当年美股的"漂亮 50"还要明显高了一大截。还有什么医药、科技这些板块的股票，估值更高。

这些企业本身的品质非常好，都有业绩支撑，好歹还能说得过去，可有些几百倍、上千倍估值企业的股票，只是沾了一些概念，什么业绩都没有，就是顺风炒、顺势涨，涨到了让正常的理性投资者无法理解的高度。

当时很多的热门股、流动盘被这些机构投资者高度锁定了；

基金发行新产品，也不买别的，还是买这些股票；同一家基金公司的不同时期的不同产品，投资标的高度雷同，市场称之为"抱团股"。

基金抱团，散户跟风，噪声交易和智钱效应达成了一种共振。当时我就反复写文章提醒：这就是典型的智钱效应！这种情况会延续多久，我不知道，但我知道它早晚会结束。历史上看，这种现象出现之后，总会延续一段时间，不会马上结束，但早晚会结束。不幸被我言中！仅仅一年之后，当初这些热门赛道股、机构抱团股，通通遭到了一通"闷头杀"。

事实证明，A股走了一段跟当年美国的"漂亮50"行情完全相同的路。通过智钱效应，我们可以很好地解释当时的A股市场，也可以解释当时牛市中基金销售为什么会那么火爆。2021年元旦当天，市场曝出一条消息：几家基金公司发行了三只基金产品，500亿元的规模，一天之内售罄，三只基金被市场暴抢。

这些基金都卖给了谁？当然是广大的普通散户啊，就是我们反复讲到的噪声交易者。这些散户为什么抢这些基金呢？就是因为前一年基金在抱团的过程中，基金公司的这些产品的收益率、浮盈数都非常高，给散户传递了一个信息：买基金一定会赚，买基金一定会大赚，基金就是目前市场上最好的投资品种。噪声交易者得到了这种不对称的信息——我们称之为噪声——他们就冲着这噪声来了。

投资者就像鱼，噪声就像鱼饵，鱼循着鱼饵就过来了。这些人虽然不直接参与市场交易，但通过买基金，以间接的方式参与了市场交易。很多股民发现自己搞股市投资，买来卖去很辛苦，到头来还不如买基金的人赚得多，于是把账户里的股票卖了，也去抢购基金。总之，噪声交易者购买了基金公司发行的基金产品，这些基金产品又通过智钱效应不断推高资产泡沫。

我为什么要反复跟大家聊噪声交易和智钱效应呢？我就是想用这些 A 股市场刚刚经历过的教训来提醒大家，在股市里投资，一定要努力保持冷静。我们怎样才能赚到钱呢？牛市的时候，要避免成为噪声交易者，避免成为泡沫的接盘者。

我不反对大家在泡沫中成长，去赚泡沫膨胀的钱，好多朋友的确通过顺势而为，随泡沫一起成长，赚了不少钱，我身边就有这样的朋友，但我提醒大家，千万不要成为泡沫的接盘者，看到人家赚钱了，你才慌慌张张地跑过来，等你买的时候，人家把接力棒就交给你，交给你之后，就没人再跟着买了，你就成了最后一棒的接收者。

如果是那样的话，你就惨了，你就成了炮灰，为他人作嫁衣了。这样的人连"韭菜"都称不上，充其量只是韭菜根上的一块肥料。反过来，站在 2022 年底的这个时点上，市场整体低迷、冷清，各种各样的悲观论调层出不穷，完全无视各种不利因素已经边际改善和优质企业本身已被极度低估的事实。

这也是一种噪声！那些掌管着"智钱"的机构投资者，明明知道股市已经被低估了，股价已经非常便宜了，但还是不敢买。因为低估之下可能还有更低估，他们现在怕的是市场向下波动，进而影响自己在金融界的排名。从这个角度来看，金融界就是一个大的名利场；自称"智钱"的人们，实际上在干着蠢事。

作为普通投资者的我们，一定要学会清醒、冷静，一定不要与这些所谓的"智钱"为伍。芒格说得对："反过来，一定要反过来想！"

第二节　操作的三个核心要素

经常有朋友反映：虽然读了很多投资类的书，一旦面对市场波动，还是懵，不知道自己该如何进行具体的操作。这是操作交易体系不健全的表现。每当遇到这种情况，我个人都是从整体和个体两个层面来思考和决定如何进行操作的。从整体上看，每逢波动，能决定我们如何操作的核心因素主要有三个：一是仓位，二是组合，三是个股。我们看透和认清这三个核心要素，再决定后来的操作，就会随心所欲得多。

一、仓位

股市上涨的时候，仓位越重，账户的市值上涨越大；股市下跌的时候，仓位越轻，账户的市值下跌越小。这种数字上的变化是最直观的，因此大多数投资者喜欢"顺势而为"：行情越好，股价涨得越高，仓位加得越重；行情不好，股价跌得越狠，仓位减得越轻。

这种操作貌似和上边讲的道理相合，实际上完全搞反了。股价越涨越买，总体的持有成本越来越高；股价越跌越卖，实际上也把自己在高位持有的成本固定住了。正确的做法是，越跌越买，越涨越卖。

股市在低位的时候，一定要加大仓位，把自己搞成重仓或满仓，这样在市场反弹或反转行情来临的时候，我们才能享受到满仓待涨的喜悦。股市在高位的时候，一定要降低仓位，把自己搞成轻仓，甚至是空仓，这样在泡沫破灭的时候，我们才能避免最大的损失。

但正确的做法，并不一定是最高明的做法，真正的高手有可能不太关注仓位的限制。我就知道有很多真正的高手，这些年来一直在满仓穿越牛熊：漠视波动，满仓自乐，御风而行。

二、组合

比仓位更重要的是组合。组合就是一堆股票，但这堆股票不是垃圾筒，什么都可以往里扔。它是投资者精心挑选出来的，应该来自不同行业的不同企业。这样的组合才有多样性，同时兼具代表性。"东边日出西边雨，道是无晴却有情"，这就是组合的精髓。

组合是为了避免全军覆没的风险，但是组合只可以躲避个股的风险、行业的风险、部门的风险，无法躲避系统性风险。像美国 1929 年和 1987 年股市大崩盘，以及中国 2008 年和 2015 年的股市大跌行情，估值高企、泥沙俱下的时候，组合也难免出现摧枯拉朽的命运。不过，即便在系统性风险之下，组合的作用也可以最大化，因为板块、个股的下跌就像跳台阶，一个台阶一个台阶地跳下去，死不了人，要是直接从十层楼往下跳的话，一定会死人。

国内有一位叫马曼然的基金经理，说过一句我特别赞成的话——他说：我赚的是组合的钱。为什么我特别赞成这句话呢？因为投资者只要建立一个进可攻、退可守的股票组合，安枕而眠就是一件非常可期的事情。

一提组合，就有人拿巴菲特举例，因为巴菲特说过，他全部的身家都投在了伯克希尔这一只股票上，但巴菲特没告诉大家的是：伯克希尔一家企业，就有少则几十只，多则上百只的股票。伯克希尔像一只大基金，实际上就是一个大的股票组合，只不过这个股票组合的创造者是他巴菲特自己。

为什么说在市场发生波动，需要决定我们的操作计划时，组合比仓位更重要呢？因为你的组合适当，可以最大限度地避免个股的黑天鹅事件，同时因为组合的存在，哪怕市场出现系统性风险，我们也有台阶可跳。我在 2015 年股市下跌期间，就靠着组合的威力，重仓穿越下跌走势；2016 年熔断时，我又靠着组合的威力，满仓穿越市场的暴跌。

如果没有组合，当时单吊一只股票，我不知道会是什么样的结果，重压之下会做出什么样的事情。在行情极端时，无论是疯狂上涨，还是疯狂下跌，只有组合才能给我们提供闪转腾挪的空间。有空间就好操作。

什么样的组合最妙？**简单地概括就是：三五个板块，六七只个股。然后再加一条：看好一只股票，不要让它超过总仓位的20％，再看好，也不要超过40％。**至于为什么是这样的比例，我们到后边的章节中再讲，这里先给出一个结论。

三、个股

比组合更重要的当然就是个股了。有好的仓位控制，有好的组合建设，当然很爽，但再爽，也爽不过你选择了好的个股。如果十年八年前你选择了茅台、腾讯、平安、招商、美的这些股票，一直持有至今，那你今天该是多么风光？

个股如何选择呢？本书的第二章中有整整八节内容全在探讨这个问题，这里不再重复，我们只做理论性的提醒：新手看股价，老手看逻辑。

股票的逻辑是什么？"品质+估值"。**如果你手里持有的个股，品质优而估值低，那么波动来临，大可不必惊慌失措，因为只有泡沫才会在波动中毁灭，让你面临本金永久损失的风险。**手中持有的个股好，行情向上，乐享其成，安枕无忧，天经地义。好的股票，只要估值不高，可能意味着它的股价在将来还会再创新高。

四、三大要素的实战运用

在市场发生波动时，能决定我们整体操作的核心要素就是仓位、组合和个股。理性成熟的投资者，会从市场里千挑万选出最优秀的几只个股，组成一个进可攻、退可守的股票组合，然后给它们分布适当的仓位。剩下的事情，就是做好坚守了。

在股市中投资，我们还会经常碰到这样一种情形：看好某只股票，买入，但是股价跌跌不休。于是，问题来了：能不能加仓呢？这个问题，实际上就是把话题切换到如何从个体的角度来思考和决定具体的操作了。从个体的角度决定如何操作，我主要从以下三个方面来进行分析和思考。

（1）这只股票是否真的有投资价值？ 有投资价值，就可以考虑买；没有投资价值，就坚决不买。投资价值取决于"品质+估值"。老话题，这里略过不提。

（2）组合仓位如何？ 如上所述，我赚钱，更多的是靠组合。"三五个板块，六七只个股"，看好一只股票，最多让它占我总仓位的20%，再看好一只股票，也不会让它超过总仓位的40%。到了仓位极限，再好的股票，加仓也要格外慎重。

（3）是否还有后续资金？ 手有余粮，心中不慌。后续资金充足，可以随时通过加仓调整组合结构。后续资金枯竭，可回旋空间就会变得异常狭小，加仓的动作就会相对谨慎。因此，后续资金的供应能力，可以很大程度地影响，甚至是决定我的投资决策。

投资价值、组合仓位、后续资金，这是决定我们能否继续加仓个股的三大核心因素。**其中，投资价值考验的是我们的择股能力；组合仓位考验的是我们的统筹布局能力；后续资金考验的是我们的筹资能力。**前两点，市场上明白的、重视的人很多，最后一点，很多人还没有意识到它的重要性。这也是本书反复强调的一个重点，后续现金流、场外投资交易体系建设，怎么强调都不过分。

每逢市场下行，尤其是估值不高基础上的下跌，我都会将其视为机会，而非风险。对我心仪的股票，我通常会坚持"价值区内越跌越买"的策略，我也常常因此遭受质疑和诟病。但在我看来，这难道不是很正常的操作和选择吗？越跌越买，不是时时、处处都要跟市场反着来，还得具体情况具体分析。也就是说，它是有一些基本的前提条件的。

（1）你买的那家企业，得确实是好企业。

（2）股价的下跌发生在价值区内。

（3）你得有一定的后续现金流做支撑。

通俗点说就是：好企业，好价格，外加你还得有钱。不是什么股票都可以越跌越买，也不是谁都可以越跌越买。以后再碰到这种情形，你也可以像我这样，从整体和个体两个角度来进行分析和思考，然后再决定自己到底该做什么样的投资交易决策。

第三节　仓位管理的措施

仓位管理是投资交易体系中非常重要的一环，也是投资者最为关心的问题之一。本节就仓位管理及其延伸话题跟朋友们做一下探讨。思考和解决仓位管理的问题，总体上而言，应该在三个维度上依次展开。

一、仓位管理的三大维度

维度一：我们投资股市的钱，应该占家庭总资产多少比例

教科书上给出了一个大致的原则，即：年轻人应该往股市里投入多一点，年老者应该往股市里投入少一些。这种主张的基础逻辑是：股市风险高，年轻人有的是时间，亏光了还能从头再来，风险承受能力大，所以可以多往股市里投入一些；而年老者有钱养老才是最重要的，赚多少钱反倒次要，所以应该往股市里投入少一些。我以前在初学股市投资时，对这种说法深信不疑，但后来我对这种说法开始嗤之以鼻。

（1）股市波动是有点大，但波动不是风险，我们只要是做投资，而不是投机，找到好股票，持有的时间足够长，股市就几乎无风险。

（2）年轻人有的是时间，这一点不错，但人在年轻的时候，

收入低，积蓄少，花钱的地方还很多，结婚生子、买房置业、赡养老人，样样都是大开销。很多年轻人别说投钱了，可能压根就无钱可投。

（3）年老者积蓄多，资本厚，阅历丰富，抗极端环境的能力可能远远高于年轻人——你让他们少投一点，反而是本末倒置。

这样一分析，我们发现往股市里投多少钱，跟投资者的年龄没有多少关系，但跟投资能力的关系甚大。初入股市者，无论是年老的、年少的，都会经验不足；对股市、对投资的认识，都需要一个逐渐深化的过程；在真正懂投资之前，都不应该往股市里投入太多的钱。

我个人的经验总结是：一个人没经过两轮牛熊转换的洗礼和锤炼，是不可能真正懂投资的，而两轮牛熊转换没有个十年八年很难完成。我以前经常说："一个人的投资交易体系，没有十年以上时间的修炼和打磨，是不可能成功的。"道理就在于此。

很久以前，我对股市新手的仓位管理，有一个"三要三不"的建议，即：新手入市，一定要留下孩子的奶粉钱，一定要留下老婆的化妆费，一定要留下老人的医药费；千万不要卖房炒股，千万不要辞职炒股，千万不要借钱炒股；顶多拿出全部积蓄的1/4，至多不超过1/3的部分进行股市投资。

我的这条建议，在行情沸腾时不受待见，甚至备受嘲讽，但一俟大市不好，熊市来临，接受它的人就会备感幸运，排斥它并且吃了大亏的人，也会转变态度。

总体上我主张：一个有成熟的投资体系并且已经连续两个牛熊周期以上实现稳定盈利的人，可以把更多的家庭资产配置在股市上；反之，还是谨慎为妙。

我经常见到一些股市新手，到股市里来还没三天，跟着市场波动略有一点浮盈，马上就畅想"一天赚多少、一周赚多少、一年赚多少"，然后将全部家当一口气投入——真不知道这些人都是哪来的信心和勇气！这是典型的自杀式投机，哪里还有半点投资的影子。

维度二：我们持有的股票总市值，应该占账户净值多少比例

这一点，我以前也有一个具体的、可操作性很强的建议：**乘九法则**。

什么是乘九法则？举个简单的例子：大盘 3000 点时，用 3 乘以 9，三九二十七，那么账户内最好现金占 27%，股票占 73%；大盘 4000 点时，四九三十六，那么账户内最好现金占 36%，股票占 64%；以此类推，大盘 9000 点时，九九八十一，账户内现金占 81%，股票占 19%。那么大盘涨到 1 万点以上呢？这个话题聊得太远，一时半会还看不到，等以后到达了再说。

这条法则对新手可能有一定参考意义；对老手来说纯当闲聊。我自己在 2015 年熊市以后已经连续六七年都是满仓操作了。为什么会这样？因为我对股市对投资可能已经开窍了，不满仓就难受，满仓了反而会有一种吃饱喝足的安全感。**"心安原则"，这才是仓位管理的最高境界。**

所以一个人持有的股票市值，到底应该占账户净值的多少比例？我的观点是：你要是对股市和投资认知不够，还没能实现稳定盈利，应该好好遵守我在上一个维度上给你提的建议；如果你已经历经两轮牛熊的考验，已经能在股市实现长期稳定的盈利，那么账户内的钱，就可以随心所欲地进行配置，只要你自己觉得安全、满意就行。

维度三：我们持有一只股票的市值，应该占账户总市值多少比例

我首先把自己定位为普通投资者，我承认我并没有高人一等的智商或高人一等的投研能力，所以我永远不会依赖或押注某一只股票。在这个前提下，分散和组合就成了我的必然之选。我们是靠组合来赚钱的，而不是靠个股。组合的原则是什么？上一节中，我已经概括总结出了两点。

（1）三五个板块，六七只个股。

（2）看好一只股票，最多让它占到总仓位的 20%，再看好，也不会让它超过总仓位的 40%。

为什么是三五个板块，六七只个股？因为这非常符合人类的注意力聚焦原则：有研究表明，一个投资者最多可以深研 10 只个股。我普通点，所以从别人最多 10 只，到我这降为六七只——我组合中，前七位持仓，对总仓位的占比通常高达 95% 以上。组合中当然还会有一些仓位占比极低的"小票"，那是为了持续追踪和观察用的，是组合未来主力的"选美池"。

为什么是单只股票最大仓位是 20% 或 40% 呢？这跟我对亏损厌恶的耐受度有关。我自己测算和感受过，我在浮亏 20% 之前不会有任何的思想波动。这样我在重仓一只股票40%时，哪怕它股价腰斩，对账户总体的影响，也不会超过20%。这个数据完全在我的承受范围之内，不会对我的投资心态和情绪造成任何不良影响。如果单只股票只占我总仓位的20%，那么哪怕这是一只空壳雷，给我造成100%的损失，也顶多损失总仓位的20%，同样没有超出我的承受范围。

2021年之前，我投资经历中最大的一次浮亏幅度，大约是账户总市值的50%。那时候感觉很痛苦，但最终也挺过来了，这说明当时我的最大耐受度可能就是50%。2021年之后，在连续两年的白马股回调中，我最大的账户回撤幅度接近60%，我依然坚持过来了，操作、情绪、心态，没有受到根本性的影响，这说明我的耐受度得到了进一步的提升。

我讲这番话，不知大家听明白了吗？单只股票的仓位占比，受限于我们对账户浮亏的耐受度，因为每个人的耐受度是不一样的，所以每个人的组合中，单只股票的仓位最大占比是不一样的。

我个人在进行仓位配比时，会充分估计最坏的可能，从来没有单吊和押注一只个股，并且经过多年精心运营和筹划，我的投资已经进入了一个比较舒服的良性循环状态，我的投资体系每年都可以给我带来比较丰厚的现金流：股息、工资、稿费、奖金、打新收益，还有越来越重要的公众号流量收入……我可以相对容易地通过后续现金流再投入的方式，来改变和调节组合结构。这让今天的我更加如虎添翼。

我用自己的钱投资，我不加杠杆，我承认自己的能力不足，总是强调和实践分散风险策略。总之，仓位控制的最终决定因素，还是投资者对投资的认知和对波动的耐受度。

二、调仓换股的策略

投资是一个动态的机会流程，到目前为止我们谈仓位管理时，还主要是从静态维度进行的。实际上投资只要持续，很难避免调仓换股，而调仓换股牵涉的就是动态的仓位管理。

哪怕像我这样的超长线投资者，也经常会面对调仓换股的问题——在公众号里，我每周会写一篇投资周记，在周记里我会如实公布自己的持仓组合，看到我的持仓组合很少变动，就有朋友忍不住问："难道投资就是这样死守吗？"这个问题里包含了太多的误解，先放在这里，我们慢慢聊。

在我的投资体系里，调仓有两种方式：一种是被动式的，另一种是主动式的。**组合中某只股票价格下跌得快一点，在组合中的仓位占比就会降低；或者相反，组合中某只股票价格上涨得快一点，在组合中的仓位占比就会上升。**

1. 被动式调仓

如果这种仓位的降低或升高符合我构建组合的标准与原则，我就会默认，甚至放任这种事发生。比如中国平安，最初在我组合中的仓位占比只有 20%，股价上涨数倍后，在我组合中的占比一度高逾 50%，后来其股价回调，占比不断下降，最后还有 30% 左右。这个仓位占比，就让我感觉比较舒服了。

再如贵州茅台，在我组合中的仓位占比曾经只有 5%，但是股价上涨数倍之后，在组合中的仓位占比最高上升到 20% 以上。这个仓位占比也让我感觉特别均衡。这类因为股价涨跌而实现的仓位调整，就是我说的被动式调仓。

2. 主动式调仓

主动式调仓好理解，就是通过主动性操作，来调配仓位占比。**主动式调仓也有两种方式：一是滚动操作，二是加仓操作。**

2021 年贵州茅台的股价冲高到 2100~2600 元的时候，我认为泡沫化已经非常明显了，所以主动卖掉了一部分，调整到我认为更低估的部分上去。类似的操作这些年我做过不少，稍近一点的有减仓美的，清仓格力，清仓又抄底建仓欧普康视。

更久以前，我还清仓过五粮液、福耀、双汇等，都是涨高了就卖，不断朝低估处滚动。2022 年上半年，我低位建仓并加仓了安图生物，下半年短短一两个月间股价翻倍，我认为估值已高，减仓 50%，移仓到恰好股价暴跌到 200 港元附近的腾讯控股。这是我最近滚动操作最成功的一个案例。

除了滚动操作之外，我非常注重后续现金流建设，手里有了钱之后，我会主动地进行加仓操作。比如在熊市期间，我把每月 20 日设定为自己的"法定"定投日，只要自己心仪的股票不贵，而仓位条件又许可，就会雷打不动地进行定投操作。这就是典型的主动式加仓。这些主动式加仓，可以更直观地调配仓位，让组合结构更合理。

3. 调仓换股的目的

调仓换股的根本目的主要有两个：一是优化组合结构，二是提升组合投资的价值。只要符合这两条，那么操作就是良性的。这些年，无论是主动式调仓，还是被动式调仓，我都围绕这两个主题进行。我的调仓工作很少有特别激进的时候，看起来细风慢雨、悄无声息，但积累起来，变化非常大。比如最近几年，我借腾讯股价大跌之际，通过不断地主动式加仓和被动式调仓，新增持股数已然是股价下跌前的九倍有余！我的投资哪里只是"死守"呢？

价值投资虽然主张长线，避免短频交易，但并非死守，只要有更好的投资机会，调仓换股和加强仓位管理都是自然而然的事情。生活中，经常有朋友问我："你总是买，好像从来不卖，难道投资就没有个期限吗？"这个疑问同样来源于误解。

（1）如上所述，借股价下跌，我可以通过加仓和调仓的方式，把腾讯的持股数增加到九倍以上，迄今为止，我对贵州茅台的操作，已经完整地经过了两轮，目前正在进行第三轮操作。仅此一点就可以充分说明，我并不是一味买然后死守不动。高低切换、滚动操作是我的惯常操作，只是相对比较稳定地持股而已。

（2）我有一个很顺畅的投资回报机制，并且一再强调和重复。我的组合就像一家企业，每年会把盈利的一部分拿出来分红，这些分红就是组合给我带来的投资反馈。每年分红季，股息到手后，我都留下一部分做生活费，其余的全部进行股市再投入。

我反复强调一件事：能给我们带来源源不断孳息的资产才是真正的好资产。如果你的孳息资产规模小，那么你最应该做的事就是想办法把孳息资产规模做大做强。所有成功的投资，都是这样一路走过来的，与其羡慕别人的大，不如低头努力首先滚动起自己的小。

（3）从投资的角度来看，价值投资的期限应该贯穿投资者的一生。如上所述，能源源不断孳息的资产，就是这个世界上最好的资产。中国有一批优质的企业，具备可以让我们长期持有的特征。找到这部分企业，尽可能多地买入它们的股份。剩下的，就是静享岁月流淌。

三、熊市避险策略

写作此书时，市场还处在显见的熊市行情之中，经常有朋友聊是否应该轻仓、空仓的话题，我可以确定地告诉朋友们：**空仓不是熊市避险的最佳方式。**原因有两个：一是熊市的股票价格往往很便宜，不买白不买；二是你不知道熊市的持续时间有多长。

理论上讲，只要股价足够便宜，反转随时可能发生。也就是说，在股票非常便宜的时候空仓，最大的风险是踏空。腾腾爸数度穿越牛熊，哪怕在 2015 年那样动不动千股跌停的行情中，我也全程重仓经过，最后不也安然无恙吗？投资实践一再证明，始终全仓、重仓，可行。

我在熊市间全仓、重仓，又是如何避险的呢？**主要通过择股**。在熊市期间，我最爱买两类股。

（1）低估值、高股息的个股。我们不知道熊市能持续多长时间，所以高分红、高股息是最保底的救命措施。熊市中的后续现金流要多重要有多重要，因为在股价便宜时，我们有钱多买股票，意味着更高的潜在投资收益率。

（2）成长性好，而 PEG 值低于 1 的个股。成长性虽好，估值太高，也不一定是好的投资标的。牛市中，这样的股票特别多，忍不住追高买了，就可能一头栽进去。熊市中，好股票的估值降下来了，这时候再去寻找 PEG 值低于 1 的个股，相对容易得多。

在 PEG 的计算公式中，分子是估值，分母是成长，所以它反映的是成长与估值的匹配性。对没有反身性的企业来说，牛市熊市能影响的只是股票的估值，企业该有多少成长就还会有多少成长。在熊市之中，寻找到低 PEG 值的股票会成为高概率事件。

第四节　走出价格误导与非理性共识

一、劣币驱逐良币

金属货币时代，金融学中有个著名的"劣币驱逐良币"法则，也就是成色足的货币会被雪藏起来，成色差的货币反而会在市面上大肆流通。工作生活中也经常有"劣币驱逐良币"的现象发生，埋头苦干的人不受待见，投机取巧的人八面玲珑。老实人吃亏，所以老实人就成了贬义词。

到了股市之后，我发现股市里更是经常大面积地发生"劣币驱逐良币"现象：牛市中，垃圾股被吹出泡沫，而给投资者赚来真金白银企业的股票则鲜被人问津。因为成色差也可以在市场上广泛流通，所以铸币者会更加偷工减料；因为投机取巧也可以升官发财，所以更多的人学会了八面玲珑；因为垃圾股大受追捧，所以更多的投机者参与了泡沫的狂欢。"顺势而为""与时俱进""不要死脑筋"，成为追腥逐臭的托词。其实，这些都是短视行为，而且是愚蠢的短视行为。

劣币驱逐良币的故事还有后续。劣币驱逐良币之后，劣币泛滥，铸币者的信誉就会被大打折扣，直到有一天信誉清零。为了重拾信誉，铸币者最终会废掉旧币，重铸成色更足的新币。泛滥的劣币一定会被扫进历史的垃圾堆。

回看一下历史，所有泛滥的劣币，最终都退出了历史的舞台。工作生活中，投机取巧的人的确可能获得一时的成功，但从来没有人可以总是通过投机取巧获得成功。

一开始的时候，投机取巧的人好像很受待见，脚踏实地的人很吃亏，但十年八年后再看，混得风生水起的，总是那些脚踏实地的人。一些信誉破产的人，下场实际上是很可怜的。

我在股市上已经小 20 年，市场几经牛熊，无数波动，我都亲身经历了。垃圾股、泡沫股，没有一次可以持久的。真正能给投资者带来长期收益的，还是那些每年都能赚来真金白银的公司和企业。

二、价格误导与非理性共识

我们再往深里探究一下，股市里为什么会有"劣币驱逐良币"的现象发生呢？这恐怕得跟"价格误导"和"非理性共识"挂上钩了。举个简单的例子：两瓶酒，一瓶标价 100 元，一瓶标价 1000 元，你认为哪一瓶酒的味道和质量会更好一点呢？品尝之后，绝大多数人会认为标价 1000 元的那瓶酒味道和质量都远远好于标价 100 元的那一瓶。然后还会给出各种各样的理由。实际上这两瓶酒是一样的，只是标价不同而已。

这就是经济学界著名的"价格误导"。实验中大多数人被价格误导了，相信"一分钱一分货""只买贵的，不买对的"。等到大家都被误导了之后，就会形成大众的非理性共识。

在股市中，价格误导和非理性共识同时存在，并且与生活中相比，往往还会有过之而无不及：一只股票只要涨得好，在众人眼里就一定是一只好股票。至于它因为什么涨，是否有业绩支撑，是否可以持续，此时追高或持有是否还合时宜，这些简单又重要的问题都会被抛诸脑后。不论出现什么样的消息，大家都会往最乐观的方向上解读。

实际上很多热门股还没有业绩支撑，大家只是在炒它一个极不确定的未来。这样的投资决策是不严谨的，它是赌运气，它不是投资。相反，一只股票只要价格下跌，马上就会遭到质疑。跌少的时候会问：它出现什么问题了吗？跌多的时候，则一定会直接下判断：这不是一只好股票，它背后一定隐藏着什么重大的危机，因为"市场不会错"，因为"股价走势就摆在那"。

实际上能影响股价短期走势的因素非常多。宏观上的，微观上的；根本性的，外围性的；短期的，长期的。投资者应该关注最根本性的、长期性的因素，其他的都应该忽略掉。依靠股价起伏来决定投资策略，你会错失历史上几乎所有的大牛股，也会踏中市场上几乎所有的雷。

从本质上讲，股民就是一群来自五湖四海而又素未谋面的"乌合之众"。随风倒是大众的品性。2005—2007年牛市的时候，我初入股市不久，全程参与了这种跟风炒作。2014—2015年水牛的时候，我自感对投资已经开窍，又全程目睹了这种跟风炒作。人性的疯狂与疯狂之后的惨样历历在目。"市场永远是对的"这句话，在我这里就是笑话。

不可否认，每一轮泡沫总有人受益，但更多的是丢盔弃甲式的受损。摸口袋的游戏，是典型的零和游戏，你得到的正是别人失去的。这游戏本身，就违背了股市设立的初衷和股市存在的本义。

理性的投资者，应该坚决摒除价格的误导，跟大众的非理性共识逆向而行。这就是关注和研究非理性共识的价值所在——对标，然后反向操作。这是逆人性的。

与大众逆向而行，注定会遭到大众的质疑、嘲笑，甚至谩骂。但是不要绝望，不要放弃，当大众发现自己确实错了后，会返身追捧，然后用追捧和过度的狂热，再制造一个新的非理性。那个新的非理性，可能就是我们原先成功的方向。到时候，别忘了再及时脱身走出来。在资本市场里，理性的人注定孤独！

三、走出陷阱的路径

价格误导和非理性共识最好玩的地方在于，它在资本市场普遍存在，并且经常周期性地发作。我们想识别并走出它们的影响与束缚，必须坚持投资的一些基本原则。

2007 年底到 2014 年初，在长达六年多的时间里股市一直低迷。期间，沪市大盘从 6124 点跌到 1664 点。最大跌幅达 72.8%。

市场中普遍弥漫着一种悲观情绪，绝大多数人没有因为股价便宜而高兴，反而忧心忡忡，怨天怨地，"A 股应该推倒重来"的声音在一些金融界大佬那里也是张口就来。大家都陷在价格误导里，市值幻觉造成的痛觉，让群体的非理性情绪越积越重。在这六年多时间里，我始终坚持自己的投资原则。

（1）估值高的时候，坚决不买，甚或会抛出一点，控制仓位。

（2）价值区内，越跌越买。

（3）完全放弃对股价的聚焦，把眼光放在股票的内在价值上。

（4）以收集股权、收获股息为乐，做一名快乐的"股票净买入者"。

当时我看好的雅戈尔，从每股 10 元开买，股价最终却跌到了 5 元。我坚信这只股票的价值远在 10 元之上，所以判定 10 元之下的股票，就是市场在给我们送钱，遂坚持不懈，越跌越买。最终投入所有，把它加成了我的第一大重仓股。

2014 年来了，我一战成名。雅戈尔最高涨逾 5 倍。我的组合中所有的股票都创下了历史新高。在那一轮半拉子牛市中，腾腾爸的账户市值，在未加任何杠杆的前提下，实现了从 1 到 3.5 的转变。年化投资收益率在 20% 以上。

有无数的朋友曾经无限神往地对我说：如果市场重回 2014 年之前，我也会像腾腾爸那样，越跌越买，长期坚持，一战成名！事实证明，这些都是投资小白的痴心幻想，是看别人成功故事后一时激奋中的口不择言。

写作本书时，市场又经历了一轮大幅的回调，很多朋友痛苦不堪、不能自己。我还在按照我自己的投资方法和操作原则进行投资和操作。

居然有人批评，腾腾爸书写得好，但投资不行。居然有人认为，腾腾爸是靠赚流量、赚打赏生活的。居然有人质疑腾腾爸口炮加仓、表格炒股……

实际上，我只是把《投资大白话》中讲的事又重做了一遍而已。价格误导依然存在，非理性共识依然存在。它们之所以如此顽强，只是因为它们更符合普通大众的人性。它们抓住了人性的弱点，并将之无限放大。价值投资者应该看透这一切，把股权意识植根到骨髓深处，真正地把股权当成财富，唯有如此，我们才能摆脱价格误导和非理性共识的束缚，从容穿越牛熊。

四、止损和止盈

这里顺便讲一下止损和止盈的话题。每到市场下跌，市场上就有止损的争论；反之，每到市场上涨，市场上又有止盈的议论。其实有此心结的人，也是被价格深度误导了。走出价格误导之后你会发现，止损和止盈只是一个伪命题。

能决定我们买卖的只有投资价值。包括我们这两节大讲特讲的组合、仓位、后续现金流等，也只是重要的影响因素，而不是根本性因素。止损和止盈的概念起源于交易，也应该终止于交易。

哪怕是深度价值投资者，有时候也会"小赌怡情"，投机一把，但在做投机娱乐时，他一定非常清楚自己是在做投机而不是在做投资。这两个的交易方式是完全不同的。腾腾爸在做投资交易时，脑子里只有贵不贵和值不值的概念，从来没想到止损和止盈。

正因为此，股市下跌，股票变得便宜时，我才会反其道而行之，奉行"价值区内越跌越买"的投资策略：有钱就买，无钱就守。可以骄傲地说，自从我明白了价格误导和非理性共识的来龙去脉，我就再也没有被它们束缚和误导过。

第五节　理性投资与快乐投资

投资者天天看盘很容易把自己搞焦虑。我初涉股市时，也喜欢抱着电脑天天看盘，所以那时候也经常焦虑。涨一分钱就狂喜，跌一分钱就焦虑。后来开窍了，在股市里摸出点门道了，知道价格误导和市值幻觉是怎么回事了，焦虑的密度和烈度就大大地降低了。最近 10 年，掰着手指头计算，焦虑的次数没有超过5 回。

一、焦虑的往事

记得最清楚的一次，也是迄今最后一次焦虑，发生在 2015年上半年水牛鼎沸时。手中大把的雅戈尔，从几元钱，噌噌上涨到了二十五六元。面对四五倍的投资收益啊，卖还是不卖呢？这是个问题。我一时拿不定主意，所以焦虑了。

我找一个亲戚，请教她对股市的看法。这位亲戚以擅长短线闻名，据说从来没在股市上套牢过。她对我说："现在是牛市，跑早了是会吃大亏的。"她还信誓旦旦地对我说："这次牛市，怎么着也得超过 6124 点。"

我又找一个同学，请教他对股市的看法。这位同学正在国内某著名高校读 MBA，据说班里的同学全是投资界大佬。同学对我说："牛市不言顶，待趋势走坏再跑不迟。"他还意味深长地对我说："我们全班同学没有一个不看好后市的。"听了这些高手的见解之后，我反而更加焦虑了，搞得我一夜没怎么睡着觉。

第二天开盘之后，我反复犹豫、掂量、徘徊，终于下定决心先卖掉一部分雅戈尔再说。待抛出第一笔之后，心里反而轻松无比了。所以一气卖掉了近 80%仓位的雅戈尔。卖完之后，内心的那种喜悦、激动、安定……种种复杂情感搅拌在一起，无以言表。我知道我卖对了。仓位控制的最高境界，就是心安原则——只要让自己感到舒服就行。

后来，下跌行情就来了。动不动千股跌停。这样的日子持续了小半个月！待股市跌得一塌糊涂，我反而内心轻松畅意起来。下跌治好了我的焦虑症。此后经年，我虽然也有投资决策犹豫不决过，也有投资心情阴晴不定过，但从来没有焦虑过。更没有持续性地焦虑过。

今天讲这段关于焦虑的往事，是想告诉大家，我只在股市疯狂时才会有焦虑感。为什么会这样呢？

（1）股市高位处，我判断不出泡沫什么时候会破。既希望股价继续往上冲，怕卖早了吃不到后边的肉，又怕泡沫破灭，卖晚了被套牢在后边的下跌中。那种既怕又怕的不确定感，非常容易滋生焦虑情绪。

（2）股市高位处，很难找到称心如意的投资标的。大把后续资金积蓄在手，有时还得被动买入，但满眼的股票价格都贵得很，那种无可奈何的感觉很是熬人。行情好太久，我也会变得非常不耐烦。2015 年"神创板"聒噪期，我就经常感叹：我有点怀念熊市了……

讲这些有点吹牛的味道，但都是事实。我很早以前就悟透了巴菲特的投资模式，知道了后续现金流的重要性，更是把普通投资者的优势建设时时刻刻地放在心上、用在手上、行在腿上。

通过一点一滴的努力和积累，终于把自己的投资推升到了良性循环的新阶段。当后续资金越来越丰沛时，我就完全转化成了一个股票净买入者。当你能把自己定位成一个股票净买入者时，你就能了解我此时此刻的心境了。

2021 年和 2022 年经常有人跑过来嘲讽我："腾腾爸，你今年市值回撤这么大，是不是特别焦虑了啊？"每逢此境，我都忍不住笑：两个不同频道的人，确实不是太好交流。

我在股市回调期写的文字，经常为人所不解。比如，我写文章讲，经过市场回调，我因为越跌越买，而让自己账户里的股票变得更多了，马上有朋友嘲笑我："真会阿 Q！"比如，我反复撰文提醒投资机会来临、价值区内应该越跌越买时，反而有朋友写文章质疑："腾腾爸是不是疯了。"

牛市赚钱，熊市赚股。这话我喊了很多年，喊得老朋友都厌烦了，说："腾腾爸真话痨！腾腾爸能把一碗鸡汤熬出 365 种味道！"现在看，我鸡汤熬得还不多，有些话还得继续喊。这恐怕是一件没办法改变的事：投资新手实在太多了。

我跟杨天南先生聊天时，发现他对"投资教育家"这个社会身份非常认同。现在越来越明白他的真心用意了。有情怀的人不怕话痨，不怕嘲笑。"虽千万人吾往矣"。

2021 年以来的两年，市场回调得厉害，极端分化的市场行情演绎得更加如火如荼。这样的市场，非常适合价值投资者，非常有利于股票净买入者，因为可选标的多，价格又便宜，比较容易做投资决策。下跌势中，短期看所有的买入都是错的，但只要眼光稍微放长一点，我们就会发现，在股价低位处所有的买入都是对的。

我坚信，不论市场如何颠簸，估值与成长性已经绝对匹配的股票慢慢崛起是不可阻挡的大趋势。在这个趋势形成大众共识前，理性的投资者应该学会努力抓住机会。我郑重地提醒你一句：股市下跌，尤其是发生在价值区内的下跌，可不是焦虑的时候。

在股市投资中，我倡导理性投资和快乐投资，但若想做到理性投资，有两件事不得不做：**一是学会识别和避开陷阱，二是让自己的投资成功有一个准确的定位。**

二、如何避开投资的陷阱

我们先来聊聊陷阱的问题。这里讲的陷阱，不是指个股中的陷阱，如何避开个股中的陷阱，我们在前面已经专章专题地进行了分析和论述。这里讲的陷阱是宏观层面和战略层面的问题。

宏观和战略上，市场讨论最多、争论最大的陷阱，主要有两种：一种叫成长陷阱，一种叫价值陷阱。这两个概念都好理解，不再解释，我们直入正题：**我个人认为，此前和当下的中国，价值陷阱远远小于成长陷阱。**

1. 成长陷阱

为什么这样说呢？因为改革开放以来的 40 年，中国一直是一个高速增长的经济体。从非常贫穷到不那么贫穷，再到逐渐地富裕。这个阶段，中国人好像什么都缺，什么都缺就需要什么都要造、什么都要买，各行各业都获得了蓬勃的发展。因为大家过得都不错，还在不停地发展，所以低估了就是低估了，出现价值陷阱的机会并不多。

以银行股为例。这些年，围绕着银行股，各式各样"狼来了"的呼声不绝于耳，市场也给了银行股一个极低的估值。但中国经济还在不停地往前发展，还在以较高的速度往前发展——在这个过程中，几乎看不到停滞不前的行业——虽然速度慢下来了，发展的车轮还在滚滚向前。所以每过一段时间之后，大家突然发现：咦，事情并没有想得那么糟。于是，银行股就会修复一下——市场纠错一下。

从整体上看，一直为世人诟病的银行股，至今还没有出现过价值陷阱。不仅没有出现价值陷阱，现在经营业绩还有加速增长的可能。这就是高速增长的阶段，不太可能出现价值陷阱的基础逻辑。

过去 40 年的高速发展，给了中国人一个整体性的错觉：成长是永恒的，成长是最重要的，成长是我们应该追求的。也就是说，我们对成长已经习以为常了。在高速成长的过程中，暴富者多如过江之鲫。比如股市之中，跟上时代的节奏，买准一只大牛股，财富暴涨几百倍、几千倍甚至几万倍的情形经常出现。这些颇具时代特征的"幸存者偏差"，极大地刺激和培养了中国人的胃口。

看起来这是成长性思维，实际上，这就是典型的刻板印象。这种刻板印象投射到 A 股投资者身上，就体现为我们特别喜欢、特别推崇的成长性股票。因为大家都喜欢都推崇，就常常给成长性股票一个极高的估值。所以，每逢股市炒作，几百倍上千倍的热门股在 A 股市场层出不穷。

高成长、高估值是符合投资逻辑的，但是你给过了，给得太高了，那就不符合逻辑了，所谓"过犹不及"。当成长性不及预期时，业绩支撑不了过高的估值，股价就会坍塌——成长陷阱就此发生。

我要提醒的是：各种各样的迹象显示，中国经济超高速增长的时代已经过去了。中国在穿越中等收入陷阱之后，将逐渐过渡到中低速增长的新时期。这个时候，你还依据以前的心理惯性，给成长性股票过高的估值，遭遇成长陷阱的频次可能会更高。所以我判断，在当下及未来一段时间内，A 股的成长陷阱一定会远远高于价值陷阱。

2. 价值陷阱

那么价值陷阱什么时候会在中国成批次出现呢？等中国市场

也完全成熟了，发达了，经济增速维持在较低的水平，那时候的情形可能会跟今天完全颠倒过来。因为什么都饱和了，不缺了，各行各业的发展不可避免地会受到影响。慢下来，缓下来，会成为新的经济常态。

当很多企业出现一年不如一年的窘境时，价值陷阱就会大量地、成批次地出现。那时候，长期持续低速增长，又会给中国人一个新的刻板印象，大家开始习惯价值股的低速增长，不再给股票过高的期望。那种情景下，反而不会给企业过高的估值，股市的整体估值会比现在低得多。给股票的估值低了，成长陷阱就会鲜少发生。

3. 避开陷阱的策略

关于避开陷阱的策略，我做了如下三点的总结。

（1）当经济高速增长时，我们最应该防备的是成长陷阱；当经济低速增长时，我们最应该防备的是价值陷阱。

（2）我们现在是从高速增长阶段往低速增长阶段过渡。人们还活在高速增长的心理惯性之中，还喜欢给成长性股票过高的估值。所以，我们现在最应该防备的还是成长陷阱。

（3）怎样才能有效防备与成功避开成长陷阱呢？**最直接、最简单、最有效的方法只有一个：放低预期，永远不要参与炒作！**

三、理性定位投资

讲到这里，我们就触及了理性投资的第二个问题：如何放低预期、理性定位自己的投资呢？的确，投资的目的就是为了积累财富，也就是赚钱，但是赚多少钱才算是投资成功呢？成功的投资至少应该先后达成以下三大目标。

（1）你的长期年化投资收益率至少应该超过 CPI。超过了 CPI，意味着你的资产增长跑赢了通胀，实现了初步的保值。这个数据，依世界整体的长期统计，年化大约为 3%。这恐怕得是我们的最低目标。

（2）你的长期年化投资收益率最好超过 GDP 增长率。GDP 代表着你所在国家或地区的总体经济规模。投资收益率超过了 GDP 增长率，意味着你的资产保持了在全社会财富总量中的占比水平，实现了更深一层次的资产保值。学界普遍认为中国经济已经度过了超高速发展期，进入中高速发展新阶段，未来 5～10 年，年化增长 5%～7% 是非常有可能的事。

（3）你的长期年化投资收益率最好超过 M2 的增长水平。M2 代表着广义货币总量。既包括流通领域里的现金，又包括金融机构中的个人与企业存款。投资收益率超过了 M2 的增长，意味着你的资产保持了在全社会货币总量中的占比水平，实现了更高阶的资产保值。

根据经济学常识，一国 M2 增长水平，应该包含 GDP、CPI 增长率，还应该允许 2%～3% 的富余度，以充分刺激经济增长。即：适中的 M2 增长率 = GDP 增长率 + CPI 增长率 + 2%～3% 的富余空间。在中国，以目前经济之增长潜力，这个数据大体应该维持在 10% 以上。巧了，这个数据跟股票市场上长期投资实践所能取得的年化收益率大体相同。

从投资的角度，上述三大目标是最基础的目标，即资产的保值。从投资者成长的角度，上述三大目标可以当成三个阶段，朋友们可以据此划分自己的段位，知道自己的投资处于什么样的水平。但我们到股市里投资，资产保值只是最基本的要求，更希望的结果肯定是增值。所以，投资收益率的最高目标，当然是多多益善。

巴菲特的长期年化投资收益率大约在20%，这已经是世界奇迹了。有统计数据显示，世上最优秀的那批基金经理，所能达到的长期年化投资收益率也就处于10%～15%。所以长期年化收益率在10%，就是一个比较适当的投资目标。能不能达到更高水平得看个人造化。或者，还得需要一点运气。

我个人判断，中国经济还将在可见的未来保持年均5%以上的增长率，前景广阔。中国股市又有暴涨暴跌的习惯。这两点决定了成熟而理性的投资者可以有更高的投资目标。我给自己制定的目标是长期年化至少达到15%。目前看做得还不错。但实话实说，以前的收益有着以前的历史机遇，将来经济和股市都会越来越成熟，我们只能在坚持投资原则的前提下，走一步看一步。如果有取得更高收益的机会，我一定努力抓住。

讲这些，会颠覆很多投资新手的认识。因为网上叫嚷着一年三倍，甚至一年十倍的人太多了。暴富思想是投资者天生的基因，却又是投资天生的死敌。对这一点，我们一定要有清醒的认识。有适当并尽可能高的投资收益率，投资时限足够长，这就是股神们发家致富的秘密。

经常有人诘问："等五六十岁，老了才有钱，还有什么意思？"我建议有这类想法的人，可以去公园广场找到那些平时就靠下棋、聊天、跳广场舞打发时光的老人问一下，像他们那个年龄的人，还需不需要钱，有钱究竟有没有意思？我坚信，人越老越需要钱。有钱可以不用，但一定不能没有。

只要正确地投资、正确地工作、正确地生活，像我倡导的那样，把投资、工作和生活有机地结合起来，我们就可以让自己的生活过得更健康。投资的目的是赚钱，而赚钱的目的是让自己和家人的生活更健康。我们不是为了赚钱而赚钱。你到股市里来，不需要把自己搞成世界首富。

通过投资，能让自己拥有更多的股权，每年拥有固定可观、稳定增长的现金流，让自己的生活不为金钱所累，那么你的投资就是成功的！知道中国的未来、投资的未来大概会是什么样子，知道自己合理的投资预期在哪里，这就从战略层面解决了理性投资的认识问题。但若想真正实现理性投资，还需要做好战术层面的挖掘和执行——具体来讲，理性投资需要做好下面六件事。

1. 放低预期

对绝大多数人来说，股市不是提款机。股市能提供给我们的长期投资收益年化收益率就在7%上下。加上3%左右的长期通胀率，股市的长期年化投资收益率也就在10%上下。大多数人对股市抱有不切实际的幻想。对自己的能力又有不切实际的评价和定位。预期过高，现实残酷，这二者间的冲突会逼疯很多人。

2. 接受现实

看好一只股票，希望买入之后即刻大涨。可是它却往下跌了。这样的事情，就连巴菲特、芒格这样的股神也一样会碰到。碰到了就碰到了，要愉快地接受现实。只有接受现实，才能进行更客观地思考。

认为自己对价值的判断没有错，那就坚持到底。认为自己对价值的判断发生了严重的错误，亏损也得退出。但大多数人只能走顺风路。股价一旦下跌，就会产生情绪化操作。通过股价的短期表现来对自己的投资进行成败分析，是投资时常犯的错误。在我看来，这是人间最大的愚行。

3. 拒绝杠杆

好的一面，杠杆可以加大收益；坏的一面，杠杆也可以加大亏损。在股市里，谁都无法保证自己永远正确。而杠杆可以让一次错误清零一百次、一万次正确。我通过使用过桥资金的方式，给自己的组合加了一点杠杆。实话实说，从整体看，我的这点杠杆，没有让我赚到任何便宜。

好在我严格控制了杠杆的使用量，这才没有造成大的祸害。将来我会逐渐卸掉这一原本就不高的杠杆。如果你没有钱，你就不应该使用杠杆。如果你已经很有钱，你就更不应该使用杠杆。

4. 放长眼光

从太空俯瞰地球，地球就是一颗通明透亮的蓝色星球。而生活在地球上的人，总是在抱怨脚下的路太过曲折和坎坷。眼光放得越长远，脚下的路越平坦。股价短期走的是布朗运动，长期走的是价值运动。股市之中最有确定性的一件事就是股市永远会波动。穿越波动的最有效手段就是坚持长期主义。

我经历过很多次的下跌行情。每一次感觉都很难受，但回首时又都感觉不过尔尔。时间久了，经历多了，反而感觉下跌行情才是真正可以让我们发财的机会。坚守价值，然后把眼光放在几年、十几年，甚至几十年之后。投资有时候就这么简单。

5. 寻找安全边际

泡沫都是热点和焦点创造出来的。远离泡沫，某种意义上就是指远离热点和焦点。类似的警告不绝于耳，但是真正能做到的人还是很少，包括一些所谓的专业机构。

事实上，历史上所有的泡沫事件，都是这些人共同参与创造的。一只股票，在涨到 100 元时，大家觉得它是安全的。而在它跌到 50 元时，反而认为有危险。这样搞笑的事情在股市中比比皆是。

6. 拥有充沛的后续现金流

最好的资产，一定是那些可以源源不断产生孳息的资产。土地、房产、股票、债券，都可以产生孳息，所以它们都是好的资产。从某种角度讲，我们拥有一项资产，就是为了享受资产能够带来的孳息。不重视孳息的投资者不是好投资者。我在股市里闯荡了十七八年，最重要的一条经验总结，就是一定得建立健全一整套后续现金流供给体系。只有这样，在股市下跌时我们才不会窒息。只有这样，在股市下跌时，我们才能真正地产生一种兴奋的冲动。

四、快乐投资之道

在股市中穿行，我一直倡导和践行快乐投资。应该说，理性投资是快乐投资的基石，当我们能做到理性投资了，快乐就会像山泉一样汩汩流出。理性投资者、价值投资者有两大天生的快乐，不能不享。

1. 第一种快乐，叫逆向反转的快乐

我们面对的市场，不可能总是一帆风顺；持有的股票，也不可能总是蒸蒸日上。事实上，我们经常会面对市场下跌、股价不振的困难局面。大多数人会被市场下跌、股价不振吓傻、惊呆、淘汰。只有少数人经过了历练，能在困境中实现反转。只有这些经历了种种不易、实现了反转的人，才能真正体会得到逆向投资的真谛。

前几年茅台股价节节攀升，手里有茅台的投资者，吹牛都有

底气。我的一位同事在跟我闲聊时问我："腾腾爸，听说你持有不少茅台?"在得到我肯定的回答后，他不无感叹地说："你怎么能拿到现在的啊?"言谈举止间，流露出无限的羡慕。但是他不知道我当初在茅台股价崩塌时买入的犹豫和忐忑，不知道我180 元买，470 元清空，530 元再买回来的心理磨难，不知道我在 1500 元时就有再次卖掉它的冲动，不知道我后来明明知道它估值不低却又无法割舍的矛盾。

实际上这里的磨难一言难尽。只有经历过这样一轮乃至多轮的磨难，我们的心智才能更成熟。一次完整的逆向反转，至少考验着投资者的如下三种能力。

（1）择股的能力。

（2）面对困境的抗压能力。

（3）对投资信仰维护与坚守的能力。

考验的过程，就是投资者技与道的融合过程。有一处短板，可能就会功亏一篑。这些话看起来好玄妙啊——事实上，正因为玄妙，走过来了，才会特别快乐。所有的成功，都是因为做了不简单的事。

投资者有了几次成功的逆向反转的经历之后，精气神会得到一种特别的淬炼和提升。"曾经沧海难为水，除却巫山不是云"。再遇困难情景，就会有条不紊、从容淡定很多。我们的心理状态好了，投资的分析和判断才不会变形。

2. 第二种快乐，叫长持增长的快乐

我不是说没有人能从短线交易中赚钱，甚至是大富大贵，而

是说那样做，成功的概率实在是太低了。我也不是说投机就是什么罪过，而是认为它与投资的致富原理背道而驰，相差太远了。如果我们想投资，就得遵守投资的一些基本道理。

开一家饭店可能很赚钱，但真想赚钱，还需要持续经营。**投资就是"优秀的商业模式+持续不断的时间投入"。找到一家优秀的企业，持有的时间越长，赚钱赚得越多**。这是多么简单的道理。可惜，生活中好懂，一旦进入股市，人就容易犯迷糊。

2015年我开始买入兴业银行，很多人告诉我，这是一家曾经辉煌但现在日趋平庸的企业。持有了五六年之后，我过去对它的每一笔投资，都让我获利丰厚。这还是兴业银行在过去几年里业务一直不受资本市场待见的情况下取得的成绩。买了招商银行、宁波银行的人，赚得更是爽歪歪。但是话又得说回来，买了招商银行、宁波银行又真正赚得爽歪歪的人，也是那些能从一而终持有至今的朋友。

夏虫不可语冰，短线交易者永远理解和享受不了长持的快乐。只有那些抱着优质股票五六年、十年八年，甚至更久的人，才知道陪企业慢慢成长的安逸和舒适。

以前我有一个同事，老实巴交的，在单位里是一个非常不起眼的小人物。有一天他突然找到我，打开手机上的交易软件，给我展示他账户里的两只股票：一只万科，一只格力。都持有了超过10年，收益率都非常夸张。我问他怎么做到的？他说当年跟朋友去交易所开了户，一番高抛低吸之后，本金亏损大半。心灰意懒之下，不再操作，久而久之忘了账户。前几天听人聊股票，突然想起自己十年前还曾开过户。几经周折找到这个账户，重新打开之后，神奇的一幕就出现了。

投资者需要享受逆向反转的快乐，需要享受长持增长的快乐。讲了这么多，我们突然发现，要想同时享受到这两种快乐，有一个非常简单的办法——那就是经历一两场漫漫的熊市。每逢市场波动，尤其是向下波动时，腾腾爸为什么这么淡定？因为我先后经历了 2008 年和 2015 年两轮特大熊市，每轮熊市我都经历了市值的大幅回撤。尤其是 2008 年那次，整个 A 股市场从高峰时的六七十倍估值，一直熊到十倍左右估值——看清了，不是哪一个板块、哪一个指数十倍估值，而是整个 A 股市场！连续数年，没有任何像样的反弹，先是疾风骤雨式的硬杀，再是不死不活的软杀，能撑下来的，并且还能在这个过程中不断往里打子弹的人，难道不都是神一样的人物吗？

世上任何一番伟业，都是克服重重困难的结果；世上最耀眼的辉煌，一定经受过这世上最深重的苦难。而所有的快乐，都是建立在克服困难、征服苦难的基础上的。希望看过本书的朋友，能以一种更深刻的眼光来看待股市的波动，能真正地享受到股市低迷所带给我们的长期的投资的快乐。若如此，就可以快快乐乐地穿越牛熊。

第五章

投资投的是未来：
焦点与热门板块分析

第一节 隐形牛市和隐形熊市

一、隐形牛市

2015 年熊市之后到 2020 年下半年的这段时间，A 股走了一轮轰轰烈烈的隐形牛市。之所以说是隐形牛市，是因为指数没涨多少，但低估值的蓝筹白马股都涨翻了。

以 2021 年之后的两年被大家嘲笑最多的中国平安为例。平安的股价从 2015 年时最低的 25 元，最高涨到 2021 年的 96 元。最大涨幅接近 5 年 3 倍。加上期间的分红，妥妥地 3 倍以上涨幅（见表 5-1）。

表 5-1 中国平安 2015 年之后现金分红数据

财　　报	每股现金分红	派　现　日　期
2015 年半年报	0.18 元	2015 年 9 月 9 日
2015 年报	0.35 元	2016 年 7 月 5 日
2016 年半年报	0.20 元	2016 年 9 月 5 日
2016 年报	0.55 元	2017 年 7 月 11 日
2017 半年报	0.5 元	2017 年 9 月 4 日
2017 年报	1.00 元	2018 年 6 月 7 日
30 周年特别息	0.20 元	2018 年 6 月 7 日
2018 半年报	0.62 元	2018 年 9 月 6 日
2018 年报	1.10 元	2019 年 5 月 23 日

（续）

财　　报	每股现金分红	派　现　日　期
2019 半年报	0.75 元	2019 年 9 月 4 日
2019 年报	1.30 元	2020 年 5 月 8 日
2020 半年报	0.80 元	2020 年 9 月 16 日
2020 年报	1.40 元	2021 年 4 月 22 日
2021 半年报	0.88 元	2021 年 10 月 25 日
2021 年报	1.50 元	2022 年 6 月 20 日
2022 半年报	0.92 元	2022 年 10 月 20 日
总计	12.25 元	

　　哪怕跌到写书之时的 40 元上下，从最高点已经腰斩，加上现金分红，真实投资收益至少还有 1 倍的涨幅。最重要的是，它此时处于跌得最惨、估值最低的时候。股价比以前上涨很多，盈利能力增长更多，现在反而比以前还便宜（见表 5-2）。

表 5-2　中国平安 2014—2022 年利润数据

单位：亿元

年　　份	2014 年	2015 年	2016 年	2017 年	2018 年	2019 年	2020 年	2021 年	2022 年
净利润	479.30	651.78	723.68	999.78	1204.52	1643.65	1593.59	1218.02	1074.32
归母净利润	392.79	542.03	623.94	890.88	1074.04	1494.07	1430.99	1016.18	837.74

　　2014 年，平安的归母净利润不到 400 亿元；2020 年，这个数据接近 1500 亿元，增长了 3 倍左右。2021 年计提了几百亿投资损失，最后还有 1000 亿元以上利润。2022 年，财报净利润仍然达到千亿元以上。

　　中国平安 2015 年 25 元的股价，大约有 1 倍 PEV 估值。而现在它 40 元上下的股价，大约只有 0.5 倍的 PEV 估值（见图 5-1）。看起来股价（复权）上涨了 1 倍，但从估值上衡量，现在的 40 多元，比当年的 25 元还要便宜得多。中国平安还是这几年众所周知的、表现最差的一只白马股，像中国茅台、五粮液、片仔癀、海天味业这些在隐形牛市期间的表现就更不用说了。有兴趣的朋友，可以自己去做下复盘。

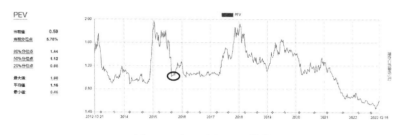

图 5-1　中国平安 PEV 估值

隐形牛市的结果是什么呢？是赛道股的疯狂。 牛了多年之后，曾经人见人厌的"大烂臭"，变成了人人追捧的大白马。之后，大白马又变成了核心资产。最后核心资产又换了个说法，叫赛道股。企业还是那个企业，股票还是那只股票，但叫法的演变，充分体现出了随着它们股价的上涨而发生的市场情绪变化。

从这番回顾、叙述和分析中，我们可以看到刻板印象对投资者情绪的影响。从低位磨蹭，到缓慢上涨；从少数人相信，到大多数人追捧；这是一个逐步升级逐步狂热的过程。最后"群情激奋"，隐形牛市显性化。

当年的"大烂臭"，从无人问津的凄惨，最终演化成万人空巷式追捧的赛道股辉煌。人性在市场上行周期被演绎得淋漓尽致。在赛道股疯狂的同时，我嗅到了那股熟悉的危险的味道——泡沫又来了，只不过这次换成了蓝筹大白马而已。先知先觉者在偷偷地退出。

赛道股在众人追捧中悄悄地、慢慢地分化和破裂。2020 年，最热门的板块是消费、医药、科技。2021 年，最热门的板块变成了：医美、芯片、电动车。医美可以看成是医药板块的缩小版，芯片可以看成是科技板块的缩小版，电动车可以看成是大消费板块的缩小版。所以，2020 年的热门板块，我们称之为大赛道股；2021 年的热门板块，我们称之为小赛道股。

看起来 2021 年也很热闹，其实它是 2020 年的收缩。除医美之外的医药股开始收缩和下跌，除芯片之外的科技股开始收缩和下跌，除电动车之外的消费股开始收缩和下跌。这时候看起来市场还很繁荣，其实是市场把注意力都放在小赛道上了，大赛道股浑然不觉走进了落寞。

2022 年上半年，市场还在吹捧赛道股，但赛道股的"内涵"被进一步压缩，只剩下新能源、电动车这一产业链了。那时候，市场中人言必称新能源，很多自媒体大佬不聊新能源就不会写文章了，投资者没买新能源就是落伍的象征。

2021 年我给朋友们分析市场的这种变化时，居然有朋友抱怨说："赛道股只有医美、芯片、电动车，哪来的什么医药、科技、消费？"相距 2020 年，才三年时间，市场就如此健忘！2022 年我再给朋友们提醒赛道股的内涵进一步缩小了之后，抱怨我"落伍"的朋友更是数不胜数。他们说："除了新能源和电动车，市场里还有什么好的赛道股?"就这样不知不觉地,一轮隐形的熊市,已经悄悄地开始了。

二、隐形熊市

2021 年,我正式提出隐形熊市的概念,并认为它将围绕着以下三个阶段渐次进行。

(1)2020 年的大赛道股,科技、医药、消费会逐渐地回调和坍塌。这一阶段自 2020 年下半年到 2021 年上半年,已经完成。

(2)2021 年的小赛道股,医美、芯片、电动车,也会逐渐回调和坍塌。这一阶段目前正在进行。

(3)赛道股将在这种回调和坍塌中继续缩小,继续回调和坍塌,然后低估值、高股息类大白马股再次逐渐崛起。这一段将在未来相当长一段时间内慢慢地演绎实现。

我一直主张股市是不可预测的,那为什么还要推断这个三段论?其实道理非常简单,"低估的早晚上去,高估的早晚下来",我这个推断,只是对这个基本原理的简单应用而已。因为坚信低估的价值必然兑现、高估的泡沫必然破灭,所以我在这个"三段论"之后,还有一个基本的判断:**未来一段时间,对估值还高、还没跌到位的赛道股,所有的反弹都是减仓逃命的机会,而对低估的大白马股,所有的回调都是加仓上车的机会。**

我提出隐形熊市概念几个月后，很多赛道股的股价出现腰斩，市场中人这才意识到市场发生变化了。

世人只看到了中国平安从 80 元下跌了 50%，万科从 30 元下跌了 50%，没看到同期很多很多赛道股股价已经腰斩，甚至膝斩、脚踝斩了。最重要的是，那些被腰斩的赛道股，很多至今还很贵！而我的组合，整体上已经处于历史最低估值水平上了。比这更重要的是，我在此后两年的下跌行情中，不断地加仓——加了多少呢？2021 年新加仓的部分约占年初净值的 25% 以上。2022 年新加仓部分又占了年初净值的 30% 上下。

我目前的账户市值相比 2021 年初大体相仿，但股权却增加了 100% 左右。并且 2022 年中，我还顺势增加了医疗器械板块的持仓。曾经的医药板块，挂着大赛道的美名，估值一度上冲到七八十倍，但在其大幅回调、众人避之唯恐不及之时，又获得了我的关注和建仓增持（见图 5-2）。

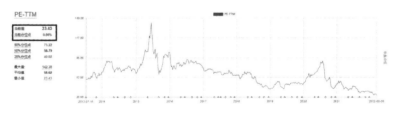

图 5-2　中证医疗器械指数估值走势图

时也，势也。我对医药等板块的操作，说明我没有对任何板块充满偏见，我只是对泡沫充满警惕而已。我拥抱好企业，但坚决回避泡沫。世上还有比在股市下跌中买到又便宜又优质的好股票更让人快乐的事吗？

隐形熊市的最终结局是什么？2020 年下半年以来的这段时间，市场已经给出了一半的答案，那就是显性的熊市！隐形熊市显性化，就是目前市场最大的现实。但跟隐形牛市发展到后期的赛道股疯狂实际上意味着牛市已经结束了一样，隐形熊市发展成今天的显性熊市，实际上也意味着熊市已近尾声！

当然，股价在熊市的"尾声"可能下跌得更惨烈更急促，让投资者更难受。但这的确是风险集中释放的过程。显性熊市之下，风险绝对不是更大了，而是更小了。这一点，我们千万千万不要搞反！隐形的熊市显性化，跟当初隐形的牛市赛道化一样，都意味着旧周期的结束，一个反向的新周期开始。

写作此书时，正是 2022 年底，市场还在一眼可定胖瘦的底部区域挣扎和徘徊，A 股大盘在 3000 点一线磨蹭和反复。但我基于对市场基本价值的分析和判断，明确地提醒朋友们：现在的市场，有确定的投资价值，忘掉暂时的浮盈浮亏，专注手中的企业与股权！只要你买的企业还很赚钱，你手中持有的股权变得比以前更多而不是更少，你的投资就没有任何问题！拜托，别让市值幻觉迷惑了前望的双眼！

那么基于长期投资、价值投资、逆向投资，基于本书介绍和倡导的普通投资者的投资与盈利模式，现在都有哪些行业值得我们去关注和挖掘呢？下面，我们就用几节的篇幅，就目前市场关注度或争议度较大的板块，逐一给大家做一下点评与分析。

第二节　银行：踏实可靠的养老股

大金融行业这几年一直不被市场看好。原因是赛道股涨了那么多，它不涨反跌，成为人见人笑、人见人弃的"三傻"之一。我却反其道而行之，从"三傻"的逆势下跌中，看到了它特有的投资价值。比如我看好并且坚持重仓多年的银行股，我感觉又到了一个难得的股价腾飞酝酿期。

一、银行股的基本面情况

从盈利端看，目前中国的银行业整体估值只有 5 倍左右，堪比 2014 年初的时候，几乎达到了历史最低区域（见图 5-3）。

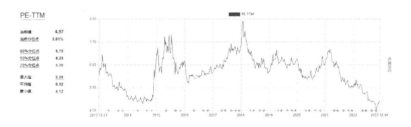

图 5-3　中证银行指数 PE 估值

从资产端看，目前中国的银行业整体估值只有 0.5 倍上下，比 2014 年初的 0.8 倍还要低出一大截（见图 5-4）。众所周知，银行是典型的周期股，而且还是逆周期股。对这类股，用资产估值会更客观和科学，也就是说，对银行股用 PB 估值更合理。

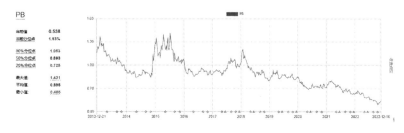

图 5-4　中证银行指数 PB 估值

从这个角度看，今天的银行股，已经比 2014 年还要便宜!估值低，就一定会涨吗?

从历史的角度看，中国银行股每次的估值低点，最后都对应着一波明显的上涨行情。估值跌得越低，上涨起来力度越大。2014 年之后的那波行情，银行指数整体上涨了 1 倍;2016 年之后的那波行情，银行指数也整体上涨了 1 倍;发生在 2019 年和 2020 年的那两波行情，估值都没有达到历史最低位，但也都从估值低位处上涨了 40% 以上（见图 5-5）。跟 2014 年相比，这些

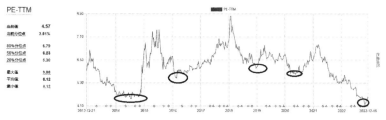

图 5-5　中证银行指数估值与点位走势对比图

年，银行股的整体估值在逐步降低，但银行指数却逐渐创出了新高。所以我一再提醒朋友们，这些年投资银行股的朋友，整体收益并不差，哪怕是定投银行股指数的朋友，都赚到了可观的收益。

我看好现在的银行股，并不仅仅是因为它的低估值——我看中的，还有它的成长性！银行股这些年为什么估值屡创新低？因为这些年银行股的整体盈利能力的确在不断下降（见图5-6）。但是，从这两年上市银行已经披露的年报或业绩预告的情况看，绝大多数银行都取得了两位数以上的利润增长。

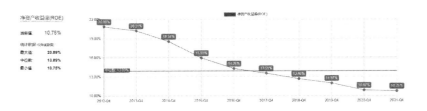

图 5-6　银行股整体的 ROE 水平

以腾腾爸持有的兴业银行、平安银行和招商银行为例，2021年和2022年的利润增长速度全部达到了10%以上（见表5-3）。更重要的是，银行股做到这一切，还是在资产质量进一步好转的情况下实现下的。坏账率降低，拨备覆盖率提高，招商银行的拨备覆盖率甚至从 2020 年的 437.68% 上升到了 2021 年的483.87%。这就是典型的隐藏利润。

表 5-3　三家银行 2015—2021 年归母净利润数据

单位：亿元

年　份	2015 年	2016 年	2017 年	2018 年	2019 年	2020 年	2021 年
兴业银行	502.07	538.50	572.00	606.20	658.68	666.26	826.80
平安银行	218.65	225.99	231.89	248.18	281.95	289.28	363.36
招商银行	576.96	620.81	701.50	805.60	928.67	973.42	1199.22

而这轮周期中银行资产质量的好转，从 2017 年就开始体现出来了。2016 年银行业的不良贷款基本上达到了最高，2017 年之后开始逐渐降低（见表 5-4）；拨备覆盖率从 2017 年之后开始逐渐抬升（见表 5-5）。

表 5-4　三家银行 2015—2021 年银行不良贷款率数据

单位：%

年　份	2015 年	2016 年	2017 年	2018 年	2019 年	2020 年	2021 年
兴业银行	1.46	1.65	1.59	1.57	1.54	1.25	1.10
平安银行	1.45	1.74	1.70	1.75	1.65	1.18	1.02
招商银行	1.68	1.87	1.61	1.36	1.16	1.07	0.91

表 5-5　三家银行 2015—2021 年拨备覆盖率数据

单位：%

年　份	2015 年	2016 年	2017 年	2018 年	2019 年	2020 年	2021 年
兴业银行	210.08	210.51	211.78	207.28	199.13	217.63	268.73
平安银行	165.86	155.37	151.08	155.24	183.12	201.31	288.42
招商银行	178.95	180.02	262.11	358.18	426.78	437.68	483.87

显然，中国银行业资产质量和业绩的好转已经持续了数年。它是整体性的，也是连贯可持续的，并非一时心血来潮或昙花一现。估值历史最低，而业绩同步反转，这就是目前中国银行业最明显的基本面。

二、中美两国银行股数据对比

经常有朋友诘问："国内的机构都不看好银行股，所以中国的银行股估值非常低；美国的机构都不看好银行股，所以美国的银行股估值也都非常低；全天下好像只有你腾腾爸看好银行股，难道就你对，全天下的专业机构都是错的？"

下面，我们就来简单对比一下中美两国的银行股。美国的银行股，我选了两个代表：一个富国银行，一个美国银行，都是入得了巴菲特法眼的银行。二者都是美国银行业中的佼佼者。

如表 5-6 所示，富国银行和美国银行 2017—2021 年的营业收入，可以说几无增长。

表 5-6 富国银行和美国银行 2017—2021 年营业收入数据

单位：亿美元

年　　份	2017 年	2018 年	2019 年	2020 年	2021 年
富国银行	883. 89	864. 08	868. 32	742. 64	784. 92
美国银行	871. 26	910. 20	912. 44	855. 28	891. 13

这两家银行最近几年的归母净利润也基本上没有什么增长。富国银行不仅没有增长，还略有下降，美国银行从 2017 年低点

到 2020 年低点，没有增长，从 2018 年高点到 2021 年高点，也只是略有增长（见表 5-7）。

表 5-7 富国银行和美国银行 2017—2021 年归母净利润数据

单位：亿美元

年 份	2017 年	2018 年	2019 年	2020 年	2021 年
富国银行	221.83	223.93	197.15	33.77	215.48
美国银行	182.32	281.47	274.30	178.94	319.78

富国银行与美国银行最近几年的 ROE 数据，表现也并不突出。正常年份，也只是勉强达到 10% 上下的水平（见表 5-8）。反观中国银行股，无论经营业绩，还是 ROE 水平，都明显比美国银行股高出一个量级（见表 5-9）。

表 5-8 富国银行和美国银行 2017—2021 年 ROE 数据

单位：%

年 份	2017 年	2018 年	2019 年	2020 年	2021 年
富国银行 ROE	10.11	10.26	9.36	0.92	10.88
美国银行 ROE	6.23	10.03	9.81	6.13	11.26

表 5-9 三家中国银行股 2017—2021 年 ROE 数据

单位：%

年 份	2017 年	2018 年	2019 年	2020 年	2021 年
兴业银行 ROE	14.86	13.68	13.05	11.53	12.71
平安银行 ROE	10.93	10.74	10.20	8.54	9.57
招商银行 ROE	15.93	15.74	16.09	14.53	15.14

尽管如此，富国银行和美国银行目前都享受着 10 倍上下的估值，而业绩增长更好、综合经营能力更优的中国银行股，却只享受着三四倍、五六倍的估值。谁更优质，谁更低估，难道不是一目了然的吗？

美国的银行为什么增速会比中国的银行低？归根到底，银行还是经营钱的行业。银行的业绩总体上在跟着国家的经济走。现在美国经济增速远远跑不过 CPI，而中国的经济增速正常年份还处在 5%~7%。中国的经济增速大约是美国经济增速的两倍。中国的银行股表现得比美国银行股更好点，这更顺理成章。

从格雷厄姆给出的估值公式看，一个零增长的行业，就应该享受 8~9 倍的 PE 估值。从这个角度看，美国股市给美国银行股 10 倍左右的估值，是合理的，而中国股市给中国银行股三五倍的估值，则绝对是低估的。

哪怕中国的银行股失去增长性，它只要能维持住目前的经营业绩，也应该享受 8~10 倍的估值，再叠加它现在大约两位数的增长，应该享受到更高的估值才对。因此，我坚信中国的银行股目前正处在严重的低估中，其低估程度有如 2013 年底、2014 年初中国的银行股。

三、银行股的操作策略

1. 复盘短期集中上涨行情

因为中国银行股市值大、估值低，市场中一直流传着银行股股性太差的传说，甚至有些朋友发出"打死不投银行股"的呼声。但是复盘一下过去 10 年中国银行股的走势，我们发现这期间银行股至少已经发生了六次短期集中上冲行情。

第一次，发生在 2012 年 12 月到 2013 年 1 月，历时约 2 个月。银行股整体性上涨 27%。市值从 5.51 万亿元上升到 7.01 万亿元。滚动 PE 估值从 5.53 倍上升到 7.04 倍。

第二次，发生在 2014 年 11 月底到 2015 年 1 月中旬，历时不到 2 个月。银行股整体性上涨 65%。市值从 5.59 万亿元上升到 9.22 万亿元。滚动 PE 估值从 4.8 倍上升到 7.39 倍。

第三次，发生在 2017 年 12 月到 2018 年 1 月，历时约 2 个月。银行股整体性上涨 20%。市值从 9.96 万亿元上升到 12.10 万亿元。滚动 PE 估值从 7.24 倍上升到 8.79 倍。

第四次，发生在 2018 年 12 月底到 2019 年 2 月底，历时约 2 个月。银行股整体性上涨 16%。市值从 9 万亿元上升到 10.48 万亿元。滚动 PE 估值从 6.12 倍上升到 7.07 倍。

第五次，发生在 2019 年 12 月到 2020 年 1 月，历时约 1 个月。银行股整体性上涨 12%。市值从 10.32 万亿元上升到 11.48 万亿元。滚动 PE 估值从 6.55 倍上升到 6.91 倍。我认为这一次银行股本应该有更好的表现，可惜疫情来袭，全球大放水改变了市场的预期和风险偏好。医药、互联网被吹出了泡沫，银行股顶着"让利"的光环备受市场摧残。

第六次，发生在 2020 年 12 月底到 2021 年 3 月初，历时约 2 个月。银行股整体性上涨 13%。市值从 10.15 万亿元上升到

11.42 万亿元。滚动 PE 从 6.48 倍上升到 7.28 倍。

2. 银行股上涨的逻辑

这里再强调三点。

（1）2015 年 1 月中旬，银行股在一次短期的、凌厉的上攻之后，曾有过一次回调和整固，然后股价继续上冲。这轮行情一直持续到年中下跌行情发生。甚至在下跌行情发生之后，银行股还因"维稳行情"创下历史性新高。这段话的意思是想告诉大家，银行股疯起来，也很吓人。

（2）在上边的统计中，2016 年和 2017 年，银行股似乎没有发动短期的上冲行情。但实际上，2016 年熔断行情之后，银行股一直在稳稳地、缓缓地上升。这两年没有急剧的上升行情，但整体上走了一轮完美的慢牛行情。涨幅并不低。

（3）上述统计中的市值数据，没有计入历年现金分红数据。

我们通过上述统计和分析，可以得到哪些信息呢？有以下三点。

（1）在过去的 10 年中，银行股几乎每到岁尾年初都会发生一次明显的短期上冲行情。这可能跟年底的估值切换有关，也可能跟年底特有的风险偏好降低的市场情绪有关。

（2）估值压得越低，启动后上冲的幅度越大。最典型的是 2014—2015 年那次，启动时估值不足 5 倍，结束时估值逾 7 倍。

（3）2012 年底，银行股整体市值大约为 5.5 万亿元，2020 年前后，正常情况下，市值 11 万亿至 12 万亿元。刨除每年天量的现金分红，市值在 10 年的时间内大约上升了 1 倍，年均 10% 的增幅，年化收益率约为 7.2%。再加上股息，年化复合增速应该在 10%~12%。

这段分析，讲的是什么意思呢？同样有以下三点。

（1）银行年年都有行情——银行股股性不活的观点，可以休矣。

（2）银行不用大涨，仅靠业绩驱动，在过去 10 年就给投资者带去了年化至少 10% 的投资收益——投资银行股不赚钱的观点，可以休矣。

（3）低估是王道，银行股过去 10 年的表现，充分证实了这一点——低估值投资不靠谱的观点，可以休矣。

从投资时限看，10 年时间不算短，在 A 股可以走完两轮牛熊了；从投资收益看，年化复合收益率为 10%~12%，这已经是一流基金经理的投资水平了。最神奇的是：赚了这么多，现在的银行股还跟当时一样便宜，甚至比当时还要便宜！这就是投资银行股的投资魅力所在。

3. 坚定看好银行股

再重申一遍，我为什么如此坚定看好中国的银行股呢？原因如下。

（1）2021 年以来，银行股调整得非常充分。最近两年赛道股一个一个地被杀，低估值的银行股在 2021 初的那轮上冲行情之后也萎靡不振近两年了。市场整体具有反弹的内在需求。

（2）**整体估值够低**。目前的银行股，整体估值只有5.34倍。这是一个仅高于2014—2015年那轮行情的估值水平。而过去几轮年底上冲行情，至少都能上冲到7倍的估值水平上。也就是说，眼前的银行股，随时可以来一波20%～30%的反弹行情。

（3）**机构持股比例低**。以前银行股每轮行情启动时，还有一个显著的特征，那就是市场普遍不看好，机构持股比例低。从各大基金公司的表现来看，现在明确看好并持有银行股的基金经理又降到了历史性的低点。跟这帮投机客反着来，我认为是一个好主意。

（4）**未来业绩增长可期**。2008年世界金融海啸之后，经过十余年的调整和发展，中国的银行股已经完全消化掉了曾经的高估值。不良资产出清工作已经宣告结束。最明显的标志是，各大上市银行的不良率和拨备覆盖率都出现了拐点。不良率降，而拨备覆盖率升，这都已经成了常态。银行股可能已经进入了一轮新的业绩增长期。

综上，无论从短期博弈的角度，还是从长期投资的角度，眼下的银行股都非常具有投资价值。投资投机两相宜，说的就是此时的银行股。最后，再特别强调一点：银行股低估值高股息，稳定经营适当成长，择优而居，长期持股，获得年化10%～15%的长期复合投资收益率确定性极高。

这是非常适合长期持有的养老股。我从不建议大家全仓或重仓一个板块，但在深度价值投资者的股票组合里，给中国的银行股留有一席之地，应该不是一个坏主意。

第三节　保险：被误解的朝阳行业

一提保险公司，很多朋友就嚷嚷："保险公司不就是骗钱的吗？"然后可以给你列举 100 条具体的案例，我身边的谁谁又怎么怎么了，我朋友的家人又怎么怎么了，我朋友的朋友的朋友又怎么怎么了……如此等等。

对这种现象，我们可以从正反两个方面看待：正的方面，可能保险业真是乱象不少，所以更应该改革；反的方面，大家都存在这种认识，说明中国的保险业还有很大的发展空间。出现这种舆论，一方面是保险业确实还存在很多乱象，另一方面——我认为是更大的一方面——可能是因为大众对保险公司是如何赚钱的还没搞清。为了消除这种误解，我们有必要先从保险公司的赚钱模式讲起。

一、保险公司赚钱的模式

保险公司的发展大体上可以分为三个阶段——三个阶段对应着三种赚钱模式。

1. 第一个阶段：第二次世界大战之前

那个时候保险公司赚钱，主要是靠承保利润。意思就是，保险公司的利润直接来源于保户所缴的保费。

举个最简单的例子：保险公司收入保费 10 万元，给业务员佣金 1 万元，赔偿 5 万元，支付其他业务开展费用 2 万元，净剩 2 万元，净剩的这 2 万元就是承保利润。也就是说，保费交上来后，保险公司的利润就包含在其中了。这个阶段，保险公司的利润主要靠保费，所以业界称之为"一轮驱动"。

2. 第二个阶段：第二次世界大战之后至 2008 年金融海啸之前

这个阶段的保险公司，赚钱主要靠保险公司可投资资产的投资收益。什么意思呢？就是保险公司收到保费之后，可以拿着这些保费去进行对外投资，而这些投资收益可以大大增厚保险公司的利润。

理论上讲，这段时期保险公司的利润来源，既可以有承保利润，又可以有投资收益。所以这一阶段保险公司的盈利模式，业界称之为"双轮驱动"。为什么会出现双轮驱动呢？因为第二次世界大战之后，世界进入了人类历史上少有的长期和平繁荣时期，金融市场得到了规范，并取得了长足的创新发展。

债券市场、货币市场、期货市场、股票市场……都体积庞大，并且稳定繁荣。说白点就是，市场规范了，并且产品丰富了，保费带来的可投资资产有渠道进行大规模投资了。

双轮驱动之后的结果，就是保险公司利润更加丰厚，而利润丰厚的结果，就是更多的资本涌入保险公司。保险公司多了，竞争就会激烈。竞争激烈的结果，就是大家争相降低产品价格，以至于后来市场上绝大多数寿险产品，是没有承保利润的。甚至很多利润还是负数。

承保利润为负数的意思就是：仅靠保费收入，保险公司是亏钱的；保险只有通过对外投资取得投资收益，才能弥补承保利润的亏空。也就是说，竞争的结果就是，保险公司的利润约等于投资收益减掉承保亏空。

为什么竞争的结果是寿险公司的承保利润变为负数呢？因为财险多为短期险，保费没有时间和空间去进行投资，产品自设计出来那一刻起，就必须在保费中自带利润，否则保险公司就只有真亏损了。而寿险多为中长期险，保费有时间也有空间去对外投资获取收益，保险公司在设计产品时，为了多收保费，提升竞争力，宁愿在承保环节丢掉利润，甚至不惜牺牲一部分投资收益来倒补保户。

看明白了吗？现在很多的寿险产品压根就没赚保户什么钱。它只是拿着保户的钱去投资，用投资赚的钱来倒补保户。

3. 第三个阶段：2008 年金融海啸之后

金融海啸的发生让大家意识到，原来金融市场也那么不靠谱。既然如此，保险公司的投资端也有诸多的不确定性。保险业未来的出路在哪里呢？这时候，中国的保险从业者开始渐至舞台中央——中国的保险业提出了"链子保险理论"。

二、链子保险理论

什么是链子理论呢？我们先来回顾一下，前边两个阶段，保险公司要么是直接赚保户的钱（承保利润），要么是间接赚保户的钱（投资利润）。保险公司与保户的关系，就是一种简单的产品买卖关系。但保险公司的本意，是要为客户服务的——怎样才能更好地体现出保险公司和保户间的这种服务与被服务的关系，同时还要赚到钱呢？拿了钱，全程搞好服务。

以车险为例。以前司机买车险是为了出险后，有保险公司赔偿，但转变一下思路，通过提前介入，让司机买了车险后不再出险，这不就既对司机又对保险公司有利吗？所以转变思路后，保险公司在收到司机的保费后，应该采取各种各样的提前介入工作，防止司机出险。比如提供人性化的安全教育服务，实时推送交通数据分析，等等。

再以健康险为例。以前保户买保险，就是为了得病后有保险公司赔偿，减轻金钱上的压力。现在转变一下思路：如果保险公司收取保费后，给保户提供从健身到娱乐再到医疗全程服务，是不是可以让保户在支付金钱的同时，得到身心的全面健康呢？

这样深入分析后我们发现，一个人从出生，到上学，到工作，到婚嫁，到养老，到死亡，就像一根链条一样，环环相扣、节节相接，保险公司在其中任何一个环节都有工作可做。保险公司不再是单纯的产品销售方，保户投保也不再单纯是为了求得事后赔偿。保险公司提供的是全程服务，保户得到的也是无微不至的关爱。"有温度的保险"之说和"链子保险理论"，由此而来。

大家对比一下不难发现：三个阶段中，"链子"驱动下的赚钱模式更有温度，也更有黏性——当然，也更赚钱。因为从出生到死亡，人们一直在依赖保险公司，而保险公司也在一直给人们提供全程无缝隙服务。

链子理论下的保险业，谁能最终胜出呢？我们朝两个方向看就行了：**一是看谁的服务覆盖面最广——汽车、房产、健康、医疗，谁覆盖得广，谁就更有竞争力；二是看谁能扩展到人生的全周期——从出生，到工作，再到最后的养老、死亡，服务的周期越长，越有竞争力。**

未来的保险发展，基本上就是这个套路。中国的保险公司就那几家，谁在这个方向上走得更远、走得更快、走得更坚决，我们就应该多关注谁。中国的保险业、世界的保险业，都在经历着一场大变局，这场变局是革命性的。我们只是身在其中，还不自知罢了！

三、保险股的操作策略

基于上述分析，关于目前的保险行业和保险板块，我有三个基本的观点。

第一个观点：不要担心保险业没有未来

我们先以健康险为例。众所周知，现在中国社会面临的最大问题，就是人口老龄化，老龄化社会最大的特征就是医疗费用膨胀，卫生支出不断上升。中国因为未富先老，还是发展中国家，所以卫生支出增加得更快——增幅明显高于 GDP 的增速，并且占 GDP 的比例还在不断攀升。2013 年我国卫生总费用对 GDP 的占比为 5.4%，到 2020 年的时候，这个数据已经上升到了 7.1%（见图 5-7）。

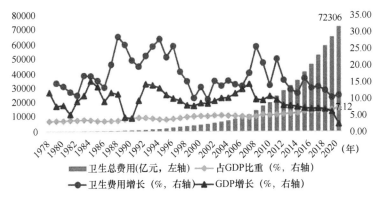

图 5-7　全国卫生总费用及增长情况

大家看到了，我们的卫生费用支出，一方面在不断地增长，一方面增长速度还远远高于国家经济总体增长速度。这就意味着医保压力越来越大。

关于医保，这两年我们听到最多的一个词叫"控费改革"。为什么要控费改革？就是因为医保支出越来越大，出项增幅远远大于进项增幅，时间久了，医保的池子里就没水了。那怎么搞控费改革呢？举措之一就是搞集采。

集采这个词，这两年也是高频词——把医药股当秕谷颠的，就是集采吧。但集采也会产生新的问题：低价的单一品，可能就会"缺货"。

集采缺药怎么办？用医保名录之外的医药啊。但用医保名录之外的药，是没有办法在医保范围内报销的，所以由病人负担的费用自然增多。

怎么才能解决这个问题呢？买商业保险，买商业保险中的医疗险（健康险），由商业保险来承担。一方面，老龄化社会中会有越来越多的人生病，需要住院治疗；另一方面医保开支过大，社会需要商业保险来做担保和支撑。所以老龄化社会，是非常利好商业保险的，尤其是其中的健康险。

目前，我国商业健康险赔付对卫生总支出的占比只有 4% 左右。这个指标在印度、德国、韩国为 9%~10%，在法国为 17%，在美国最高逾 38%。但从世界范围来看，整体上约为 10%。

如果中国也能达到 10% 这个数据水平，且未来 10 年中国卫生费用总支出年化增长 10%（事实上，2019 年和 2020 年就是增长 10%），那么未来 10 年，商业健康险对医疗的赔付支出年化增长大约是 20%（见图 5-8）。

这番话意思是说，相应地，未来 10 年商业健康险的保费总收入年化增长率也得至少达到 20%。讲到这里，不得不说，很多人对商业保险有一个很深的误解，认为有基本医保就可以了，其实上边的论述已经清楚地告诉你了：基本医保只能让你"有"，而不能让你"好"。通俗点说，有医保，生病了，你可以去治，可以解决你的基本医疗问题。生了大病，想用更好的药，接受更好的治疗，对不起，你得另花钱，另就高明。

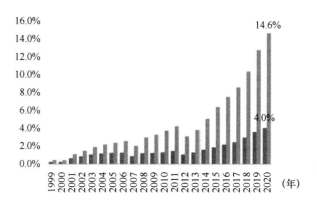

图 5-8　健康险赔付占卫生总费用/个人卫生支出的比例

图 5-9 非常值得有以上误解的朋友好好看看。医保和社保只能解决基本医疗和基本养老问题。想吃最好的药、看最好的病、享受最好的服务、养最体面的老，还得靠自己——靠你自己买的商业保险！

图 5-9　多层次的医疗保障制度体系

对这个问题，我有一个比较形象的比喻：医保和社保相当于公交车，解决的是大家基本出行的问题；商业保险相当于私家车，解决的是更方便更体面出行的问题。网上老是有人嚷嚷：中国有 14 亿人，97% 都有社保和医保了，现在惠民保又被国家开展得如火如荼，以后谁还会买商业保险？这就像一个从来没有坐过汽车的人，有一天坐上公交车了，他可能会感叹：这下好了，坐上车了，以后出门方便多了。但不论他知道不知道，这个世界上，除了公交车，还有形形色色的小轿车，包括豪华小轿车。你有多少钱，你就可以坐多好的车。这样的世界才是健康的世界，多彩的世界，富足的世界，幸福的世界。

总之，一个越来越富有的中国，一个老龄化加速到来的中国，越来越需要商业保险，而不是相反！我坚信，未来关于提升和强化商业保险的政策，会一个一个地出台。这不是我想不想的问题，这是环境和形势逼迫着我不得不做的事情——当社保和医保池子里的水位越来越低的时候，我就知道商业保险的厉害了！

第二个观点：这一轮保险业深度调整的拐点，最重要的观察点是代理人数量的增减

为了讲清楚这个问题，我们首先得讲明白，这轮保险业的调整为什么必须得面对和必须得搞。以前买保险的主体，都是 20 世纪 50 年代、60 年代，再加上 70 年代前半部分出生的人。这两代半人都有什么特点呢？他们生活靠的是流血淌汗，解决的是基本温饱问题。保险意识不强，保险知识不多——别生气，我讲的是整体上的一个事实，绝对没有贬低和嘲笑任何人的意思。

这个时候，卖的保险，解决的都是一些基本的问题。基本医疗、基本养老、基本保障。这种状况下，为了刺激他们买，保险公司还发明了很多变相的理财险和分红险。对需求不高又不太了解情况的人卖保险，最好的办法就是"利诱+忽悠"。所以过去那些年，在解决大众基本保障，也就是解决"第一张保单"问题的同时，种种行业乱象丛生。

比如大家经常抱怨的"忽悠式卖保"（销售误导），种种荒诞不经的自保单、虚假承保等，确实大量存在。这种情形下，投诉率、退保率不高才怪。保险居然成了"骗子"的代名词，这对保险业的健康发展绝对是一种危害！这些行业乱象和积弊，已经到了不得不整改的地步。

再来看看现在买保险的都是哪些人呢？主体就是20世纪80年代和90年代，再加上70年代后半部分出生的人。这两代半人又有什么特点呢？比他们的父辈更富裕了，更追求享受和服务了，对保险了解得更深、更透了。

这部分人对保险的要求，已经不是简单地"能治病""能生活""能养老"，而是更好地治病、更好地生活、更好地养老。也就是说，对保险的要求，已经不再单单是保障，还有更多元、更个性化的需求。

客户的认知和需求都发生了深刻的变化，再用以前的老思路去卖以前的老产品，怎么可能卖得好、行得通呢？所以，眼下我们正在经历的这一场保险业调整和改革，也不是我们想不想改的问题，而是不得不改的问题。

产品得改革。时代不同了，需求不同了，保险产品必须顺应时代才能生存与发展。所以产品改革，来自顶层设计，这是一种自上而下式的改革。代理人得改革。越是高端的产品，对代理人的要求越高。因为人们缺乏的就是信任。而代理人是保险公司直面客户的第一关卡上的基层单元。所以代理人的改革，发端于客户，发端于基层，这是一种自下而上的改革。

产品改革得再好，也得需要代理人去卖。所以这轮整个寿险的改革，最显性、最热闹、最重要的部分，就是看代理人改革。代理人怎么改革？先淘汰掉那些已经不适应新形势新要求的所谓的"落后产能"，也就是我们最近两年经常听到的一个名词——"清虚"。

大家看看图 5-10，很有意思，基本反映出如下信息。

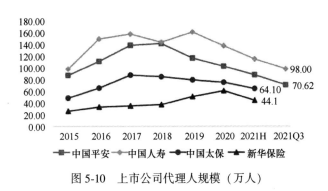

图 5-10　上市公司代理人规模（万人）

（1）中国四家主要的寿险公司，最近几年代理人数都出现了下降。

（2）人寿和太保下降得最早。

（3）平安和人寿下降得最狠。

（4）在其他保险公司都开始"清虚"时（2018—2020年），新华还在大肆扩张代理人数，直到2021年，撑不住了，代理人数也开始滑落。

可以说，代理人队伍规模的变化，基本上可以反映公司管理层的战略选择：平安改革得又早又狠，而新华所谓的改革，纯粹是一种被动式调整。代理人改革什么时候才能成功呢？"清虚"工作结束的时候。等该走的人都走了，想请的人都请来了，代理人队伍就企稳了。代理人队伍企稳了，那就意味着代理人队伍的改革成功了。

代理人队伍企稳甚至规模变化开始反转之后，保险公司的保费收入会逐渐增加，新产品的价值率会升高，新业务价值点会增多。整个保险行业就会进入一个新的循环。所以，无论从哪个角度看，这一轮保险业的调整和改革，最明显和最好把握的拐点观察点，就是代理人数量的增减变化！

前两年，我写过一篇友邦保险当年进行寿险改革的数据分析，友邦改革成功的最显著标志，就是代理人数量的企稳回升。今番中国保险业进行的深度改革，和当年友邦保险的改革颇有类似之处。因此，我多次在不同的场合里强调着同一个观点：密切关注保险公司代理人数的变化趋势！那么现在，中国保险业的深化改革，进行到哪一个步骤了呢？

以中国平安为例：平安是从2018年底开始着手进行代理人改革的，所以我统计了它2018年以来的代理人数据。2019年平安代理人数就比 2018 年减少了 17.6%。2020 年可能因为疫情原因，减少幅度反而降低了，只比 2019 年下降了 12.3%。但 2021 年又明显加大了清虚的力度，比 2020 年下降了 41.4%，而 2022 年前三个季度，又比 2021 年下降了 18.7%（见表 5-10）。

表 5-10　中国平安 2018—2022 年三季度代理人数年度变化数据

年　　份	2018 年	2019 年	2020 年	2021 年	2022 年三季度
代理人数（万人）	141.7	116.7	102.4	60.0	48.8
增速	—	-17.6%	-12.3%	-41.4%	-18.7%

在最近两年的股东见面会上，平安管理层多次表达了一定要把改革进行到底的决心和勇气，尤其是代理人清虚这方面，完全是斩钉截铁，而我们的统计数据和管理层的表态，是对应得上的。通过上述分析，我们可以得出两点结论。

（1）中国平安的代理人队伍还处在加速清虚阶段。

（2）中国平安的寿险改革，转折点还没有到来。

最先进行改革并且改革力度最大的中国平安尚且如此，那其他公司呢？因此，平安的现状，可能意味着整个中国寿险业本轮次的调整和改革都还没有触底！我们还需要更耐心地等待！因为各家公司改革启动的时点不同，执行的力度不同，所以改革的效果和完成的时限，也不会完全相同。

我个人的分析：平安可能会最先出现拐点，太保和人寿次之，新华最晚。

第三个观点：中国保险业投资价值凸显，值得我们耐心坚守

从上边的分析和论述中我们可以看到，保险业的负债端还没

到底。代理人队伍还在加速清虚阶段，我们不要指望现在就能反转，但是投资端拐点已现：一是最近两年资本市场表现不好，影响了保险公司的投资收益——2023 年即便不会出现大幅反弹，也会边际改善；二是最近两年的世界性货币的大放水已经出现逆转趋向，世界进入了加息周期，社会无风险利率提升，这非常有利于保险公司固收类投资资产的配置。

美国 10 年期国债收益率水平在最近一年已经从低点反弹上来，2022 年中甚至一度超过 4%。其实，中国 10 年期国债收益率水平，也从此前的低点有了明显的反弹和提升（见图 5-11）。

图 5-11　美国 10 年期国债收益率两年走势对比

2021 年和 2022 年中国保险业在资本市场表现低迷，是"改革+疫情"和"负债+投资"负面因素相互叠加的结果。这些因素，目前都在被逐渐改善。尤其是在投资端，2023 年极有可能会有比较好的表现，并且会在财报上体现出来。如果进展顺利的话，作为保险龙头的中国平安，负债端也可能率先出现拐点，并体现于财报。若如此，则市场对保险板块的预期也会发生根本性的改变。

让我看好中国保险板块的另一个原因，还体现在表 5-11 中。无论 A 股，还是 H 股，中国的保险公司几乎都创下了历史最低估值，并且目前都还处在历史最低区域里。通俗的说法：都还在泥里挣扎。

表 5-11　中国主要保险公司 PEV 估值数据

企业名称	最 大 值	最 小 值	均 值	当 前 值	分 位 数
中国人寿 A	11.66	0.57	1.45	0.81	10.81%
中国平安 A	10.98	0.46	1.34	0.59	3.71%
中国太保 A	3.47	0.34	1.29	0.47	5.30%
新华保险 A	2.56	0.28	1.10	0.35	4.65%
中国人寿 H	7.07	0.16	1.70	0.24	3.57%
中国平安 H	6.67	0.34	1.81	0.55	3.35%
中国太保 H	3.88	0.20	1.20	0.28	3.91%
新华保险 H	1.90	0.13	0.75	0.19	4.02%
友邦保险 H	2.77	1.13	1.83	1.81	52.31%

注：1. 统计起始时间为公司上市之日。

2. 截止时间为 2022 年 12 月 18 日。

通过本章的分析和论述，我们可以很明确地得到以下四点结论。

(1) 中国保险业前景广阔，还是朝阳产业，老龄化社会加

速到来的中国将不得不倚靠商业保险的大发展。

（2）中短期内，保险业绩投资端有可能开始好转，但还不可能奢求全面逆转。

（3）最低估值区内，是难得的上车机会。

（4）耐心，耐心，一定得有耐心！

第四节　白酒龙头：永远值得持有和期待

一、白酒股的市场表现

在 A 股做投资，避不开白酒股。截至 2022 年 12 月初，贵州茅台上市 21 年，后复权价格涨逾 280 倍，年化涨幅大约 31%；五粮液上市 24 年，涨逾 87 倍，年化涨幅大约 20%；洋河股份上市 13 年，涨逾 5 倍，年化涨幅大约 14%。就连被塑化剂事件打击最重的酒鬼酒，上市 25 年，涨逾 12 倍，年化涨幅也达到了 11%。

无论贵州茅台、五粮液，还是其他什么白酒股，都给长期投资者带来了不错的收益。况且这样的收益至少还包含以下两重不利因素。

（1）上市时的高估值价格。

（2）2022 年 12 月初计价时，白酒股都经历了一次近乎腰斩的向下波动。

如果排除这两个因素，白酒股过去给投资者带来的真实收益将是更加惊人的。稍微懂一点估值理论的朋友，买在相对的低位，长期持有后卖在相对的高位，那么收益率将在上述计算的基础上，至少再翻一倍。

以前投资资金少的时候，我投资了五粮液，从最低 10 多元钱，最高揣股到 120 余元，最大涨幅 11 倍。可惜，我更大的仓位，是在 57 元上下卖掉的。只吃到了鱼头，没有吃到鱼身和鱼尾。

后来资金量上来了，我又先后三次操作茅台。

第一次在 2015 年熊市期间，茅台从 220 元向 180 元滑落。

第二次在 2018 年下半年，茅台从 600 元向 500 元滑落。

第三次也是最近的一次，2022 年下半年，茅台从 1600 元向 1300 余元滑落。

第三次还没有操作完，不好多说，但前两次都给我留下了丰厚的收益和美好的回忆。通过我的三次操作，大家也可以看到，茅台的股价确实是越来越高了。无怪乎 A 股投资者中，有"白酒就是价值投资者心中永远的神"之说。

二、白酒股的投资逻辑

白酒股表现为什么这么好？基础逻辑在哪里？未来还能长线投资吗？这就是本节要跟朋友们探讨的话题。白酒股之所以能给投资者带来如此丰厚的长期回报，根本原因在如下四点。

1. 好赚钱

好赚钱的标志，就是产品的毛利率和净利率都高。也就是我最为推崇的效益型企业。我选择了中证白酒指数中权重前五位的酒企，做了数据统计，五大酒企 2012—2021 年来的毛利率，很少有低于 60% 的，尤其是贵州茅台始终维持在 90% 上下（见表 5-12）。

表 5-12　五大酒企 2012—2021 年毛利率数据

单位：%

年　份	2012年	2013年	2014年	2015年	2016年	2017年	2018年	2019年	2020年	2021年
五粮液	70.53	73.26	72.53	69.20	70.20	72.01	73.80	74.46	74.16	75.35
山西汾酒	74.77	75.07	67.44	67.37	68.68	69.84	66.21	71.92	72.15	74.91
贵州茅台	92.27	92.90	92.59	92.23	91.23	89.80	91.14	91.30	91.41	91.54
泸州老窖	65.65	56.98	47.61	49.40	62.43	71.93	77.53	80.62	83.05	85.70
洋河股份	63.56	60.42	60.62	61.91	63.90	66.46	73.70	71.35	72.27	75.32

五粮液、泸州老窖和洋河股份的净利率普遍维持在 30% 上下，茅台最差的年份，也高达 40% 以上（见表 5-13）。毛利率净利率双高，说明企业产品的盈利空间大。酒企的毛利率和净利率都维持在这么高的位置上，说明整个行业的效益普遍较好。"一把粮食一碗水，然后卖出黄金价"，这是天生好赚钱的一个行业。尤其是在经过 2012 年前后"塑化剂"与"十条禁令"的影响后，各大酒企依然维持着"双高"的状态，更充分说明企业的盈利空间经得起较大强度的外部冲击。

表 5-13　五大酒企 2012—2021 年净利率数据

单位：%

年　份	2012年	2013年	2014年	2015年	2016年	2017年	2018年	2019年	2020年	2021年
五粮液	38.00	33.67	28.83	29.60	28.75	33.41	35.07	36.37	36.48	37.02
山西汾酒	21.41	16.19	9.14	13.12	14.56	16.63	16.63	17.29	22.27	26.99
贵州茅台	52.95	51.63	51.53	50.38	46.14	49.82	51.37	51.47	52.18	52.47
泸州老窖	39.31	33.91	18.23	22.47	23.48	25.03	26.89	29.35	35.78	38.45
洋河股份	35.62	33.30	30.73	33.42	33.78	33.23	33.59	31.94	35.47	29.64

2. 能赚钱

酒企们"好赚钱"的特征，最终体现在了利润表上，净利润数据极为亮眼（见表 5-14）。

表 5-14　五大酒企 2012—2021 年净利润数据

单位：亿元

年　份	2012年	2013年	2014年	2015年	2016年	2017年	2018年	2019年	2020年	2021年
五粮液	103.36	83.22	60.58	64.10	70.57	100.86	140.39	182.28	209.13	245.07
山西汾酒	13.87	9.85	3.58	5.42	6.42	10.12	16.05	21.16	31.16	53.90
贵州茅台	140.08	159.65	162.69	164.55	179.31	290.06	378.30	439.70	495.23	557.21
泸州老窖	45.43	35.38	9.76	15.51	19.50	26.02	35.10	46.42	59.59	79.37
洋河股份	61.52	50.02	45.08	53.65	58.05	66.19	81.15	73.86	74.85	75.13

同时，它们的"能赚钱"还体现在靓丽的 ROE 数据上（见表 5-15）。

表 5-15　五大酒企 2012—2021 年 ROE 数据

单位：%

年　份	2012年	2013年	2014年	2015年	2016年	2017年	2018年	2019年	2020年	2021年
五粮液	37.61	24.28	15.66	15.14	15.25	19.61	23.44	25.82	25.53	25.91
山西汾酒	44.70	26.28	9.16	12.85	13.75	19.74	26.39	29.12	35.23	42.02
贵州茅台	46.04	40.12	32.72	27.08	25.23	33.74	35.45	33.92	31.99	30.56
泸州老窖	53.45	34.67	9.55	15.39	18.15	19.68	21.64	25.31	27.88	30.93
洋河股份	49.98	31.16	24.79	25.15	23.70	23.84	25.71	21.07	19.97	18.56

我们以前普及过，长期看，投资者的投资收益率将无限接近于它的年化 ROE 数据。酒企们的 ROE 动辄 20%、30%，甚至 40% 这么高，难怪上市后，它们的市值能有如此惊艳的表现。

3. 真赚钱

怎样考察企业的利润质量？一看净现比，二看收现比。

净现比看的是它利润中真金白银的含量，收现比看的是它营业收入中真金白银的含量。白酒在这两个数据上，也交出了令人满意的答案。除了 2012 年之后那两年，因为受到特殊事件和政策性影响外，其余年份酒企们的净现比都非常高（见表 5-16）。再加上它们超高的利润率，可以说，这些年酒企们基本上是卖出去多少酒，就收回了多少现金（见表 5-17）。

表 5-16　五大酒企 2012—2021 年净现比数据

单位：%

年　份	2012年	2013年	2014年	2015年	2016年	2017年	2018年	2019年	2020年	2021年
五粮液	84.66	17.53	13.12	104.38	165.75	96.83	87.73	126.79	70.28	109.25
山西汾酒	74.91	-31.07	116.20	78.97	91.27	96.34	59.56	140.55	64.51	141.84
贵州茅台	85.10	79.27	77.65	105.96	208.86	76.37	109.40	102.82	104.33	114.91
泸州老窖	105.24	34.68	133.91	9.93	141.03	142.35	122.45	104.31	82.50	97.00
洋河股份	89.40	63.57	60.16	108.79	127.56	103.99	111.61	92.04	53.16	203.89

表 5-17　五大酒企 2012—2021 年收现比数据

单位：%

年　份	2012年	2013年	2014年	2015年	2016年	2017年	2018年	2019年	2020年	2021年
五粮液	121.34	100.75	96.31	120.43	134.64	118.44	114.99	125.93	109.33	122.27
山西汾酒	107.52	93.79	106.89	97.65	101.23	99.58	94.39	113.48	97.18	125.42
贵州茅台	109.29	107.48	105.74	113.54	157.00	110.65	114.44	111.18	112.76	112.37
泸州老窖	122.06	92.81	145.92	91.43	93.81	119.49	113.58	116.86	103.18	109.23
洋河股份	113.02	115.85	113.41	121.43	133.10	119.05	116.33	121.76	102.02	145.21

收现比也体现出了这一点。白酒企业们的利润质量，没有任何问题。

4. 增长好

酒企们在 2012 年之后，因为受到冲击，其业绩的确有过两三年的低迷期，但之后很快又复苏过来。从 2015 年以后，开启了一场迄今已经七八年的增长周期（见表 5-18）。

表 5-18　五大酒企 2012—2021 年营业收入增长数据

单位：%

年　份	2012年	2013年	2014年	2015年	2016年	2017年	2018年	2019年	2020年	2021年
五粮液	33.66	-9.13	-15.00	3.08	13.32	22.99	32.61	25.20	14.37	15.51
山西汾酒	44.35	-6.04	-35.67	5.43	6.69	44.42	48.46	25.92	17.63	42.75
贵州茅台	43.76	17.45	3.69	3.82	20.06	52.07	26.43	15.10	10.29	11.71
泸州老窖	37.12	-9.74	-48.68	28.89	25.02	20.50	25.60	21.15	5.28	23.96
洋河股份	35.55	-13.01	-2.34	9.41	7.04	15.92	21.30	-4.28	-8.76	20.14

不仅营收如此，净利润表现同样如此（见表 5-19）。

表 5-19　五大酒企 2012—2021 年净利润增长数据

单位：%

年　份	2012年	2013年	2014年	2015年	2016年	2017年	2018年	2019年	2020年	2021年
五粮液	61.64	-19.48	-27.20	5.81	10.08	42.93	39.19	29.84	14.73	17.19
山西汾酒	50.03	-28.96	-63.58	51.40	18.41	57.67	58.65	31.86	47.25	72.98
贵州茅台	51.44	13.97	1.91	1.14	8.97	61.77	30.42	16.23	12.63	12.51
泸州老窖	48.66	-22.12	-72.41	58.84	27.66	31.47	34.91	32.24	28.35	33.21
洋河股份	48.72	-18.69	-9.88	19.01	8.20	14.02	22.61	-8.99	1.33	0.38

三、白酒企业的商业模式

白酒企业为什么能在经营和财务上有着如此令人惊艳的表现呢？这跟它天生的商业模式是分不开的。

1. 轻资产运行

酒企们的固定资产对总资产的占比都不重（见表 5-20），是典型的轻资产运营的行业。实话实说，能像白酒这样完全实现轻资产运营的产业不多。

表 5-20　五大酒企 2012—2021 年固定资产对总资产占比数据

单位：%

年　份	2012年	2013年	2014年	2015年	2016年	2017年	2018年	2019年	2020年	2021年
五粮液	12.15	13.38	12.23	10.18	8.74	7.46	6.11	5.74	5.15	4.14
山西汾酒	10.72	13.53	13.31	22.72	23.04	17.38	13.52	9.82	8.91	7.50
贵州茅台	15.13	15.37	15.75	13.23	12.80	11.32	9.54	8.27	7.60	6.85
泸州老窖	6.41	7.99	8.25	8.25	8.49	5.72	4.56	5.25	19.67	18.72
洋河股份	13.20	18.94	22.12	20.58	20.54	19.07	15.81	13.58	12.78	9.26

2. 资本开支少

轻资产运行的企业，通常资本开支都不大（见表 5-21）。

表 5-21　五大酒企 2012—2021 年资本开支对净利润占比数据

单位：%

年　份	2012年	2013年	2014年	2015年	2016年	2017年	2018年	2019年	2020年	2021年
五粮液	3.44	4.11	6.78	6.16	4.35	2.14	2.71	9.32	4.75	6.28
山西汾酒	19.39	48.93	84.08	32.66	16.67	6.62	5.92	7.61	6.29	2.89

（续）

年 份	2012年	2013年	2014年	2015年	2016年	2017年	2018年	2019年	2020年	2021年
贵州茅台	30.07	33.86	27.24	12.53	5.68	3.88	4.25	7.16	4.22	6.12
泸州老窖	3.98	8.34	16.80	5.22	12.15	54.42	41.82	99.20	35.98	24.93
洋河股份	54.83	53.54	39.64	13.42	8.27	4.91	5.80	4.29	4.72	5.64

酒企们赚的钱，只用拿出极少的一部分用于经营，就能让企业发展得很好。这样的企业，绝大部分收入都可以拿来自由支配和使用。因此，其自由现金流充沛（见表5-22）。看到这张图表，可能有朋友会奇怪：正常情况下，自由现金流会比净利润低，为什么酒企创造的自由现金流与当年取得的净利润相比，经常会有超过100%的现象发生呢？其实答案很简单：产品供不应求时，企业收到的客户的预付款多，就有可能造成这种情况。

表5-22 五大酒企2012—2021年自由现金流与净利润对比数据

单位：%

年 份	2012年	2013年	2014年	2015年	2016年	2017年	2018年	2019年	2020年	2021年
五粮液	81.21	13.42	6.34	98.22	161.40	94.69	85.02	117.47	65.53	102.97
山西汾酒	55.52	-80.00	32.12	46.31	74.61	89.72	53.64	132.94	58.22	138.94
贵州茅台	55.03	45.41	50.41	93.44	203.18	72.50	105.15	95.66	100.11	108.79
泸州老窖	101.25	26.34	117.11	4.71	128.87	87.93	80.63	5.11	46.52	72.07
洋河股份	34.57	10.04	20.52	95.36	119.29	99.08	105.80	87.75	48.44	198.24

大家仔细观察下其2013年和2014年的数据，各大酒企的相关数据是不是就特别不好看？那是因为这两年，企业在受到冲击

后，为保业绩，加大了渠道赊销，因此自由现金流相对差些。

白酒企业有着好的商业模式，在实际经营中，特别好赚钱、特别能赚钱，赚的又全都是真钱。上溯来源，其上千年的发展历史又在告诉我们，白酒这是一个几乎可以永续生存的行业。在这样的行业里，培养和滋生这样一批优秀的企业，是理所当然的，也注定了白酒是 A 股投资者必须重视和配置的一个板块！

四、白酒股的投资建议

如果说标配银行，是因其稳，因其廉，那么标配白酒，就是因其质，因其优。如果说银行是估值选股的代表，那么白酒就是品质选股的代表。从投资实践上看，历次白酒板块的调整，都是投资者绝佳的入场机会。

写作本节时，正是 2022 年 12 月初，白酒板块总体估值尚有 30 余倍。这个估值水平，处于历史近 60% 的分位水平上（见图 5-12）。此时不贵，但也并不便宜。面对这样的估值水平，**我的投资建议是：超长期投资者现在就可以买，中短期投资者还需要耐心地等待。**

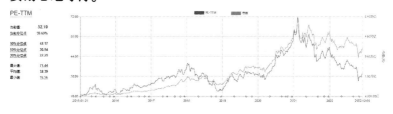

图 5-12　中证白酒指数 PE 估值曲线

上文中提到 2015 年之后，我曾先后三次操作茅台，我的经验是，只要有足够的耐心，好的股价和好的估值，一定可以等得到。坊间对投资白酒最大的担心是随着中国人口规模到顶、人口结构老龄化，年轻人变少、口味迁移，白酒可能会在未来呈现出一种整体性萎缩状态。统计数据也确实反映出了这样的一种趋势。

中国白酒的产量大约在 2016 年前后见顶，之后一路下滑（见表 5-23）。这两年下滑幅度略有收窄。但是我们看到另一幕情景，也在白酒板块身上神奇地发生。

表 5-23　中国白酒 2012—2021 年年度产量数据

单位：万千升

年　份	2012年	2013年	2014年	2015年	2016年	2017年	2018年	2019年	2020年	2021年
产量	1153.2	1226.2	1257.1	1312.8	1358.4	1198.1	871.2	785.5	740.7	715.6
增长率	18.55%	6.33%	2.52%	4.43%	3.47%	-11.80%	-27.28%	-9.84%	-5.70%	-3.39%

茅台基酒的产量在连年增加，并且市场上的茅台酒还供不应求，市场价甚至可以炒到出厂价的三倍以上（见表 5-24）！这说明白酒行业，一边在萎缩，一边在向头部企业垄断和集中！

表 5-24　贵州茅台 2012—2021 年基酒产量数据

单位：万吨

年　份	2012年	2013年	2014年	2015年	2016年	2017年	2018年	2019年	2020年	2021年
基酒产量	3.36	3.84	3.87	3.22	3.93	4.28	4.97	4.99	5.02	5.65
增长率	12.00%	14.29%	0.78%	-16.80%	22.05%	8.91%	16.12%	0.40%	0.60%	12.55%

综合以上种种分析，对投资白酒板块，我给朋友们提出以下四点建议。

1. 要买就买龙头股

本节统计展示的诸多图表，朋友们可以逐一仔细对比观察。白酒板块虽然整体表现甚好，但酒企和酒企的差距还是非常之大的。所有的酒企表现都很出色，但龙头企业的表现更好。不仅如此，龙头企业的表现，可以说在整个 A 股市场上都无出其右者！不相信的话，大家尽可以去全市场 5000 余家企业中翻找，看还能不能找到两三家在长期各项数据上都可以跟白酒龙头相媲美的标的。如果有，那就尽快地买入它！

2. 耐心等待

如果股价和估值未到心仪位置，我们一定要学会耐心等待。再好的企业，也不能买得太贵。再好的股票，其价格也会有波动发生。牛如茅台，在市场情绪低迷时，也曾被打到 10 倍以下的估值，并长期在地板价上反复徘徊。仅仅 2015 年之后，我就先后三次低位抄底和操作。由此可见耐心的重要，等待的重要。希望大家都能有耐心等待，寻找到最佳的投资时机。

3. 长期持有

再好的企业，业绩的成长也需要时间的浸润。白酒板块尤其是一个适宜长线持有的板块。所以我建议朋友们一旦等待到上佳的买入时机，除非遭遇完全泡沫化，尽量不要频繁地买进卖出。

我在回顾自己的三次茅台操作时，也自认第一次卖出太早，以至于第二次不得不在高于上次卖出价的位置上重新买入。第二次吸取了第一次的教训，在感觉茅台股价已经生成泡沫后，分三次卖出总仓位的40%，没有再一清到底。第三次操作，在茅台价格从第二次操作卖出价最高回调近50%，且估值刚进入合理的25倍上下时，即慌忙买回全部曾经卖出的仓位。

我现在持有的茅台仓位，不到绝对的泡沫化，我坚决不会卖出。如果将来有机会增持，我一定加仓。我坚信，它将来还会泡沫化，也一定还会有地板价。坦率地说，我更期待地板价。从这个角度看，我也在等待。

4. 组合必备

白酒企业的商业模式比较简单，相对好理解，非常适合各式投资者操作和持有。朋友们在构建自己的投资组合时，一定要多多少少配置点白酒企业。择低买入，作为压箱底老货，可以安枕无忧。当然，再看好一只股票，也不要全仓和重仓，单钓一只。**我个人的组合原则是，单只股票对总仓位占比不超过20%，极限位置在40%。**

以上建议，仅供朋友们参考。

第五节　医药与互联网：难得的上车机会

A 股素有"吃药喝酒"的说法，意思是在 A 股做投资，逃不开医药和白酒这两大行业。上一节我们讲了白酒，这一节花点时间，重点讲讲医药，顺带着再分析互联网。医药和互联网这两个板块，从行业属性上看风马牛不相及，但最近两年，它们都在隐形熊市中遭遇了大幅的回撤。我认为，这中间孕育着比较好的投资机会。

一、医药行业的投资机会

我对医药行业，有四个基本的观点。

1. 医药是一个可以永续生存的行业，在中国它还是一个实打实的朝阳行业

（1）我们的人口规模和人口结构决定了，医药行业大有前途。

2021 年，中国境内共有 14.13 亿人口，其中 65 岁以上的老年人口高达 2.01 亿，而 15~63 岁年龄段的人口更是高达 9.65 亿。中国目前的老年人口已经非常多，基数极为庞大。未来 20~30 年，将有更多的人口步入老龄化（见图 5-13）。

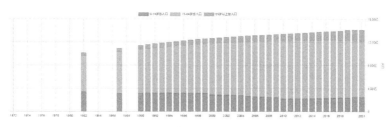

图 5-13　中国人口年龄结构

　　人老了，最重要的是什么？健康和生命。只要有一线希望，就没人舍得放弃这两样东西，这是亿万年进化自然生成的人性本能。人口规模和人口结构决定了，现在和未来医药行业就是一个极度重要和绝对不可或缺的行业。

　　（2）中国的人均医疗保健费用，还有很大的增长空间。

　　2020 年，中国人均医疗保健支出为 1843 元，约占人均消费支出的 8.7%；2021 年，中国人均医疗保健支出 2115 元，同比上升近 15%，但占当年人均消费支出的比重，也不过 8.8%，比上一年提升了约 0.1 个百分点（见图 5-14）。而同期欧美发达国家，人均医疗保健支出约占人均消费支出的 10%。比如美国，

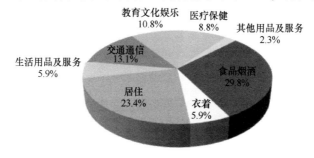

图 5-14　2021 年全国人均消费支出组成情况占比图

2021 年这个数据为 10.5%。

如果按照目前这个增长速度，我国人均医疗保健支出绝对数同比增长 15%，但对消费支出总量的占比每年只提升 0.1 个百分点，那么中国从现在的 8.8% 提升到 10.5%，至少还需要 15～20年的时间。若每年保持 15% 的增长，哪怕只持续 15 年，总增长量也将高达 7 倍以上。

2. 医药行业虽然重要，但赚钱并不容易

重要，只是代表其社会价值，具体到商业上，能否真正给股东们创造出切实可观的价值还需要认真考证。医药行业的整体毛利率目前还始终维持在 30% 以上（见图 5-15）。如果单纯地把它作为制造业看待，这个毛利率水平是及格的。但从它的市场热度看，这个水平也只是勉强及格而已。

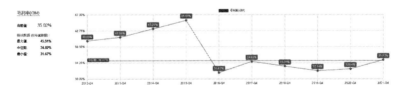

图 5-15　中证医药指数毛利率

想想上一节我们分析的白酒企业的毛利率，二者相差的可不是一个两个档次。另外，集采政策出台后，医药行业的毛利率立即从 2015 年的 45% 下降到 2016 年的 31%，政策对行业的影响，还是立竿见影的。

这些还不重要。更重要的是，医药行业的净利率不高。2015年之前就不算太高，小两位数，2015年之后，几乎腰斩，被砍到了个位数（见图5-16）。

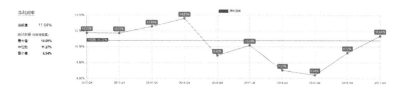

图5-16　中证医药指数净利率

看起来很牛的医药行业，为什么维持着这么低的净利率水平呢？答案很简单，销售费用太高。为了获得1元钱的净利润，医药行业整体得付出1~2元钱的销售费用（见图5-17）。集采之前，这个问题比现在更严重。

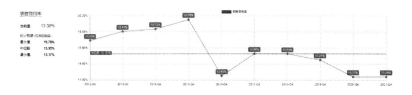

图5-17　中证医药销售费用率

3. 投资医药行业，要有所取舍

医药行业很重要，在投资者中名头也很大，但细扒下来，行业整体上赚钱并不容易。这一点，是不是非常颠覆我们对其的认知？其实不仅是医药行业，很多名头很大的行业，"盛名之下，其实难副"，这个话题我们以后再讲。

这里单分析医药：重要但是不太好赚钱的特点决定了投资医药行业要精于计算，重于取舍。用大白话讲就是，在这个行业里投资，我们得到其中相对好赚钱的、受国家政策影响小的细分领域、细分板块上去投资。

我个人看好两个方向，一个是创新药，一个医疗器械。

看好创新药，是因为我们知道国家搞集采，主要目标是大宗药和仿制药，创新药企还是会得到鼓励和支持的。看好医疗器械，是因为这个板块相对好赚钱。图 5-18 反映的是医疗器械板块的整体毛利率水平，不仅高，最近这几年还在不断上升中，目前已经接近 60% 的水平。

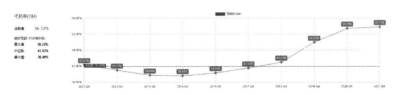

图 5-18　医疗器械板块整体毛利率

图 5-19 是医疗器械板块的整体净利率水平。最低的时候，也超过了医药板块的整体，最近几年同样大幅提升，目前已经达

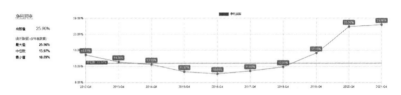

图 5-19　医疗器械板块整体净利率

到了 25%。这个数据可以跟一些白酒企业相媲美了。

如果我们能在医疗器械行业中，找到创新型、垄断型、独家专营型企业，那么投资的确定性就会更大。

4. 看准方向，低位就是入场良机

整体上，医药行业目前处于低位。在隐形熊市中，板块估值与板块指数都跌幅甚巨。但"熊市是用来发财的"。医药板块在集采之前，一直享受着跟白酒一样的高估值，市场关注度始终居高不下（见图 5-20）。集采叠加下跌行情，让医药板块在最近两年受伤害不小。但是，只要是找准方向、目标，避开集采冲击，目前的医药板块就是一个极佳的入场良机。毕竟，越来越富又越来越老的人口变化，永远离不开对医药行业的依赖。

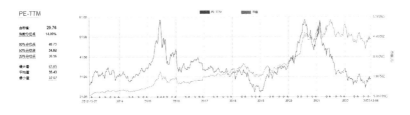

图 5-20　中证医药估值与市值曲线

医药行业细分板块很多，企业和产品间的差异极大，这一点跟产品和服务高度同质化的银行和白酒行业有着根本的不同。换言之，医药行业对投资者的投研能力要求更精、更细。希望能力圈内的朋友，多加研究，一定可以获得出人意料的成绩。

二、互联网行业的投资机会

在隐形熊市中跟医药行业一样受到重挫，至写作本书时还没有完全恢复过来的行业，还有互联网。互联网上市企业自 2020 年以来也遭遇了一段"不友好"的困难时光（见图 5-21）。国外有中美科技竞争背景下的刻意打压，国内有反垄断政策的出台和执行，市场面上叠加了隐形熊市的冲击，三方共振，对中国互联网企业造成了极大的杀伤力。股价和估值腰斩，甚至腰斩之后再腰斩的企业成批量出现。这在互联网行业的历史上是不多见的。

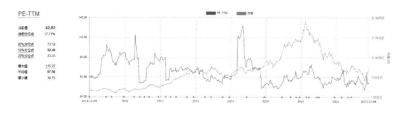

图 5-21　中国互联网估值与市值曲线

上一次的行业危机，应该还在 20 多年前的互联网泡沫破灭。本次危机和上次危机的不同在于，彼时互联网方兴未艾，大家都知道那是一方热土，未来前途无量，只是不知道哪个企业会真正成长起来。

本次危机则截然相反：互联网行业已经充分发展、高度成熟，不同的细分领域里都有大的龙头企业。比如电商领域的京东、阿里，社交领域的腾讯，短视频领域的抖音，各霸一方，成为巨擘。**所以我个人认为，这一次危机带来的投资机会对普通投资者而言，确定性会更大一些。**

互联网行业的特点就是：“资本密集+技术密集”，前期投入极大，但一旦实现竞争优势，日子就会过得相当好。这是一个赢家通吃的行业。2021 年盈利第一的腾讯控股，一家公司的归母净利润比其后 10 家公司的总和还要高出数倍。当然，腾讯当年利润有近千亿元的投资收益，但哪怕扣除掉这部分因素影响，其归母净利润也近乎 2 倍于后边 10 家公司的总和（见图 5-22）。

#	股票代码	上市公司	行业	最新权重 前十大权重 63.67%	市值	PE-TTM	PB	股息率	股价涨跌幅	今年以来投资收益率	财报日期 2021-Q4	营业收入 累计	营业收入 同比	归属于母公司普通股股东的净利润 累计	归属于母公司普通股股东的净利润 同比
1	00700.hk	腾讯控股 通	电子商贸及互联网服务	8.52%	29,875.36亿港币	14.28	3.57	0.51%	-0.70%	-31.44%	2021-12 年报	5,601.18亿 元	16.19%	2,248.22亿 元	40.65%
2	09988.hk	阿里巴巴-SW	电子商贸及互联网服务	8.33%	19,466.05亿港币	107.96	1.86	0.00%	-3.02%	-24.43%	2022-03 年报	8,530.62亿 元	18.93%	619.59亿 元	-50.78%
3	03690.hk	美团-W 通	电子商贸及互联网服务	7.18%	10,756.78亿港币	-82.33	7.62	0.00%	-0.29%	-22.89%	2021-12 年报	1,781.28亿 元	56.38%	-235.38亿 元	-509.93%
4	09618.hk	京东集团-SW	电子商贸及互联网服务	6.94%	7,352.17亿港币	399.17	3.13	2.10%	-2.40%	-12.19%	2021-12 年报	9,515.92亿 元	27.59%	-35.60亿 元	-107.21%
5	PDD.nasdaq	拼多多		6.74%	1,106.81亿美元	26.15	7.14	0.00%	--	50.80%	2021-12 年报	939.50亿 元	57.92%	77.09亿 元	208.20%
6	06618.hk	京东健康 通	药品	5.86%	2,631.38亿港币	-622.66	5.31	0.00%	0.81%	34.88%	2021-12 年报	306.82亿 元	58.30%	-10.74亿 元	93.77%
7	09961.hk	携程集团-S	旅游及观光	5.80%	1,668.32亿港币	-53.63	1.30	0.00%	-0.53%	37.00%	2021-12 年报	200.23亿 元	9.25%	-5.60亿 元	83.36%
8	YMM.nyse	满帮		5.11%	90.21亿美元	-13.84	1.85	0.00%	--	1.56%	2021-12 年报	46.57亿 元	80.45%	-41.73亿 元	-18.22%
9	BEKE.nyse	贝壳		5.06%	207.53亿美元	-51.68	2.06	0.00%	--	-18.34%	2021-12 年报	807.52亿 元	14.57%	-5.24亿 元	-172.75%
10	09999.hk	网易-S	软件开发	4.14%	3,714.25亿港币	14.68	3.19	2.22%	-5.37%	-30.47%	2021-12 年报	876.06亿 元	18.92%	168.57亿 元	39.74%
11	ATHM.nyse	汽车之家		--	37.11亿美元	11.05	1.06	1.81%	--	2.95%	2021-12 年报	72.37亿 元	-18.42%	21.49亿 元	-36.90%

图 5-22　中国互联网指数中权重前 11 位企业数据统计

赢家通吃的行业，要投资就投资最具竞争优势的龙头公司。互联网行业下的各个细分领域，也应该按照这个原则来进行投资决策。腰斩、脚踝斩之后的中国互联网行业，同样遭受了类似的危机。

目前投资者对其抱怨最多的两个点，一是担心“巨无霸们”的成长性，二是担心国内外的政策性限制。像腾讯控股，还叠加了大股东减持等因素。对这些问题，我做了以下分析和判断。

投资的本质就是做生意，买一家企业股票的本质就是买入这家企业的一部分股权。**投资的第一性原理告诉我们，只要这家企业还在源源不断地赚钱，只要我们买入的价格低于它的内含价值，那么这笔投资就是划算的。**也就是说，我们思考的点，应该放在品质和估值这两大核心因素上，除此之外，一切都是噪声。

国际的博弈和国内政策的调整，都是短期因素，并非致命因素。尤其对我们国家而言，反垄断是为了让行业、企业聚焦主业和本业，使其更规范、更健康地发展。互联网的出现，对提高社会效率、提升人们生活质量的贡献有目共睹。所以我坚信，一切政策的调整，都是为了行业更长久的未来与发展，绝对不是要整垮、搞死这个行业。如果没有这点自信，那就不要再投资 A 股。

总之，互联网企业的股价已经跌下来了，这就是一次难得的上车机会。选好赚钱、赚大钱、赚真钱的企业，选现在具有竞争优势将来还会继续具有竞争优势的企业，选我们能看得懂的各个细分领域的龙头企业，放入自己的组合，并给它适当的仓位。

第六节　新能源、半导体及其他新兴行业

这几年，新能源、半导体、5G、人工智能、云计算等行业，在资本市场叫得很响。2020—2022 年这段时间，相关行业板块

轮番表现，一度被市场冠以"赛道股"的美誉。在这个过程中，我始终冷眼旁观，没有参与。不仅如此，我还反复多次撰文提醒其投资风险。

一、新兴行业中的不确定性

我为什么对这些新兴行业怀有如此大的"成见"呢？先给朋友们看一组我统计的数据。

表 5-25 是中证新能源指数，作为一个在 2012—2021 年中整体的毛利率、净利率、ROE 等数据。毛利率数据从来没有高于 30% 过，净利率基本徘徊在个位数。这是个非效益型行业，所以整体 ROE 并不高，在大多数的年份，只取得个位数的成绩。

表 5-25 中证新能源指数 2012—2021 年整体盈利能力数据

单位：%

年 份	2012年	2013年	2014年	2015年	2016年	2017年	2018年	2019年	2020年	2021年
毛利率	16.00	19.13	21.20	23.05	21.99	23.90	22.48	21.17	22.60	25.96
净利率	-2.00	4.10	6.81	8.61	7.60	7.24	7.28	5.68	9.18	13.87
ROE	-2.59	6.15	12.94	10.93	10.46	8.74	9.07	7.12	9.44	14.85

表 5-26 是半导体作为一个行业取得的整体性成绩。仅 2021 年表现勉强过关。2021 年发生了什么，想必大家都很清楚——美国对相关行业的禁令，使国内半导体行业实现了"价增量升"的经营局面，将来技术突破之后，行业必然会回复常态。但整个

行业在常态下的毛利率和净利率水平，表现比新能源还要差。

表 5-26　中证半导体指数 2012—2021 年整体盈利能力数据

单位：%

年　份	2012年	2013年	2014年	2015年	2016年	2017年	2018年	2019年	2020年	2021年
毛利率	13.35	17.66	19.09	19.36	13.95	13.80	22.44	24.09	25.53	31.78
净利率	-7.53	2.61	2.67	5.04	2.09	2.97	4.45	5.98	8.99	18.48
ROE	—	2.78	3.30	6.38	1.87	5.07	7.95	7.85	10.37	15.44

其他如 5G、人工智能、云计算等行业大同小异。统计数据如下，请大家翻看和参考（见表 5-27、表 5-28 和表 5-29）。

表 5-27　中证 5G 指数 2018—2021 年整体盈利能力数据

单位：%

年　份	2018 年	2019 年	2020 年	2021 年
毛利率	25.17	16.99	17.44	17.75
净利率	2.20	5.56	5.94	6.00
ROE	—	18.50	13.93	12.99

表 5-28　中证人工智能指数 2017—2021 年整体盈利能力数据

单位：%

年　份	2017 年	2018 年	2019 年	2020 年	2021 年
毛利率	28.98	28.71	29.63	29.61	30.26
净利率	8.63	4.79	6.54	8.24	8.10
ROE	—	7.23	10.00	11.93	12.00

表 5-29　中证云计算指数 2015—2021 年整体盈利能力数据

单位：%

年　份	2015 年	2016 年	2017 年	2018 年	2019 年	2020 年	2021 年
毛利率	29.37	26.15	25.88	25.06	25.49	28.52	29.08
净利率	6.89	4.24	6.36	2.08	2.07	6.17	5.98
ROE	—	6.55	9.05	3.27	3.45	8.72	8.65

　　我们再来对比一下前边讲到的白酒行业的整体盈利能力，两相对比，大家是不是有一个天上一个地下的感觉（见表 5-30）。

表 5-30　中证白酒指数 2014—2021 年整体盈利能力数据

单位：%

年　份	2014 年	2015 年	2016 年	2017 年	2018 年	2019 年	2020 年	2021 年
毛利率	74.28	72.99	71.44	74.30	77.18	77.38	77.58	78.86
净利率	31.79	32.65	29.02	32.84	34.60	34.91	36.89	36.76
ROE	—	20.70	20.11	24.77	27.47	27.29	26.37	26.63

二、新兴行业整体表现不佳的原因

　　新兴行业的盈利能力数据，为什么会整体性表现不佳呢？我认为主要有以下三个原因。

1. 天生的商业基因决定

　　新兴行业普遍由资本密集与技术密集型企业组成。无论金融资本，还是人力资本，消耗都比较大。

2. 成长逻辑决定

新兴行业发展迅速，企业恨不得年年增长翻倍，以迅速占领市场。这个阶段的行业和企业，对资本开支的要求是非常大的。就像早年的互联网企业，成长之初也很难盈利，但实现竞争优势后就"赢家通吃"。

3. 竞争格局决定

蓝海市场和朝阳行业的好处是空间大，坏处是竞争对手多。竞争激烈的结果，就是利润率普遍较低。这里重点强调一下，对企业经营而言，资本开支大并不必然是坏事，如上所言，快速成长的企业通常资本开支都大。我们这里探讨的是整体性投资机会，在一个整体并不太好赚钱的行业里投资，对投资者的投研能力要求是很高的，而这恰恰是普通投资者的短板和弱项。我们无论做什么事情，想成功或者想减少损失，都一定要学会扬长避短。我在前番新兴行业"赛道疯狂"时选择袖手旁观，原因就在这里。

真正能看懂行业、投研能力在线的朋友，当然可以投资，因为我知道我不是，我亦知道大多数朋友不是，所以对彼时舆论场上言必称新能源，或言必称成长股投资的风气保持着高度的警惕和谨慎。写作此书时，新能源、半导体、人工智能这些新兴行业，都出现了一轮较大幅度的回撤和调整，在我看来，泡沫还在，但已经不再高不可攀。**我个人依然不会在股票市场投资这个**

行业，但我不反对行家里手对它精耕细作。阅读本书的朋友，
90%以上应该跟我一样自我定位为普通投资者，希望我的上述观
点，能够得到重视和思考。

三、新兴行业的投资逻辑

看到这里，可能有朋友会问："腾腾爸，如果真像你说的，
新兴行业不赚钱，或者说不太好赚钱，那为什么还要发展这些行
业呢？难道开企业的那些人都是傻子？难道全中国就你一个大聪
明？"这个话题很有意思，困扰了很多人，有分享的价值。

1. 新兴行业可以不赚钱，但不影响这些行业造福社会

以新能源为例。中国是个缺能源的国家，发展新能源，可以
建立更节约、更高效的社会。减少对传统能源的依赖，不用进口
那么多的石油天然气，这对我们的国家安全也是一种保障。

在其成长壮大的过程中，新能源行业可以为国家和社会贡献
很多税收，解决很多就业。生产出的产品又可以为全体国民所享
受。新能源可以不赚钱，但国家和社会可以赚到很多钱，还有钱
以外的诸多益处。这就是经济学上讲到的一个很重要的概念——
"外部性"。修一条高铁可能不赚钱，甚至还亏钱，但这条高铁
带来的外溢效应，可能造福亿万人。新能源行业也是这样的，其
他新兴行业也是这样。

2. 新兴行业可以不赚钱，但这并不意味着企业处境艰难

从经营企业的角度看，赚钱当然重要，但比赚钱更重要的，是企业的回款好不好。只要企业的回款好，卖多少钱回多少钱，内部现金流特别充沛，那么企业就能生存得很好，经营企业的人就可以完全不受资金压力左右。这样的企业，处境就不会艰难。

以前我写过一篇文章，专门讲金融机构为什么敢于向一些并不太赚钱的企业融资。因为企业产品畅销，回款良好，还本付息不用担心。所以这样的企业，并不影响给它融资的金融机构赚钱。

大家一定要清楚，从营业收入到归属于股东的净利润，是按照以下逻辑链转化的：从营收里，会先扣掉成本，再扣掉销售费用，再扣掉管理费用，再扣掉财务费用，再扣掉研发支出，再扣掉所得税，再扣掉少数股东权益，最后才是归母净利润。

在这个链条的演进过程中，企业的上下游产业受益，经营者和管理者受益，融资的金融机构受益，税务局受益，与之合作的少数股东受益。这些相关方拿走应该拿走的收益之后，剩下的才是归属全体股东的利润。

3. 新兴行业可以不赚钱，但从业者和投资者的利益关注点得区分清楚

股票发明之后，企业经营者和所有者，或者说经营权和所有权，发生了区分和剥离。经营者未必就是所有者，经营权和所有权不用再完全统一。股市融资的财务成本可以约近于零。经营者只要壮大企业规模（主要以营收为衡量标准），自己可以多拿点薪金，就可以实现个人利益最大化。讲这段话的意思是说：企业经营者用不着给股东赚多少钱，就可以让自己生活得相当体面。

同样的道理，企业内部的工人、技师、员工等从业人员，只要能拿到合理的薪酬就行。而实现这一切，同样不需要企业非得赚多少钱就可以得到保障。

以上种种，和股东必须企业赚钱的利益关注点是完全不同的。

综上所述，关于企业经营的三个基本事实，大家一定要辨识清楚。

（1）企业的社会价值大，不一定代表着商业价值大。

（2）企业不赚钱，不代表企业生存艰难。

（3）除了股东，其他利益相关方并不一定非得靠企业赚到钱做保障。

作为一名闯荡二级市场的投资者，我们的思维方式，不应该跟社会管理者和生产链条上的其他相关方完全相同。我们得找到那些能给我们剩下尽可能多的东西（归母净利润）的企业进行投资才行。否则，就是人云亦云瞎炒。

四、成长股的投资误区

讲新兴行业，不能不讲成长。成长是个好东西，但是市场上对成长的误区有太多。

1. 很多人认为小就是成长

其实在一些利基市场，几十亿元的营收、几亿元的利润，可能就已经是成长的天花板。2022 年底，A 股市值小于 30 亿元的公司大约有 1100 余家；市值小于 50 亿元的公司大约近 2300 家。我敢打赌，这些标的中 95% 以上的公司已经丧失了成长性。它们都是些挂着小市值名号的成熟型公司，甚至已经无可避免地开始了衰落。

2. 很多人认为新就是成长

其实统计数据显示，世界各地，古往今来，创业成功率基本维持在 5% 的水平附近。尤其是新上市的公司，仅仅是新上市而已，说明不了什么。行业未必新，技术未必新，甚至成立的时间也未必新。你不能认为它是新上市的，所以就是新创公司，就是创新公司，对其未来前景还有无穷的想象。

我认识一位上市公司老总，在公司还没上市的时候就告诉我，他努力经营企业 20 多年，最终的目的就是上市，然后好套现。这样的公司，新又有何用？

3. 很多人认为周期就是成长

旱三年，涝三年。旱的时候业务收缩，涝的时候业务恢复。于是把由旱转涝时的业务恢复当成业务扩张，显然这是一种错觉。只有跨越周期的成长，才是真成长。收缩 40%，再恢复 20%，这算哪门子成长？

4. 很多人认为高景气度就是成长

企业的经营是非常复杂的，能决定企业成败的因素也非常多。高景气度行业确实是成长的沃土，但并不能保证这个行业里的所有企业都必然成长。当年全国光伏企业大小有两三万家，现在还有几家？

5. 估值误区

市场对成长最大的误区，还不是上边所述。那么最大的误区在哪里呢？**最大的误区是：只要是高成长，投资就可以不计估值。** 这类人以前经常举贵州茅台、腾讯控股、阿里巴巴为例，认为什么时候买入都是对的。现在只说茅台，鲜少有人再谈腾讯和阿里。因为茅台还贵着，而腾讯、阿里最近两年跌得确实有点惨。

2022 年上半段时间也有人举例"宁王"（宁德时代）和"比王"（比亚迪）的。后来它们股价回调，这些人也消停了很多。但可以确定，将来哪些股票热门了，哪些又会被当成典型。

其实这些股票都曾几年不涨过，它们之所以被举例子，只是因为它们股价当时涨势好而已。投资实践一再证明，再好的东西，买得太贵，都会让投资变得平庸，甚至失败。今天发生的事，历史上都曾发生过，太阳底下哪有什么新鲜事。

真正的成长，不是小，不是新，不是周期，不是景气度，而是大家都没有注意到，或注意到了但是不屑一顾的永续生存。永续生存算哪门子成长？一年赚 10 万元，可以连赚 10 年，和可以连赚 100 年，未来现金流折现过来的股票价值，能一样吗？

每年赚的钱不需要增长，企业存续的时间不一样，企业的商业价值就不一样。当然，在稳定经营的基础上，企业业绩每年还能有适当的增长，那就更美妙了。**"稳定经营+适当成长"是成长中的成长，也可以称之为超级成长。**符合这样条件的企业，才是好企业。符合这样条件的企业，才是长线投资的好标的。符合这样条件的企业，才是超级成长股。符合这样条件的企业，才能给普通投资者稳稳的幸福。

第七节　价值投资永不过时

最早从 2020 年下半年始，到 2022 年底本书写作即将收尾时止，A 股在不知不觉间已经走了两年多隐形熊市。无数的大白马股、曾经的赛道股，发生了极为严重的股价回撤和估值回落。股价和估值惨遭腰斩、脚踝斩者，比比皆是。

一、"价值投资已死"的说法

在这个过程中，机构和个人投资者都整体性地损失惨重。曾经封神的基金经理们惨遭滑铁卢，清盘的、道歉的、被网友嘲讽的成批量出现。这种种负面消息，困扰着广大投资者，市场与坊间甚至流行"价值投资已死"的说法。我们应该怎么看待这个问题呢？

1. 归因错误

应该说，所谓的专业机构，大多数的商业模式有着天生的不足。以基金为例。基金用来买卖股票的资金，归根结底还是来源于广大中小个人客户。这种拿别人的钱来进行投资的商业运营模式，本质上还是一种加杠杆操作。所以林园说，基金经理天生不能做价值投资，只能做趋势投机，是有道理的。当年巴菲特也看清了这一点，所以逢股市高潮，坚决清仓了自己的合伙投资公司。

这段话的意思是想告诉大家，很多基金经理这几年表现不佳，根本的原因在于他们的商业模式——他们的商业模式决定了行情好时会放大收益，行情差时又会放大损失。这与价值投资无关，把罪过推卸到价值投资身上，就是典型的归因错误。

2. 僵化性理解

（1）投资就是投资，我们投资投的就是价值，所以在投资前面冠以"价值"二字本身就是多余的。我自己之所以也言必称价值投资，完全是入乡随俗、随行就市，便于沟通和表达的需要。也就是说，价值投资的概念表达，本身是不严谨的。

（2）价值的含义本身包含着品质和估值两个方面的考量。低估值有可能是价值，但低估值并不必然是价值。只有成长和估值相匹配的估值，才是有价值的估值。

3. 近因效应

隐形熊市运行两年后，开始显性化。激烈的市场下调，让投资者悲观情绪滋生，认为眼前发生的事会长久地发生下去，从而丧失了对未来的信心。其实从总体上看，最近的几年是价值投资的大年，真正长期坚持价值投资的朋友，整体投资收益并不差。

沪深 300 指数是大市值白马股的代表。2014 年中，沪深 300 指数整体市值大约为 16 万亿元。八年之后，即 2022 年底，市值大约为 48 万亿元。八年多一点的时间，市值增长了大约两倍。而同期的沪市大盘，仅从 2600 多点上升到 3200 点（见图 5-23）。所以这些年，以大白马股为代表的沪深 300 指数，远远跑赢了市场。

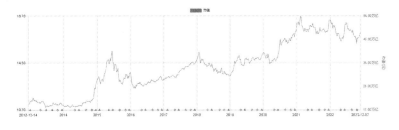

图 5-23　沪深 300 指数市值曲线

从个体的角度观察，这种感受可能更强。白酒、家电、医药，甚至被称为金融"三傻"的银行、保险、地产等行业，都跑出了很多实打实的大牛股。坚持"品质+估值"投资策略的朋友，获得了极高的投资收益。包括这两年被市场嘲笑备至的我，在这期间哪怕计算进这两年回撤，也取得了逾10倍的投资收益。

市场中传来的绝大多数的叫惨声，是基于近两年的市值回撤，并非长线价值投资者的哀号。

二、价值投资的新一轮起点

目前正是价值投资者的又一轮播种期。股市低位，股价不贵，对投资者来说，这就是最好的消息。回顾一下本书第一章讲解的内容，我们可以更镇定从容——现在的中国股票市场，港股和A股估值都不贵，甚至还称得上极为便宜，对我们来说，这就是最大的利好。

买得太贵，就不会好赚钱；买得便宜，就会相对好赚钱。当我们让股票投资重新回归做生意的本质时，很多疑问和迷惑就可迎刃而解。在过去的两年里，身处隐形熊市中的机构投资者苦不堪言，但是像我这样的普通投资者却可以大展拳脚，大显身手（见表5-31）。

表5-31　中国股市主要指数估值与十年百分位数据

指 数 简 称	PE（TTM）	PB	PE 十年百分位（%）
恒生	9.09	1.02	18.56
恒生国企	8.02	0.93	37.90

（续）

指 数 简 称	PE（TTM）	PB	PE 十年百分位（%）
全 A	16.72	1.59	33.99
上证综指	12.58	1.30	29.51
深证成指	25.00	2.54	44.61
创业板指	38.91	4.95	11.44
创业板全指	49.56	3.62	16.42
科创板全指	52.62	4.01	15.04
科创 50	40.97	4.33	14.48
中证 1000	27.96	2.21	10.25
中证 500	22.61	1.68	21.89
沪深 300	11.32	1.34	21.04
上证 50	9.31	1.25	26.87

注：1. 统计日期为 2022 年 12 月 31 日。
　　2. 数据均来自理杏仁网站。

　　我们有精心谋划已久的后续现金流（场外体系建设），我们把优质的股权本身就视为财富，这让我们在优质股权的价格跌至极低时，可以放心地大买特买。如果这样做了，我们一定会成为人生的赢家。此时此刻，我们一出手，就已经胜了！

　　格雷厄姆说：股市下跌是考验投资者成色的最佳试金石。我相信发生在估值不高基础上的下跌，通常是机会，而非风险。在这两年时间里，我追加了大约 50% 的资本金，但是增加了大约 1 倍的股权。也就是说，我目前的股权数量与 2020 年末相比，大约是其 2 倍！

　　虽然嘲讽者甚众，但这是我最快乐的一段时光。将来这些价格腰斩的股票哪怕只是回归到原位，我的市值就会是 2020

年末的 4 倍。扣除这两年新增加的资本金及其成本，涨幅约为 2.5 倍。普通投资者永续现金流的投资模式，能量就是这么惊人！

截至 2022 年底，A 股市流通市值总共大约为 68 万亿元，中国注册账户已逾 2 亿户，人均账户市值大约为 34 万元。根据相关机构测算结果，在流通市值口径下，公募基金、外资、私募基金为持股市值排名前三位的机构投资者，2022 年三季度末持股规模分别为 5.31 万亿元、3.03 万亿元、2.14 万亿元；保险机构和养老金持有流通市值也都超过了万亿元，分别为 1.66 万亿元和 1.28 万亿元。

上述五大机构投资者，共持有 A 股流通市值约为 13.42 万亿元。扣除掉机构投资者的影响因素，则普通投资者的人均账户市值大约只有 27 万元。所以市场上有统计数据显示，90% 左右的投资者市值不超过 10 万元，更有高达 97% 的投资者，市值不超过 50 万元。

在市值 10 万元上下时，我们两年新增投资 5 万元，应该不是太大的难事。相信绝大多数普通投资者可以实现这样的投资追加。这方面，大资金相比小资金反而不具优势。市值 10 万元，追加 5 万元，追加的资金量对原资金量占比就达 50%，市值 100 万，想追加 50%，那就是 50 万元的资金需求了。

这两者的难度是不一样的。讲这段话的意思是想告诉大家，我给的这套投资方法，至少是适合 90% 的普通投资者的，并且资金量越小，后续追加资金占比越大，价值区内越跌越买的威力就越大。

当然，可以确定的是，资金量大了之后，这套方法也是有效的。在前文中我们探讨的底层逻辑，仅仅依靠的是股息再投入，就可以让投资者赚到很多的便宜。股息加上哪怕一点后续的追加资金，结果一定会比底层逻辑演算还要好得多。

在公众号里，我每周会写一篇投资周记，在每周的投资周记里，我会公布自己的组合及仓位占比。以前只公布对总仓位占比超过3%的股票数据，低于3%的股票只公布股票名称，不公布具体的仓位。所以这是我首次对外公布仓位占比全貌（见表5-32）。

表5-32　2022年12月30日收盘时组合仓位

股 票 名 称	仓位占比（％）
中国平安	27.86
腾讯控股	24.21
贵州茅台	12.80
兴业银行	10.43
万科 A	9.25
同花顺	6.58
平安银行	3.04
招商银行	2.98
健帆生物	2.29
安图生物	2.29
欧普康视	1.85
海康威视	1.28
美的集团	1.07

（续）

股 票 名 称	仓位占比（％）
恒瑞医药	0.86
京东集团	0.42
现金及恒生互联网 ETF、房地产 ETF	0.35
总仓位	107.56

注：总仓位超过 100%，是因为我用了一点融资（融资额度不超过半年内的后续现金流，我谓之"过桥资金"）。

当然，我的组合与仓位不是永远一成不变的。我每月 20 日还会继续坚持定投。股价极端高估或者极端低估时，我还会"滚动操作，调仓换股"。这些内容都会一如既往地公布在公众号里。

我之所以数年如一日，坚持每周公布组合与仓位，目的就是全面展示长线投资、价值投资、逆向投资的全过程。我之所以在书的最后章节中公布我组合与仓位的全貌，就是想告诉大家，价值投资是坦坦荡荡的投资者正途，我们根本用不着偷摸别人的口袋就可以光明正大地赚钱。

对我这个组合，大家一定要扬弃式分析和理解，坚决反对读者诸君无脑照抄。大家可以将之做个参考，就当一起做个试验，看看价值投资是不是还依然有效。在我心底，这个答案是肯定的。

如果你有疑问，那就把我当成一个标本，看三年五年、十年八年之后，我是不是依然像今天这样自信满满。最后附上我 2014—2022 年的投资收益率情况（见表 5-33）

表 5-33　我从 2014 年以来历年的投资收益率

年　　份	投资收益率
2014—2015 年	250%
2016 年	50%
2017 年	66%
2018 年	−7%
2019 年	61.34%
2020 年	25.85%
2021 年	−22.61%
2022 年	−3.23%
总收益率	1132.46%

注：当年投资收益，是指当年股市浮盈浮亏数据与上一年度收盘市值之比，已完全扣除新增资金影响。

过去投资成功，未必将来会继续成功。但过去投资成功所依据的底层逻辑和基础规律，未来一定会继续有用。投资就是一个不断学习积累的过程，让我们把眼光放到未来一个新的十年！

后　记

终于把这本书写完了。我从电脑桌前站起，伸个懒腰，长舒一口气，好像了却了一桩心事。早在动笔之前，我就给本次写作定下了两个宏伟的目标。

努力总结提炼出普通投资者进行股市投资的普遍规律，写一本可以10年、20年后看依然不落伍的书；把写书时正在经历的隐形熊市尽量装饰成背景，写一本经得起时间检验的书。

我充满激情并信心百倍地完成了这本书。每一次写书，对自己都是一次系统性整理、飞跃式提升。我非常感激这次写作。

提起感激，我还忍不住想起以下挚友亲朋：

感谢机械工业出版社的李浩老师，没有他的热情鼓励、真诚相助，我燃不起这次写作的欲望。

感谢腾腾妈和我的至爱家人，没有她们的宽容和支持，我挤不出这么多业余时间来进行创作。

感谢我的好朋友王家全先生，他关注我的公众号多年，默默地保存了我的公众号里的所有文章，这为我的写作积累了很多宝贵的素材。

感谢公众号里几十万长期跟踪和关注我的朋友，是你们的点赞、留言、打赏，给了我无穷的力量。

也感谢那些质疑、嘲讽，甚至谩骂我的广大"喷友"，你们用一种别样的方式，激发了我的思考，燃烧了我的斗志，是我别样的良师益友。

最后，感谢叫得上名字和叫不上名字，但在背后一直默默支持和关注我的所有至爱亲朋，我知道有一个这样强大而又无形的群体存在，你们给了我无穷的力量。

人生美好，投资快乐。

不惑之年不惑写作，祝愿天下有缘人：一册在手，财富我有！

大笑三声，收工！